U0165665

法與思系列 Law Thinking

智慧財產權論叢

第貳輯

曾勝珍 ◆ 著

五南圖書出版公司 印行

感懷與致謝 —— 給我的學生

　　這本書出版時剛好是我研究所畢業至今20年的工作紀念，其中有19年是在台中市嶺東科技大學擔任專任老師，當時新婚的我一心以為婚後可以回美國繼續攻讀博士學位，原本堅守愛情回台直到寶貝們出生，當媽媽的過程使我重新感受教學及人生不同的想法，我留在嶺東商專陪著學校升格技術學院，至今成為科技大學，我當過導師、各類委員、校長室法規秘書，38歲才考中正大學博士班，40歲則籌備嶺東財經法律研究所。

　　早期教專科很多科目都需要教，那時我和學生相處得很好，我很快樂的教學但沒有研究的夥伴，也沒機會參加法學界的研討會及活動，有時內心想進修的渴望常會在鼓勵學生插班大學或攻讀研究所時湧現，經常自己上網查詢WEST LAW，吸收資訊及閱讀 articles，直到長官、同事、學生們都鼓勵我完成法學博士的夢想。我讀博士班那些日子中，同時以著作送審副教授又兼行政職責，嶺東校園中非法律系的學生主動幫我蒐集資料、打字整理，甚至搭公車為我到東海、逢甲……圖書館蒐集影印資料，準備為我祈福的紙鶴及營養保健品，甚至隨時注意我的外貌為我打理，連假日到台北逛夜市或至外島畢旅都會為我買漂亮小飾品。

　　接著在財務金融研究所及財經法律研究所教學的這些年，與研究生的相處又令我更加動容。研究生們為我設定目標再送審教授，對自己的論文都比不上叮嚀我發表文章的熱情，尤其擔心我迷路陪我到校外演講或參訪，阻止我喝太多coffee，積極幫我架

設、管理個人網站、拍照錄影。2008年有機會承加拿大英屬哥倫比亞大學法學院邀請擔任訪問學者後，於今年再留UBC成為博士後研究員鑽研英美法智財領域，臺灣的研究生們每天以E-mail與我聯繫，祝福我多出專書並發表英文paper能展望國際舞台。

　　這篇序文似乎與智慧財產權論叢第貳輯無關，但我特別收錄2位愛徒與我的共同著作於此書中，我想呈現的是師生情緣努力的成果，我想追憶的是每個我愛也愛我的學生對我的付出，因為有你們，駑鈍如我才能無憂且專心的在我的研究領域成長，4月還會下雪的溫哥華，我會堅持理想當一個引領學生徜遊智財天地的好老師，也會努力耕耘不辜負你們及校方的栽培，事實上是你們教導我成為更好的老師。

　　我感覺還有好多有趣的議題想與你們一起探究，我想大聲吶喊法律教學雖有國家考試的層層壓力，但學習的過程應該是培養法律人更負責、誠實，保護自我權益的同時是幫助他人，而受到祝福的我們能夠學習、能在每堂智財權法的課大聲討論與歡笑，我們更應互勉要有更多的能力照顧家人，雖然你們在學習、證照、碩士論文、感情可能還有工作、家庭……等各方面要兼顧，常常幾近無法承受的邊緣，記得我可以為你拭淚，但你還是要勇敢無懼的往前走。

　　擁有越多的祝福與關愛你會越有面對挑戰的安全感，你們常問老師如何變堅強，記得付出的同時收穫其實已在你手中，正如你們一向給予我的，最後老師要祝福你們─我心愛的學生們，希望你們每個人都幸福哦。

　　　　　　　　　　　　春天　風信子與鬱金香綻放

　　　　　　　　　　　　　　　勝珍 老師
　　　　　　　　　　　於加拿大溫哥華英屬哥倫比亞大學

目　錄

1 我國有關營業秘密立法之評析

■ 摘要 SUMMARY

我國的營業秘密法自民國85年1月制定通過，施行至今，數年來隨著世界經濟局勢的變動，貿易型態的改變及智慧財產權保護觀念的提升，目前無論實務或學界，對營業秘密法條文本身規定與適用尚有曖昧不清，界限模糊之處，實務上常因催傭期間內保密契約的制作或競業禁止條款的限制，及催傭期間終止後或離職後競業禁止的約束，而產生許多糾紛，因欠缺對不法行為之遏阻效果，影響業者研發意願，而阻撓產業技術移轉。

本文將探討我國學理配合國際潮流之趨勢，及我國其他相關法律規定：民事法規、公司法、公平交易法、刑法，確認我國有關營業秘密之立法是否妥適，或有另行訂定防制經濟間諜單行法規之必要。並就我國營業秘密法之實體規範、司法實務及我國營業秘密法與其他相關法律規定之比較，避免造成不公平競爭，以彌補現行法規缺失，因此建議制定劃分權責與刑責的相關立法。

關鍵字

- 營業秘密
- 競業禁止條款
- 催傭關係
- 保密契約

壹、前　言

　　我國自民國85年1月17日營業秘密法制定公布適用至今[1]，雖以單行法規保護營業秘密，因欠缺對不法行為之遏阻效果，影響業者研發意願，而阻撓產業技術移轉，形成產業提升之障礙，就我國有關營業秘密之立法，其中尤以營業秘密法兼述其他法律規定，本文將探討我國學理配合國際潮流之趨勢，及我國其他相關法律規定：民事法規、公司法、公平交易法、刑法，確認我國有關營業秘密之立法是否妥適，現行法規是否足夠，或有另行訂定防制經濟間諜單行法規之必要。並就我國營業秘密法之實體規範、司法實務及我國營業秘密法與其他相關法律規定之比較，避免造成不公平競爭，以彌補現行法規缺失，因此建議制定劃分權責與刑責的相關立法，俾達成遏止妨礙營業秘密的行為及懲治經濟間諜之立法目的。

　　營業秘密保護之目的在於維護產業競爭倫理，調和經濟競爭秩序，鼓勵產業技術之創造與維新，並能提供消費者更佳的消費環境與選擇，營業秘密之定義概括來說，乃謂保障營業上的秘密，不被他人使用不正當的方法洩漏或盜用，以鼓勵技術之更新。

貳、營業秘密之法律性質

　　對於營業秘密之法律性質，營業秘密法立法前，我國實務見解通

---

* 本文大部分內容曾於民國94年4月22日，發表於嶺東科技大學「2005財經法律學術研討會」，感謝與會學者與兩位匿名審稿老師的寶貴意見，作者經潤飾修改後，並自負文責。

[1] 我國營業秘密法係於民國85年1月17日由總統正式公布實施，請參見司法院公報第38卷第3期，民國85年1月17日華總字第8500008780號令。

說採取利益說[2]，認為其為一種財產上之利益，運用侵權行為違法性構成之法理，斟酌侵權行為與被害法益，綜合判斷[3]。其他尚有準物權說[4]、人格說、相對性債權說[5]，因為營業秘密有時能創造之經濟利益，反而更超過有形財產之價值。

我國營業秘密法立法後，第1條亦明定立法目的係「為保障營業秘密，維護產業倫理與競爭秩序，調和社會公共利益」，保障營業秘密實質上可鼓勵創新與研究發展，藉以平衡員工與雇主間、事業體彼此間之倫理與公平競爭秩序。現今國際資訊業蓬勃發展，使用電腦已成普遍之趨勢，而軟體資訊業又是電腦科技之核心，如何建立及保護智慧財產權，已從單純的法律問題演變成國際間產業競爭問題[6]。

一、我國通說

我國學界與實務贊成財產權說者，其主要理由包括：第一、營業秘密基於公平交易法第30條與第31條之規定，有不作為請求權與損害賠償請求權，已具權利之性質；第二、依所得稅法第8條第6款之規定，以營業秘密為標的所取得之對價為國民所得，為課稅之標的；第

---

[2] 基於法律並未明認營業秘密為一種權利，理由如下：1.我國刑法第317條雖然規定有妨害工商秘密罪之規定，但民法或民事特別法上卻無工商秘密權或營業秘密權之明文，與商標、專利或著作之有明文承認為權利者不同。2.營業秘密法公布施行前已有不承認營業秘密為權利之判決出現。

[3] 如最高法院78年台上字第662號判決中即認為「檯燈之設計屬阿迪參公司之財產上利益，應受保護，似與專利權無關」，臺灣高等法院78年更(一)字第35號判決亦採此見解。

[4] 依據公平交易法第19條第5款，對於不正手段取得營業秘密之行為有防止侵害之虞請求權，其民事上之法律效果與民法物權之規定無殊，實賦予有準物權之地位。

[5] 請參閱文衍正，營業秘密之侵害及其應負之法律責任，國立中正大學法律學研究所碩士論文，頁8，民國83年11月；徐玉玲，營業秘密的保護，頁42-47，民國82年11月。

[6] 王衛隆，從管理者的角度建立智慧財產權，智慧財產權管理季刊，頁24，民國85年10月。

三、明定營業秘密屬智慧財產權，符合西元1994年多邊貿易談判中通過「與貿易有關之智慧財產權協定」（Agreement on Trade-Related Aspect of Intellectual Property Rights，簡稱TRIPs協定）[7]加強保護之趨勢[8]。

　　我國為配合及尊重國際上的共識，已將營業秘密視為智慧財產權的一環，國際潮流中如TRIPs協定，對我國相關立法有極大影響，其他

---

[7]　TRIPs使得傳統上僅著重於商品與服務貿易的GATT之規範範圍隨之廣大，而及於與貿易有關的智慧財產權與防止仿冒品之貿易，馮震宇，世界貿易組織與關稅暨貿易總協定，月旦法學雜誌試刊號，頁6，民國84年3月。

[8]　營業秘密保護制度之研究，頁79，民國81年12月。此見解爲統一營業秘密法第2條所採。反對財產權說者，主要係認爲獨創性與公共性乃無體財產權之主要屬性，而營業秘密既不要求如同專利之高度新穎性（不具獨特性）又其保護以秘密爲前提（不具公共性），難謂係無體財產權；營業秘密縱已讓與，仍有自行使用或第三人再度開示之可能，又營業秘密顯非不動產，故財產權說不可採。實務及學說未能將營業秘密視爲財產權，乃因法無明文，但其它如肖像權，亦法無明文，而由學說予以肯定，既然營業秘密具有財產價值，即不應否認其財產權，故營業秘密爲一種無體財產權或智慧財產權。因此，可從既存法律體系加以解釋說明，明文承認營業權或營業秘密權。張靜，營業秘密究爲權利或利益？載於蔡明誠、陳家駿、張靜、許智誠、張凱娜等五人合著，營業秘密六十講，頁40，民國81年3月。將營業秘密視爲智慧財產權：1.權利應不限於明文，祇要從既存法律體系加以解釋係認知之權利即可。2.我國既存法律體系既然有刑法上妨害工商秘密罪之規定，而營業秘密亦有財產之價值，即不應否認其爲財產權，如民法第305條及第306條有關營業概括承受資產及負債之規定，營業秘密即爲一種資產，得一併概括。3.營業秘密既爲秘密，此秘密財產在性質上即爲一無形或無體財產，也是一種智慧財產，秘密並非秘密所附著之媒介物本體爲秘密，而係該附著物上之資訊或情報始爲秘密，何況許多秘密根本無附著之媒介物，原即爲無形的技術（know-how），故營業秘密應係一種無體財產權或智慧財產權。營業秘密之法律性質本文認爲係屬權利，且爲智慧財產權之一。請參閱立法院所編印法律案專輯第一九一輯「營業秘密法案」乙書所載，行政院經濟部次長楊世緘發言紀錄，頁49；行政院法務部參事游乾賜發言紀錄，頁50；柯建銘立法委員發言紀錄，頁52、頁107；行政院經濟部商業司長陳明邦發言紀錄，頁105及林志嘉委員發言紀錄，頁107，均認爲我國營業秘密法已將營業秘密之法律性質解爲權利。黃三榮，論營業秘密(五)經─兼評行政院版「營業秘密法」草案，萬國法律雙月刊第87期，頁33，民國85年6月。

如外國立法例,亦為我國參考立法的重要藍圖。在我國營業秘密法第2條定義,第6條、第7條、第11條乃至第12條規定,均以權利之觀念為前提而制定條文內容,各國不論是以不公平競爭法為專章保護營業秘密,或另立專法保護營業秘密,皆未明文將營業秘密規定為「權利」或「營業秘密權」,原本應屬「利益」的營業秘密,在我國所以成為「權利」,純粹是立法政策之結果[9],既然在立法政策上確認營業秘密是「權利」,本文以為營業秘密法中就應直接以「營業秘密權」稱之。

二、配合國際潮流

為順應國際間對營業秘密之要求保護,反應在西元1986年「關稅貿易總協定」[10](General Agreement on Tariffs and Trade,簡稱GATT協定),1993年12月15日達成最終協議,1994年4月簽署世界貿易組織協定(World Trade Organization,簡稱WTO協定)[11],由國際貿易及關稅總協定(GATT)而來,自1995年1月1日起取代GATT。世界貿易組織(World Trade Organization)係GATT自1986年起,美國、日本及其他歐洲具領導性之跨國產業聯盟共同呼籲,應將智慧財產權列為烏拉圭談判議題,並於TRIPs中,將智慧財產權之保護納入規範[12]。

有關未經公開資料之保護(undisclosed information),規定於第

---

[9] 章忠信先生亦採取此種見解,http://www.copyrightnote.org/ts/ts004.html(上網日期:民國90年12月27日)。

[10] GATT於民國82年12月15日烏拉圭回合談判之結束而定案。

[11] 我國於西元1990年1月1日依據GATT第33條規定,以在對外貿易關係上具自主權地位的「臺灣、澎湖、金門及馬祖個別關稅領域」向GATT秘書處提出入會申請,歷經多年努力,終於在2001年完成各項雙邊與多邊入會經貿諮商。於2002年1月1日成為WTO正式會員。「我國申請加入GATT/WTO之歷史紀要」,http://www.moeaboft.gov.tw/global_org/wto/WTO-into/into3/into02.htm(上網日期:民國91年10月1日)。

[12] 該協定明確要求會員國對營業秘密應予以法律保護。

二篇第七節第39條,在該協議第39條中關於「未公開資訊之保護」的規定(Protection of Undisclosed Information),即包含對營業秘密的保護。在該規定中,除要求各會員國對未公開之資訊應予以保護,以有效防止不公平競爭(第1項)外,並進一步規定,自然人或法人對於合法處於其控制之下列資訊,得防止他人未經其同意以違背誠實商業行為之方法,洩漏、取得或使用之(第2項)[13]。

美國及加拿大已單獨立法,如美國統一營業秘密法第1條第1項第4款、加拿大統一營業秘密法第1條第2項,德國之不正競爭防止法[14],日本亦於西元2004年1月完成「不正競爭防止法」之修法[15]。根據國際上的見解,商場上運作之營業秘密,須有法律加以保護,以維商業上的倫理秩序,因此將營業秘密確定為權利之一種。

---

[13] GATT烏拉圭回合談判TRIPs協定第39條第2項就營業秘密界定為:自然人及法人對合法擁有之下列資訊,應可防止其洩漏,或遭他人以不誠實之商業手段取得或使用:1.秘密資訊,亦即指不論以整體而言,或以其組成分子之精確配置及組合而言,這類資訊目前仍不為一般涉及該類資訊之人所知或取得者;2.因其秘密性而具有商業價值者;3.所有人已採行合理步驟以保護該資訊之秘密性者。但該資料須:(1)具有秘密性質(2)因其秘密性而具有商業價值(3)業經資料合法持有人以合理步驟使其保持秘密性。駱志豪,TRIPs協定對營業秘密之保護,公平交易季刊第4卷第3期,頁61-62。

[14] 關於德國不正競爭防止法,請參閱Act Against Unfair Competition sections17 (of June.7, 1909; As last Amended on October 25, 1994),英文譯文引自WIPO網站http://clea.wipo.int/clea/lpext.dll/folder/infobase/la349/lae70?fn=document-frame.htm&f=templates&2.0.

[15] 與日本營業秘密法相關的條文,譯有日本不正競爭防止法(Unfair Competition Prevention Law)條文第3條:對於侵害企業利益,竊取營業機密而造成競爭的人,不論其為故意或過失,都必須要負損害賠償責任。一般談到營業秘密,既然是用trade secret,在前文定義中有提過,必須與營業秘密有關,既與營業秘密有關,自然會被競爭對手拿來做為打擊商機或影響商譽之工具,甚至奪取客戶為目的,因此,容易造成不正當的商業競爭手段。在日本,如同德國一樣,兩者既為大陸法系國家,所以除了民法的規定外,目前我國營業秘密法參的外國法例時,也以日本不正競爭防止法為主要依據。請參閱Unfair Competition Prevention Law (Law No. 47, promulgated on May 19, 1993 [Amendments by: Law No. 116, of December 14, 1994]),本法英文譯文引自WIPO網站http://clea.wipo.int/clea/lpext.dll/folder/infobase/la349/lae70?fn=document-frame.htm&f=templates&2.0.

　　上開協定明確要求會員國對營業秘密應予以法律保護，我國政府有鑑於當前之產業競爭與經濟環境，並參考外國立法例，為因應世界趨勢，加上與美國貿易301條款之壓力[16]，因此於民國85年1月17日公布施行營業秘密法，為我國營業秘密之定義、侵害之態樣、救濟途徑、損害賠償的計算，有了明確的標準[17]。該法共計16條條文。

參、我國其他相關法律規定

　　營業秘密乃產業界賴以生存與發展之利器，各產業對於營業秘

---

[16]　之前我國營業秘密法立法乃為加入GATT的準備，並因美方動輒以貿易301條款施壓，加上當時資訊廠強烈要求，西元1992年6月15日中美談判時簽署之「了解備忘書」Article 2之10 Understanding Between the Coordination Council for the North American Affairs and the American Institute in Taiwan. The authorities represented by CCNAA will ensure that the industrial design, semiconductor chip protection and trade secret laws meet the standards and requirements of the TRIPS text. The authorities represented by CCNAA commit to use best efforts to work with the Ly for the passage of the industrial design law, the semiconductor chip protection law, and , if necessary, the trade secret law, as early as possible , but not later than the LY session ending July 1994.再如1993年12月14日烏拉圭回合談判最終決議案"Final Act" of the Uruguay Round. Agreement on Trade-Related Aspects of Intellectual Property Rights, Including Trade In Counterfeit Goods (TRIPs). Article 39 (Section 7: Protection of Undisclosed Information. Part II: Standard Concerning the Availability, Scope and Use of Intellectual Property Rights). 亦可參見張凱娜，營業秘密介紹，資訊市場情報中心法律研究組報告，民國84年11月15日。

[17]　政府有鑑於此，爰參酌我國當前之產業競爭與經濟環境，並參考外國立法例，於民國85年1月17日公布施行營業秘密法。16條條文中可以發現引用了許多外國立法例的精神，其要點包括：第1條立法目的；第2條營業秘密定義及要件；第3、4條營業秘密歸屬；第5條營業秘密之共有；第6、7、8條營業秘密可讓與性，授權，不可設質及強制執行性；第9條公務員、司法及仲裁程序相關人員之保密義務；第10條營業秘密侵害之態樣；第11、12、13條營業秘密民事救濟途徑及賠償之計算方法；第14條營業秘密案件審理之原則；第15條互惠原則。

密之保護均不遺餘力，廠商為取得競爭優勢，投入鉅額成本研究各種有形無形成果，舉凡製造方法、配方、藍圖、設計圖、顧客名冊、規格、機器操作方法、製造程序、工廠管理實務、技術之紀錄……等均屬之。一旦此等營業秘密被公開揭露或為競爭對手所知悉，將因此失去競爭優勢。由於營業秘密具有高度商業價值，且為產業競爭之重要致勝利器，各國為保護其產業得於正常之競爭秩序下經營運作，並鼓勵產業致力於研發與創新，促進產業蓬勃發展，免於產業間以惡意挖角，或商業間諜等各種不正當競爭手段，獲取最新之商業情報，無不明文制定法律，以保障營業秘密。

受僱人離職後，對之前僱用人仍有保密及忠實義務，為維繫僱傭和諧關係，調和勞資雙方之公平性[18]，離職後競業禁止條款，多半規範僱傭期間之薪資、工作環境、紅利分配、工作時間，甚至解僱原因等事項，鮮著眼於離職後條件之限制，一般雇主在僱傭契約內加上限制條款，乃避免重要幹部或行銷業務人才之流失，如臨時辭職而造成日後相關秘密洩漏給競爭對手，使得雇主商業上之技術、資訊移轉或喪失與客戶間之關係、資料的情形。我國在民國85年營業秘密法制定公布之前，相關糾紛只能適用其他法律規定[19]或法理解決，如我國民法、

---

[18] 台北地方法院80年度勞字30號民事判決「兩造約定『乙方（被告）於離職後2年不得從事與甲方（原告）營業項目相同或類似之行業，否則……所謂不得『從事』應指不得自行經營相同或類似之行業」」。判決認為若是被告受僱於其他相同或類似行業，應不予禁止，因為「被告係以電腦軟體之操作謀生技能，如禁止其於2年間在相關行業就業，原告又未給與相當之補償，此項約定無異剝奪被告生存之權利，應屬違背公序良俗，亦不能認為有效」。

[19] 民國85年前尚無營業秘密法，民法上亦無有關保守科技機密之直接規定。各公、民營機關及公、私立學校僱傭不具公務員身分者（包括外國人），從事科技機密性之工作時，為約制其保密，必須在僱傭契約中明白約定：「受僱人負有保守其因職業或業務知悉或持有之科技機密之義務。」其所負保密義務之期間、應保守之科技機密範圍及違約時應負之賠償責任，均為約款之重點，語意宜力求明確，將來解釋契約時，始可避免發生爭議。尤其是受僱人保密義務之期間，如須延至僱傭契約終止後若干年者，更應明定其意旨，始生約定之效力。為確保受僱人履行保密義務，亦得約定其違反此

公司法、公平交易法及刑法，皆有條文適用如下，惟多侷限於僱傭關
係、競業禁止之限制或特定類型之侵害態樣，對於我國營業秘密之保
護，實有不足。

一、民事法規

民法所規定的競業禁止乃針對代辦商、經理人，未具備此類身分
者，只能依侵權行為、公序良俗……等的相關規定請求損害賠償。

（一）規範內容

因信賴關係而獲得營業秘密，或引誘他人違背此種信賴關係而取
得營業秘密者，應認為其欠缺誠信之過失，而違背善良風俗，欲取得
競業者之營業秘密，而延攬競業者之受僱人，而造成侵害他人債權之
利益，得依民法第184條第1項後段請求賠償[20]。如依法令或契約有守因
業務知悉或持有工商秘密之義務，而無故洩漏之者[21]；公務員或曾任公
務員之人，無故洩漏因職務知悉或持有他人之工商秘密者[22]；或為他人
處理事務，意圖為自己或第三人不法之利益，或損害本人之利益，而

項義務時，應支付損害賠償額如預定性之違約金或懲罰性之違約金。如係前者，應就
違約金或不履行之損害賠償擇一請求；如係後者，除違約金外，尚得就不履行之損害
賠償併為請求。契約終止前已發生之損害賠償或違約金請求權，均不因契約終止而失
其存在（參考民法第263條準用第260條），62年10月30日最高法院民庭推總會議決議
(四)。參考法條：民法第746條（民國74年6月3日）。請參閱法務部行政解釋彙編第一
冊，頁398，民國81年5月。

[20] 民法第184條第1項後段：「因故意或過失，不法侵害他人之權利者，負損害賠償責
任。故意以背於善良風俗之方法，加損害於他人者亦同。違反保護他人之法律，致生
損害於他人者，負賠償責任。但能證明其行為無過失者，不在此限」。

[21] 刑法第317條。

[22] 刑法第318條。

為違背其任務之行為，致生損害於本人之財產或其他利益者[23]，上述侵害營業秘密之行為，因違反上列法規而具有違法性，被害人可依民法第184條第2項，以違反保護他人之法律者，推定有過失，請求損害賠償[24]。

（二）實務案例

　　民國85年營業秘密法立法前，國內相關的學說及判決見解不一，下述數例有關僱傭契約上競業禁止條款效力問題。

1. 違反工作權保障一案。如臺灣臺北地方法院78年度勞訴字第72號民事判決：（1）原告主張該人事管理規則限制原告終身工作權，有違憲法第15條保護人民工作權之規定，應屬無效。（2）被告為防止員工離職後，跳槽至競爭性公司並利用服務期間所知悉之業務資訊為同業服務或打擊原公司致造成不利或傷害，則被告公司規定離職人員若於離職半年內轉往人壽保險同業，即不予發給退職金，此項利益衡量原則，自無違反公序良俗，尤無違背憲法侵害離職人員之工作權可言。

2. 探求當事人真意。如最高法院85年度台上字第1823號民事判決：（1）原告增加主張其轉往任職之中興人壽籌備處為設立中公司，尚未取得法人資格，若被告並未有「轉往同業服務」之情形。且該人事管理規則第125條規定，無限期限制離職員工於離職後轉往其他同業服務，違反憲法保障人民工作權之規定，應為無效。（2）判決意旨：按解釋契約，應探求當事人真意，不得拘泥所用詞句，而探求當事人之真意，應通觀契約之全文，依誠信原則，從訂立契約之目的及價值等作全盤之觀察，於文義上及論理上詳為推求，雖不能拘泥文字，亦不得全捨文

---

[23] 刑法第342條。

[24] 民法第562條規定，經理人或代辦商，非得其商號之允許，不得為自己或第三人經營與其所辦理之同類事業，亦不得為同類事業公司無限責任之股東。

字而更為曲解，原審認為該退職金之設置及限制之目的，係為鼓勵員工盡忠職守、勤奮工作，並防止同業挖角，致往日所施訓練付諸流水，以保障公司權益。（3）上開最高法院判決意旨似肯定上開人事管理規則之訂定內容有效。

3. **離職後競業禁止約定一案。** 臺灣高等法院80年度上字第203號民事判決：係爭切結書之「競業禁止」約定，顯屬過甚，與公共秩序、善良風俗有違，依民法第72條規定應認為無效。

4. **移民公司案例。** 臺灣台北地方法院83年度訴字第3437號民事判決：就競業限制約定，其限制之時間、地區、範圍及方式，在社會一般觀念及商業習慣上，可認為合理適當而且不危及受限制當事人之經濟生存能力，其約定並非無效，故本件原告與被告間所訂定之競業契約，在專業知識上、顧客信賴上有其值得保護之利益，是該契約有原告值得保護之利益，難解為無效（二審維持原判，理由均相同）。

5. **全友與力捷一案。** 臺灣新竹地方法院77年度訴字第579號民事判決[25]，尚未明文承認營業秘密為無體財產權，營業秘密遭侵害究應可依何種法律關係請求，本案中當時法律所承認之智慧財產權僅有商標權、專利權及著作權，原告主張之技術利益非法定之無體財產權，亦非物權或債權，不認其為財產權，應不生「行使其財產權之人，為準占有人」之問題；於損害賠償以回復原狀為原則，回復原狀與防止侵害係不同之概念，縱被告應負損害賠償責任，因無從回復原狀亦只能以金錢賠償損害，原告依侵權引為法律關係，請求禁止被告為一定之行為，無異

---

[25] 臺灣新竹地方法院77年度訴字第579號全友電腦股份有限公司與力捷電腦股份有限公司等間請求防止侵害等事件，原告主張其對製造電腦週邊設備光學閱讀機之技術（know-how）為被告等所侵害，該技術應為有權之客體，或為一種無體財產權，依民法第767條所有權人之物上請求權或同法第966條準占有之規定，準用同法第962條占有人之物上請求權之規定，及民法第184條第1項後段規定，請求禁止被告等向原告以外之人提供該技術，或利用該技術產製相同或類似產品。

請求將來侵害之防止，已超越損害賠償之範圍，而駁回原告之訴。

其後於臺灣高等法院79年度重上字第75號民事判決，不保護非特有技術，上訴人所主張之技術，係屬任何產品之通用技術，已非上訴人之特有技術，上訴人對之並無任何權利或利益存在，自不得請求排除被上訴人之使用，被上訴人亦無構成侵權行為可言，而駁回其上訴。

最高法院82年度台上字第440號民事判決指出，原判決認定有關技術非上訴人所開發，上訴人自無權利或其他法益存在，即不發生民法第966條準占有問題，又所謂不公平競爭理念，於符合民法第184條第1項後段規定要件時，被害人始得依侵權行為法則請求賠償所受損害，上訴人就光學閱讀機之製造，無自行開發而特有之技術，為原審確定之事實，是上訴人禁止被上訴人產製或銷售，自非有理。

上開臺灣高等法院、最高法院判決雖均維持臺灣新竹地方法院之結論，然其理由顯然均認所謂技術（know-how）或稱營業秘密擁有人，得依民法第966條準占有之規定行使權利，惟對於技術究為一種權利或僅為一種其他法益，仍未予以明示[26]。

---

[26] 關於判決內容「善良風俗」為一般道德觀念，乃不確定之法律概念，亦可因時因地而有不同之解釋，因此營業秘密法立法前，本文以爲用不確定的法律概念作爲判決依循的標準，並不恰當。1.營業秘密法立法後，臺灣高等法院89年度重上字第224號民事判決，當事人間所創設之契約關係，除有違反公共秩序及善良風俗或違反強制禁止規定之情事而被認爲無效外，皆爲民法所承認，並應爲締約當事人間共同遵守。2.臺灣高等法院92年度勞上易字第96號民事判決，雇主課離職員工競業禁止義務，必須有法的依據。且限制之時間、地區、範圍及方式須在社會一般觀念及商業習慣上認爲合理、適當並不危及受限制當事人之經濟生存能力。被上訴人劉世宗負責車輛移置與清理車上物之工作，上訴人並無需特別保護之利益存在，上訴人僅提供大綱，其餘由員工自行處理。且被上訴人劉世宗非上訴人之主要營業幹部，僅係協尋業務人員，雖至相同或類似業務之公司任職，無妨害上訴人之營業之可能。被上訴人劉世宗於離職後未對上訴人之客户、情報有大量篡奪情事。上訴人福灣公司簽訂委任契約，非因被上

二、公司法

公司法明文訂定競業禁止相關規定。

（一）規範內容

公司法股東、董事之競業禁止規定[27]，如公司法第32條、第54條、第108條、第115條、第209條亦在於保護營業秘密，而不執行業務之股東依公司法第48條規定得隨時質詢公司營業情形，查閱財產文件、帳

訴人而簽約。況系爭競業禁止約定已危及被上訴人劉世宗之工作權、生存權，悖於公序良俗，上訴人復未加以補償，依民法第72條規定，應屬無效。鑑於憲法保障之權利，非僅有遭國家侵害之可能，且對契約自由加以限制之法律，事實上係依循憲法保障人民權利及自由之精神，是於認定法律行為是否有民法第72條規定背於公共秩序之無效情形，不能捨棄憲法保障人民生存權、工作權之精神。綜合外國法例及學說，及平衡當事人間之利益，本院認為判斷該條款之效力，應審酌之標準如後：(1)離職員工在原雇主之職位，足可獲悉雇主之營業秘密。(2)該條款足以或能夠保護雇主之正當營業利益。(3)該條款禁止之期間、區域、職業活動之範圍，需不超逾合理之範疇，而對離職員工之生存造成困難。系爭競業禁止條款，禁止被上訴人於5年內從事任何有關之業務，限制其利用上開個人知識、技能及經驗，從事屬於開放市場之職業活動，客觀上對其謀取生計造成阻礙。上訴人限制被上訴人之就業自由，不僅欠缺足資保護之營業秘密或利益，本身復未負擔任何相對義務，顯然兩造間之權利、義務關係產生不均衡之狀態。

[27] 公司法第32條：「經理人不得兼任其他營利事業經理人，並不得自營或為他人經營同類之業務。但經依第29條第1項規定之方式同意者，不在此限。」；第54條（競業之禁止與公司歸入權）：「股東非經其他股東全體之同意，不得為他公司之無限責任股東或合夥事業之合夥人。執行業務之股東，不得為自己或他人為與公司同類營業之行為。執行業務之股東違反前項規定時，其他股東得以過半數之決議，將其為自己或他人所為行為之所得，作為公司之所得。但自所得產生後逾1年者，不在此限。」；第108條第3項：「董事為自己或他人為與公司同類業務之行為，應對全體股東說明其行為之重要內容，並經三分之二以上股東同意。」；第115條：「兩合公司除本章規定外，準用第二章之規定。」；第209條（董事競業之禁止與公司歸入權）：「董事為自己或他人為屬於公司營業範圍內之行為，應對股東會說明其行為之重要內容，並取得其許可」。

簿、表冊，反而更易獲悉公司營業上秘密。再如競業禁止之規定，僅能限制經理人、董事、股東、代辦商在其任職中或具有該身分時，不為競業行為，但大多數侵害營業秘密之競業行為，均發生於離職或不在其位時。故公司法規無法限制離職之公司員工，侵害營業秘密所有人之行為。

（二）實務案例

全友與力捷一案，最高法院80年度台上字第440號全友電腦股份有限公司與力捷電腦股份有限公司間請求排除侵害的案件，也是在營業秘密的洩漏及違反競業禁止的規定上，相當著名的案例。本案中，同樣確認了我國法院對競業禁止的規定內涵，即在合理的範圍內，認為沒有違背憲法關於工作權保障工作的規定。其他如臺灣高等法院75年度上字第785號、最高法院75年度台上字第2446號、臺灣高等法院76年四更(一)字第20號臺灣保來得股份有限公司與連銘斌等間請求履行契約事件、最高法院81年度台上字第989號增益資訊股份有限公司與謝華成間請求損害賠償事件、最高法院92年度台上字第971號民事判決，對禁止兼職及競業禁止之約定，既有內容之限制，並定有期限，且受僱人僅負金錢損害賠償責任，應認與憲法保障人民工作權之規定無違，亦未違反強制規定，且與公共秩序無關，應屬有效。前述皆是與競業禁止條款相關之判決[28]。

---

[28] 企業往往投注巨額資金以培訓人員及進行相關研習活動，為了保持商譽及對潛在顧客的開發，同時避免日後營業秘密的不當洩漏，更甚者培養出一批未來的競爭者，故有競業禁止之必要。因為目前我國並無相關法規，明確規範「離職後」競業禁止條款適用的範圍及其內容，而離職後營業秘密洩漏，將對於全世界經濟，特別是高科技產業造成重大打擊，在僱傭契約開始時便應把工作性質、內容、範圍都界定清楚，尤其對於所謂「重要機密」、「極機密」資料的定義及內容都必須確定。臺灣高等法院91年度上易字第1262號刑事判決，被告等人對龍達公司負有忠誠（即競業禁止）並有保密之義務。詎見龍達公司營運獲利狀況良好，乃心生自立門戶之念，基於共同意圖為自己不法之利益，而為違背渠等忠誠即競業禁止任務行為之犯意聯絡，於尚任職龍達公

三、公平交易法

　　我國公平交易法於民國80年2月4日經總統公布，民國81年2月4日施行，其立法目的在於「維護交易秩序與消費者利益，確保公平競爭，促進經濟之安定與繁榮」。而營業秘密法則於民國85年1月17日經總統公布施行，其立法目的則在於「為保障營業秘密，維護產業倫理與競爭秩序，調和社會公共利益」，二者之目的其實都是以「維護產業交易公平競爭秩序」為目標，然而營業秘密法與公平交易法適用之差異，在於營業秘密法適用主體範圍、保護範圍及違法行為之範圍較廣。

　　公平交易法第19條第5款[29]中，對獲取他人事業之秘密有禁止規定，就營業秘密保護之所有權主體，僅限於公平交易法第2條所稱之「事業」，如公司、獨資或合夥之工商行號、同業公會及其他提供商品或服務從事交易之人或團體，及第3條所稱與事業進行交易或成立交

司時，即自行生產製造與龍達公司主要營業項目相同產品並違背渠等保密之義務，將龍達公司之客戶及交易資料攜出廠外備用。經查被告三人於尚任職龍達公司時，即有違反渠等競業禁止義務之銷售與龍達公司主要營業項目相同產品之行為。法院判決以為龍達公司之客戶資料如統一編號、營業地址、電話及傳真號碼，一般人均可於台北世貿中心購得或經濟部所設網站取得該等資料，龍達公司所指之客戶資料當無何秘密性可言，自非所稱營業秘密。公司所有廠商資料均置於未上鎖之櫃內，並未放置於其他處所，公司內各單位員工業務上有必要時可翻閱等語，足見龍達公司亦未對該等資料採取合理之保密措施，亦不符合營業秘密之要件。

[29] 公平交易法第19條第5款，以脅迫、利誘或其他不正常方法，獲取他人事業之產銷機密、交易相對人資料或其他有關技術秘密之行為。本款所稱之營業秘密，依公平交易委員會之見解至少必須具備二要件：1.具秘密性，故如已經公開或為大眾所共知的知識或技術，即不屬於公平交易法第19條第5款所保護之客體，另事業（秘密所有人）對該秘密須有保密之意思並採取適當的保密措施，以防止他人獲知該項秘密之內容。2.該秘密具有經濟價值：即擁有該秘密之事業，因該秘密的存在，而比其他競爭者具有競爭力。認識公平交易法（增訂八版），頁186-187，民國90年8月。並請參閱馮震宇，論營業秘密法與競爭法之關係─兼論公平法第19條第1項第5款之適用，公平交易季刊四卷三期，頁1-38，民國85年3月。

易之供給或需求者之「交易相對人」，而不及於單純從事研究發明之自然人[30]。

因此公平交易法規定之侵害類型顯然不足，由條文規範內容分析如下：公平法所保障者，僅係「事業」之營業秘密，所處罰者，亦係「事業」之侵害營業秘密行為（營業秘密法第2條），不構成「事業」之自然人的營業秘密不受公平法保障，侵害營業秘密之非「事業」自然人亦不受公平法規範，僅於公平法上對營業秘密特設保護規定，顯不足以達成維護公平競爭，商業道德等保護目的。

有關刑事罰與行政罰之規定，因以公平交易委員會對違法行為所為停止命令，作為刑事罰與行政罰之要件，對第一次侵害營業秘密之行為即未予以制裁，應非所宜[31]。至於保護客體，該條款以「產銷機密、交易相對人資料」為列舉保護對象，而以「其他有關技術秘密之行為」為概括保護事項，並未就營業秘密內容加以定義或界定範圍，就其字義解釋，應限定於「技術秘密」等相關事項方為保護範圍，如此則較後述營業秘密法保護範圍為窄[32]。

就侵害類型，僅將「不法獲取行為」列為處罰對象，至於其他類型較不法獲取行為可責性更高、罪質較重之「不法洩漏行為」、「不當使用行為」卻未予以列入，構成該條款之處罰規定者，尚須有妨礙公平競爭之虞始足當之，故非為競爭目的之獲取技術秘密行為，應非該條所處罰之對象[33]，不公平競爭行為，凡具有不公平競爭本質之行為，如無法依公平法其他條文規定加以規範者，則可檢視有無該法第24條規定之適用。而所謂不公平競爭，係指行為具有商業競爭倫理之

---

[30] 請參閱徐玉玲著，營業秘密的保護，頁42-47、頁54，民國82年11月。

[31] 見公平交易法第36條與第41條規定。並參考文衍正，同前註5，頁2、頁26-30。

[32] 駱志豪，TRIPs對營業秘密之保護，公平交易季刊第4卷第3期，頁66。

[33] 行政院公平交易委員會向以事業市場占有率之多寡，作為判斷事業有無違反第19條「妨礙公平競爭之虞」之標準，惟本條款從「技術秘密」在未公開或不便公開加以使用或申請智慧財產權之前，無法判斷「營業秘密」對該等市場之影響，自不應以市場占有率作為唯一之考量因素，仍應就其行為是否為競爭之目的作為依據，同前註。

非難性，也就是說，商業競爭行為違反社會倫理，或侵害以價格、品質、服務等效能競爭本質為中心之不公平競爭[34]，故倘事業侵害營業秘密行為符合不公平競爭本質之規定者，公平會可透過案例及解釋，來補充同法第19條第5款規範之不足，目前並無相關案例可供介紹。

四、刑法

違反營業秘密之保護，目前刑法法規上可以依洩漏工商秘密罪、洩漏電腦或相關設備秘密罪、竊盜罪、侵占罪或背信罪來加以處罰，但洩漏營業秘密並無專章討論。

（一）規範內容

針對依法令或契約有保守因業務知悉或持有工商秘密之義務，而無故洩漏者[35]，與公務員或曾任公務員之人，無故洩漏因職務知悉或持有他人之工商秘密者[36]。洩漏電腦或相關設備秘密罪，則規範無故洩漏因利用電腦或其他相關設備知悉或持有他人秘密者[37]，其他如刑法竊盜罪之行為客體，原則上為有體物，營業秘密如附著於有體物上，而為行為人不法竊得，始構成竊盜罪[38]，營業秘密如附著於有體物上，行為人意圖為自己或第三人之不法所有，而侵占自己持有該有體物者，構成侵占罪。如因公務、公益或業務而持有而侵占者，有加重處罰之規定[39]。再如藉為他人處理事務之便，意圖為自己或第三人之不法所有或損害本人之利益，如受僱人藉職務之便得悉公司秘密，洩漏於競爭對

---

[34] 公平交易法相關行為處理原則，頁25，民國80年4月。
[35] 刑法第317條。
[36] 刑法第318條。
[37] 刑法第318條之1、第318條之2。
[38] 刑法第320條、第323條。
[39] 刑法第335條至第338條。

手，致生損害於本人財產或其他利益者，則構成背信罪[40]。

（二）實務案例

　　臺灣桃園地方法院81年度易字第2461號刑事判決，以離職員工於離職時簽訂切結書，保證絕不將公司業務上資料交付或洩漏於第三者，離職後仍負保密責任，不將公司之製造技術自行或與他人合作生產，惟甫離職即與他人合夥生產與原公司相同之產品，法院認定係依契約有保守因業務知悉工商秘密之義務，而無故洩漏之，犯刑法第317條之罪，處以有期徒刑3個月。法院認為「憲法雖有保障人民之工作權之規定，惟亦須在合法範圍內，該工作權始獲保障。刑法上有對洩漏工商秘密之犯行加以規定，其對發明之秘密自應包括在內，目的在鼓勵工商企業之發明，如就發明之秘密得任意洩漏，以保障人民之工作權，自無法鼓勵企業創造、發明之實現[41]」。

---

[40] 刑法第340條。

[41] 營業秘密法施行後，實務上對營業秘密構成要求，依案例各個事實加以認定。如1.台北地檢署對被告蕭建昌等人背信罪一案。臺灣高等法院90年度上易字第798號刑事判決，被告利用為受害人處理設計營業之事務，共同意圖為自己不法之利益，預謀日後共同以其職務上所知悉之營業機密，另行生產同類產品，而於該設計營業計畫結束後，相繼離職，將其所知悉之高度商業機密洩漏，公訴人指訴被告犯有刑法第342條第1項之背信罪嫌，第317條之洩漏工商秘密罪嫌，並無法證明。2.瑞來安公司一案。臺灣高等法院91年度上易字第926號刑事判決，被告等因約有保守業務知悉或持有工商秘密之義務，本案件所涉之瑞來安公司對外有關外勞仲介之客戶名單、成交條件等，縱非一般涉及該類資訊之人所知，因其秘密性而具有實際或潛在之經濟價值及所有人已採取合理之保密措施等情形，而係刑法上妨害秘密罪規定之工商秘密，則應審究被告等是否有將此工商秘密無故洩漏之犯行。告訴人公司均未明確指證被告等於何時地如何洩漏告訴人公司所謂成交條件之工商秘密，自難僅憑告訴人指陳臆測，即遽以推論被告等有何洩密犯行。告訴人除提出被告等有於離職後至經營同類業務之京懋公司任職，即遽認被告二人妨害告訴人公司之商業秘密之犯行。3.惟另案有不同見解，如仁寶公司一案。臺灣高等法院92年度上易字第527號刑事判決，被告譚仲興身為告訴人公司研發部門副理，應維持其所知悉之告訴人公司之商業秘密，竟與仁寶公司之個人行動通訊事業處處長王逸鶴共同意圖為自己及仁寶公司不法之利益，違背其保密義務

肆、我國營業秘密法

營業秘密法保護整體社會利益，我國自民國85年制訂迄今，實體規範雖可彌補以往不當竊取或洩漏營業秘密的案例，惟未劃分權責與刑責，無法遏阻妨礙營業秘密的行為，實務上仍存在現行法規不足的缺失，以下說明有關營業秘密法的實體規範及實務見解。

一、實體規範

我國營業秘密法實體規範有13條條文，將於本款敘明條文重點及其缺失，如未劃分權責與刑責、無法遏阻妨礙營業秘密的行為。

（一）內容

營業秘密法第1條規定立法目的：「為保障營業秘密，維護產業倫理與競爭秩序，調和社會公共利益，……」；參酌外國立法例，而於第2條規定：本法所稱營業秘密，係指方法、技術、製程、配方、

而連續洩漏告訴人公司之商業秘密予仁寶公司，使仁寶公司能快速投入新一代行動電話之開發，而與告訴人公司從事不正商業競爭，致生損害於告訴人公司之利益。本件事證明確，被告等犯行堪以認定。4.益詮公司一案。臺灣高等法院91年度上易字第2785號刑事判決，被告任職益詮公司期間，自訴人員工大部分都有簽署保密同意書。雖其中確有部分員工未簽署，惟查科技公司首重營業秘密之保護，若任職員工涉有不法情事，縱未予簽署保密同意書，本無法解免其罪責之論處，是有關保密同意書之簽署與否，對自訴人而言，尚無足生損害，衡情被告徐文彬應無故意違背委任，以此損害自訴人之利益。至有關卷附創業營運計畫書，被告徐文彬雖自陳為其離職前，下班時利用自訴人電腦所製作，然此既不影響其職務工作，亦不損及電腦，又為另謀出路，始著手安排未來，為計畫書之完成，本為人情之常，再觀諸營運計劃書之內容，僅片面陳述營業目標、營業策略、產品發展、財務獲利及市場分析之概要，姑不論內容尚屬空泛，即便就所謂經理技術團隊有具體描述，衡其前後僅有三頁，亦難謂此計畫書之完成係利用自訴人公司資金及人力設備，而有構成背信罪責。

程式、設計或其他可用於生產、銷售或經營之資訊，而符合下列要件者：1.非一般涉及該類資訊之人所知者。2.因其秘密性而具有實際或潛在之經濟價值者。3.所有人已採取合理之保密措施者。

　　營業秘密法為解決營業秘密歸屬可能發生之爭議，於第3條、第4條、第5條有所規定：第3條[42]針對僱傭契約中之營業秘密歸屬規定，第4條[43]規定出資聘任關係中之營業秘密歸屬，以條文內容而言，似乎對營業秘密的歸屬有了很明確的規定，惟事實不然，以僱傭關係而言，第3條規定分為職務上之研發成果及非職務上之研發成果，營業秘密既然屬於智慧財產權的內容，是不可觸摸的無體財產權[44]，如第3條第2項但書規定：但其營業秘密係利用僱用人之「資源或經驗」者……，「資源或經驗」如何定義？仍需憑藉實務上法院審判的各個案例，加以歸納整理要點，其他如營業秘密法第6條[45]、第7條[46]規定，規範營業

---

[42] 營業秘密法第3條規定受僱人於職務上研究或開發之營業秘密，歸僱用人所有。但契約另有約定者，從其規定。受僱人於非職務上研究或開發之營業秘密，歸受僱人所有。但其營業秘密係利用僱用人之資源或經驗者，僱用人得於支付合理報酬後，於該事業使用其營業秘密。

[43] 營業秘密法第4條規定出資聘請他人從事研究或開發之營業秘密，其營業秘密之歸屬依契約之約定；契約未約定者，歸受聘人所有。但出資人得於業務上使用其營業秘密。

[44] 營業秘密有別於著作權、商標權、專利權等不同型態的權利，關於著作權及專利權利歸屬之探討，請參閱謝銘洋，「研究成果之智慧財產權歸屬與管理—兼述德國之相關制度」，智慧財產權之基礎理論，頁93-117，民國84年；陳文吟，專利法專論，頁128-132，民國86年10月。

[45] 營業秘密得全部或部分讓與他人或與他人共有，第6條第1項規定營業秘密為共有時，對營業秘密之使用或處分，如契約未有約定者，應得共有人之全體同意，但各共有人無正當理由，不得拒絕同意（第2項），各共有人非經其他共有人之同意，不得以其應有部分讓與他人，但契約另有約定者，從其約定（第3項）。

[46] 營業秘密所有人得授權他人使用其營業秘密，其授權使用之地域、時間、內容、使用方法或其他事項，依當事人之約定（第1項），前項被授權人非經營業秘密所有人同意，不得將其被授權使用之營業秘密再授權第三人使用（第2項），營業秘密共有人非經共有人全體同意，不得授權他人使用該營業秘密，但各共有人無正當理由，不得拒絕同意（第3項）。

秘密之讓與（全部或部分）、共有及授權等事項，第8條有關營業秘密
不得為質權及強制執行之標的。

同法第9條就依法令有保守營業秘密之義務者，特設有規定。營業
秘密法第10條第1項特別參考德、日立法例，具體例示數種構成營業秘
密之侵害態樣，且本條項僅為例示規定，如有其他侵害情形，仍可依
營業秘密法第12條之規定請求損害賠償，故營業秘密之侵害不以法條
所規定者為限[47]。營業秘密法在起草之初，就政策上決定不設刑罰條
文，換言之，本法並無刑事救濟，蓋侵害營業秘密之刑事責任，係規
定在刑法第316條、第317條、第318條及公平交易法第36條。營業秘密
之侵害，營業秘密法僅有民事救濟，所謂民事救濟，營業秘密法第11
條係規定被害人之不作為請求權，包括排除及防止侵害請求權，第12
條則為損害賠償請求權之規定，第13條則係有關損害賠償額之認定與
計算規定。觀察現行之營業秘密法，未能規範經濟間諜罪刑之刑責與
民事救濟及損害賠償方式。

（二）缺失

1.未劃分權責與刑責

近年來隨著網際網路資訊傳遞之迅速，包括電子郵件快速方便的
特性，更易造成公司營業秘密的外洩，如民國90年聯電董事長曹興誠
透過電子郵件向員工發表公開信，文章卻在數小時內傳遍同業廠商[48]，

---

[47] 營業秘密法第10條第1項第1款規定：以不正當方法取得營業秘密者，為侵害營業秘
密，所謂不正當方法，本條第2項並有立法解釋，係指竊盜、詐欺、脅迫、賄賂、擅
自重製、違反保密義務、引誘他人違反其保密義務或其他類似方法。營業秘密法第10
條第1項第2款規定：知悉或因重大過失而不知其為前款之營業秘密，而取得、使用或
洩漏者，為侵害營業秘密。營業秘密法第10條第1項第3款規定：取得營業秘密後，知
悉或因重大過失而不知其為第1款之營業秘密，而使用或洩漏者，為侵害營業秘密。
因法律行為取得營業秘密，而以不正當方法使用或洩漏者，為侵害營業秘密。依法令
有守營業秘密之義務，而使用或無故洩漏者，為侵害營業秘密。

[48] 曹興誠於民國90年7月2日發表之公開信，聯電高層知悉媒體報導後隨即展開清查，並

不論此事件是否洩漏公司之營業秘密，目前學產業界普遍利用電子郵件傳遞資訊，乃不爭之事實，如何確保傳遞安全避免資料外洩，更使得相關立法劃分權責與刑責更為必要。營業秘密法並無刑事制裁，有關之刑事案件雖可適用其他法令，如刑法或公平交易法之規定，然而亦無法於單行法規中，劃分如秘密所有人可具體求償的民事救濟，司法機關於必要時頒布如美國法上的禁制命令，避免權利人損害的擴大；另外如對犯罪行為人的刑責處罰及罰金規定……等，因此訂定相關之法規勢在必行。

　　營業秘密法主要參酌德國與日本不正競爭防止法相關規範之侵害態樣，因法律行為取得營業秘密，而以不正當方法使用或洩漏者，例如因僱傭、委任、代理、承攬、授權……等關係而取得營業秘密者，其取得係正當之法律行為，若依此正當法律行為取得營業秘密，卻以不正當方法加以使用或洩漏，將造成秘密所有人重大損害，須加以禁止，此係針對在職及離職員工不得將任職時合法知悉或取得之公司營業秘密，於在職期間或離職後，以不正當方法使用或洩漏[49]，對於員工離職後競業禁止問題，將依公司法或勞委會公布之競業禁止注意原則，其他依法令有保守營業秘密之義務者，無故洩漏或使用時，如依法應保守業務公務員或因司法機關偵查之營業秘密相關人士，則依據各該本應遵守之秘密法規加以處分。然而因為營業秘密法僅針對保護秘密的部分，因此對於相關人員的責任，必須再依各該法規予以處理，如此亦造成追究責任的時效及便利性的妨礙，這亦與相關立法懲戒有關人員而避免妨礙營業秘密的立法建議相吻合[50]。

將公司內部文件傳送給競爭對手的員工撤職查辦。簡榮宗，「電子郵件，洩漏營業秘密的新管道？」，數位觀察者第80期，民國90年4月18日，http://www.digitalobserver.com/71-80/80/alan.htm（上網日期：民國92年10月22日）。

[49] 章忠信，營業秘密之侵害態樣，民國90年11月12日，http://ww.copyrightnote.org/ts/ts008.html（上網日期：民國91年4月7日）。

[50] 章忠信，同前註。

2.無法遏阻妨礙營業秘密的行為

經濟間諜[51]產生之結果,證明洩漏營業秘密會造成競爭上之妨礙,因此對於被害者──無論是個人或公司企業──投注研發及生產之成本耗損,間接影響投資意願及增加社會資源的浪費,如檢調單位偵查起訴及司法程序之法曹判決,因此我國經濟間諜法立法之必要,除了劃分對當事人之責任外,更重要者乃為遏阻妨礙營業秘密之行為。

現行營業秘密法民事效果賠償不力,我國對訂定單行法規的需求,除希冀制裁我國經濟間諜案件,更能達到嚴懲跨國竊取營業秘密的行為,規範的主體包括我國人或外國人[52],許多國際廠商為搶得商機及壟斷市場,常在未有充分證據時,即控告競爭對手侵犯智財權以做為打擊手段,使受控廠商商譽及形象嚴重受損,甚或遭索高如天價的權利金[53];國內廠商及業者必須建立完善的智財權管理制度,解決我國法規對於經濟間諜無刑事法規制裁之缺失,並因民事賠償效果有限,如程序進行過慢或求索無門時,無法遏阻妨礙營業秘密的行為。

---

[51] 參考美國經濟間諜法西元1996年經濟間諜法(the Economical Espionage Act of 1996,簡稱「EEA」)中之定義:經濟間諜指竊取營業秘密之組織與個人,對美國而言,竊取者不僅包括美國籍與外國籍之私人企業與個人,還包括外國政府及機構在幕後支持的經濟間諜活動。劉博文,美國經濟間諜法簡介,http://www.moeaipo.gov.tw/nbs12/ipo3i.htm(上網日期:民國88年9月16日);目前針對涉及外國政府或組織在幕後支持的間諜活動,我國法規尚無法可規範。

[52] 如韓國當局曾於民國87年2月2日宣布破獲一宗由韓國研發的64MB DRAM半導體技術非法外洩臺灣南亞的商業間諜案。金炯翊與金德洙於去年5月成立韓國半導體積體電腦設計公司(KSTC)後,立即與臺灣南亞公司(NTC)簽署技術合作關係,並於去年7月開始接受臺灣南亞公司每月十萬美元的款項,其後KSTC公司再以高薪挖角16名服務於「三星電子」及「LG半導體」的員工,藉此取得半導體技術資料,再外洩給臺灣南亞公司。受此教訓,韓國政府決定將著手研究美國等先進國家相關法律規定,草擬「產業間諜處罰法」,以避免商業間諜事件再發生時束手無策。羅麗珠,從南亞案談產業間諜與企業自保之道,經濟部科技專案通報「技術尖兵」第38期,頁18,民國87年2月號。

[53] 羅麗珠,同前註。

　　客戶名單對於企業之經營占重要地位，競爭對手取得自己客戶名單，或員工離職後藉由任職期間所取得之客戶名單，與原公司進行業務之競爭，常會造成是否構成營業秘密侵害之爭議，因此如客戶名單對於名單所有人具特殊意義者，例如顯現與客戶有關之重要背景、業務情形、特殊需求、客戶內部具實際影響力之成員等，則此客戶名單之洩漏或竊取，自然妨礙公司之營業秘密[54]。

二、司法實務

　　以下討論數個案例，說明目前我國實務對侵害營業秘密的認定與處理。

（一）違反離職競業禁止

　　民國87年永慶房屋曾發生員工離職後，違反在職期間訂立之勞動契約，該案歷經臺灣台北地方法院87年度重訴字第5號民事判決，臺灣高等法院88年度勞上字第5號民事判決、88年度勞上字第5號判決，最高法院92年度台上字第2181號民事判決，最終定案。

1. 首先就臺灣台北地方法院87年度重訴字第5號民事判決，本案中原告永慶房屋仲介股份有限公司控告離職員工違背原先訂定之勞動契約內容，於任職期間即開始籌設另一家仲介公司，利用職務之便擅自盜拷原告公司內眾多重要營業秘密，一審結果法院認為上揭資料具秘密性，而被告等人從中獲取經濟利益，委實已達侵害原告公司營業秘密之程度。

2. 後於臺灣高等法院88年度勞上字第5號民事判決中，對上訴人等人不服台北地方法院民事判決提出之上訴內容，為上訴人皆為

---

[54] 章忠信，「營業秘密」之範圍與條件，民國90年10月22日，http://ww.copyrightnote. org/ts/ts002.html（上網日期：民國91年4月7日）。

原永慶房屋之員工，離職後設立另一家房屋仲介公司，係爭重點之一在於扣案之資料是否為營業秘密？如成交紀錄表、買方客戶資料表、賣方追蹤客戶資料、不動產買賣意願書、客服統計月報表……等，上訴人認為一審法院據認上述資料具有秘密性，且屬於永慶房屋所有，見解有誤[55]。本案中一來對資料的來源及內容認為不構成秘密性，二來對「歸屬性」產生最大的爭議，自一審至二審，法院對此的見解，並不採信上訴人所言，上訴人利用原為區主管、店長之職務監守自盜，擅自盜印或影印外洩留供日後競業之用，竊取營業秘密的動機十分明顯。

3. 被告等人不服，上訴臺灣高等法院，臺灣高等法院於民國90年6月26日作成判決，認為被告上訴部分無理由，而駁回其上訴。不論被告抗辯內容乃工作自由權受侵害，搜索程度違法及勞動契約未有足夠的審酌期間……等，法院均不予採信，在關於被告盜拷偷竊的資料是否為營業秘密一點，法院認為資料為營業秘密，且屬於原告所有。因此，經臺灣高等法院作成88年度勞上字第5號判決後，刑事部分經二審定讞，被告等六人全部依背信罪判決有罪[56]；民國92年10月9日，最高法院針對永慶房屋離職員工洩漏營業秘密一案作出判決[57]，七名離職員工因為違反僱

---

[55] 本案中上訴人稱「上述資料為其所制作，非重要資訊，到處可得，並非列入移交之文件，此為敦北店東西，敦北店的東西皆由我一手建立，資訊並非機密，我們所製作的東西都會彼此交換。」「前述資料，前半頁是謄本轉載賣方資料表，之所以要列印是因為要創造績效，資料並不重要，重要的是要常與客戶聯絡，說服他們讓我們買賣房屋，潛在客戶皆是我們自己到街上去尋找的。」「前述資料皆為潛在的客戶，並非機密，且網路皆有資料，上網即可截載。」「是依原審勘驗之結果，上訴人均不否認扣案之資料等，均係其等任職於上訴人公司時所取得之資料，僅抗辯稱該資料無秘密性，且該資料等為上訴人自行製作之資料。」此段敘述參見同前註判決原文內容。

[56] 請參閱林益民，【離職帶走商情6人被判背信】，聯合報第11版，民國91年8月12日。

[57] 最高法院92年度台上字第2181號民事判決，被上訴人原為上訴人之員工，並訂有勞動契約書，被上訴人於任職期間，竟在原服務之商圈內另籌設友信房屋仲介股份有限公司，未得上訴人同意利用職務之便，擅自竊取、盜拷諸多重要營業秘密，顯已侵害

備期間所簽署的「離職後」競業禁止條款，而必須賠償永慶房屋新台幣690萬元。

從本案例發展的過程看來，因為本案涉及離職後競業的問題，上訴人對民國87年與永慶房屋簽署的勞動契約上載有營業秘密條款並無爭議，因此，法院的結論未有不妥之處。纏訟4年多的爭點在於「營業秘密歸屬」的問題，被告因為與永慶房屋簽署勞動契約，其中載有營業秘密條款，而係爭法院判定營業秘密應歸屬於永慶房屋。如何避免離職員工利用原本任職期間所學習之特殊技術，跳槽至競爭對手而產生不公平競爭的行為，目前僅能從當事人事先簽署的契約（包括競業禁止條款、保密合約……）予以規避，因此本文認為制定相關法規有其必要性。

就前例而言，若自成本分析的角度研判，在離職前或離職後洩漏與職務相關的營業秘密，對提供研究環境、研究條件及薪資供應的雇主來說，的確十分不公平，但近年來在美國部分，如「四維」楊斌彥

上訴人之權利並造成損害，上訴人請求被上訴人賠償其最近1年年薪資總額之二倍作為懲罰性違約金及賠償損害。關於本案另有最高法院92年度台上字第2182號民事判決，被上訴人與上訴人永慶公司間所訂之勞動契約，均有保密條款之約定，竟於任職期間，將永慶公司所有而應保密之營業資料攜出，供第三人友信房屋仲介股份有限公司使用，另請參閱王文玲，【洩漏商機判賠10倍月薪永慶房屋離職七員工總共要賠六百九十萬元】，聯合報，民國92年10月10日。房屋仲介業歷來最大宗的永慶房屋離職員工洩漏商業機密案，刑事責任於民國91年判決確定；民事賠償部分，最高法院判決七名員工，受僱於永慶房屋，有的訂有勞動契約書，對所知悉的營業秘密負有保密義務，否則公司可請求違反者最近1年薪資總額的二倍為懲罰性違約金及損害賠償；有的另簽訂職務條款，以平均月薪的十倍為賠額。

先生一案[58]，或永豐紙業一案[59]，因為「美國經濟間諜法」的強勢運作，一旦被指控竊取營業秘密，不僅在民事的財產、商譽損害賠償計算上金額驚人，加上對自由刑罰的嚴格性，往往動輒數年刑期甚至10

---

[58] 四維公司以生產黏性膠帶為主，華裔工程師李天宏（Ten Hong Lee）曾於西元1986年5月任職艾佛瑞‧丹尼斯公司，自1989年7月起，李天宏應楊斌彥之邀，擔任四維公司顧問長達8年，期間將艾佛瑞‧丹尼斯公司非常敏感而具高價值的產品製造機密洩漏給四維公司，李天宏並自四維公司取得約15萬美元的對價，而該筆錢是透過李天宏在台岳母之銀行帳戶取得。聯邦檢察官估計，四維公司自艾佛瑞‧丹尼斯公司獲得的機密資料總值約5,000萬至6,000萬美元，章忠信，四維案之分析，http://www.copyrightnote.org/crnote/bbs.php?board=24&act=read&id=7（上網日期：民國91年2月23日）。西元1997年10月1日四維案被美國政府正式起訴，以製造膠帶聞名的四維企業董事長楊斌彥父女在美以「竊取商業機密」的罪名被捕，罪名包括經濟間諜、洗錢、郵電詐欺等等，共計21項（18 U.S.C. Sections 1341, 1343, 1956, 2315）（United States v. Pin Yen Yang, Criminal No. 97 CR 288 (N.D. Ohio Sep. 4, 1997）。西元2000年1月5日聯邦法院法官依據EEA第2條「意圖竊取商業機密」與「共謀竊取商業機密」2項罪名，判決四維公司敗訴，楊斌彥被判居家監禁六個月，緩刑1年半，罰款二十五萬美元，楊斌彥女兒楊慧貞被科處5,000美元罰金及1年緩刑，四維公司則被判罰五百萬美金；四維案成為美國第一宗依據1996年經濟間諜法審判的案件。請參見傅依傑，【又傳商業間諜案】──【聯調局設計誘捕楊斌彥父女】，聯合報第三版，民國86年9月7日；丁萬鳴，【四維緊急應變：老闆是去看網賽】，聯合報第三版，民國86年9月7日；林河名、張甄薇，【楊斌彥專利權官司打出知名度】，聯合報第三版，民國86年9月7日。

[59] United States v. Kai-Lo Hsu, Criminal No.97-CR-323, 97-1965 (E.D.Pa. July 10, 1997)，起訴書指出，從西元1994年6月7日起，聯邦調查局策劃下，聯邦調查幹員John Hartmann即扮成「科技資訊掮客（technological information broker）」，兜售科技資訊。永豐紙業公司的技術部經理周華萍（Jessica Chou）與John Hartmann聯絡，希望取得必治妥施貴寶公司最具價值的抗癌藥物「汰癌勝（taxol）」之營業秘密。經過FBI 2年的調查後，被告等人被控竊取一種價值甚高的抗癌藥物；依據EEA第2條判決結果，被告何小台的罪名並不成立，因何小台身兼政府出資的財團法人生物科技發展中心處長，當時本案亦被懷疑是否與中華民國政府有關，而依「經濟間諜法」第1條「經濟間諜罪」起訴。徐凱樂被控有罪，求處2年徒刑及1萬元美金罰款。United States v. Kai-Lo Hsu, 155 F. 3d 189 (3d Cir.1998)；同案的被告何小台，則因檢察官撤回起訴，經美國聯邦地方法院（賓州東區）於1999年1月28日核准後已不再列為被告。United States v. Chester S. Ho, Crim. No. 97-323-02 (E.D. Pa. Jan. 28, 1999).

年的徒刑，皆非當事人所能負荷[60]。本文以為營業秘密法第3、4條條文在執行上恐有模糊不清之灰色地帶，如A為甲公司之受僱人，A於受僱期間所創作、開發、蒐集、知悉之營業秘密，若於離職後再與他人籌設相同性質之公司營利，在權利歸屬的認定上往往是爭執的重點。因此，我國若制定規範經濟間諜之相關立法，在定義界定及權責歸屬部分，應訂立明確避免紛爭。

（二）營業秘密之認定

1. 臺灣高等法院91年度上字第521號民事判決中，法院於訴訟程序認定該等文件涉及營業秘密，認為依營業秘密法第14條第2項之規定，以限制他造閱覽訴訟資料為適當者，亦屬法院職權之行使[61]。

2. 另如臺灣高等法院刑事判決，86年度上易字第444號，被告負有嚴守該公司列為最機密之連續電鍍技術不得外洩之義務。最後

---

[60] 臺灣區黏性膠帶工業同業公會於民國86年1月6日，針對四維企業的商業間諜官司判決結果發表書面聲明，表示此案已嚴重影響我國膠帶產業的國際形象，四維企業上訴後若無法平反，將取消四維董事長楊斌彥的會務顧問等職位。請參閱曾勝珍，從「四維案」談美國經濟間諜法，嶺東學報第十三期，頁30-40，民國91年5月20日及陳正宇，【商業間諜官司宣判】，經濟日報第三版，民國86年1月7日；企業創業維艱，尤其是商譽的建立更屬不易，一件訴訟案件更是輕易的將多年心血毀於一旦。永豐餘一案，美國檢方甚至曾暗示臺灣政府機關可能是該案幕後黑手，指稱嫌犯係在臺灣半官方組織的財團法人生技中心支持下，進行非法行為，這些指控一度引起國內相關政府單位、財團法人及產業界的錯愕與震驚，除了涉嫌人可能會遭致刑罰加身，對於公司及組織的信譽，甚而國家形象者有嚴重的傷害，此段論述參考資策會科技法律中心，網址：http://www.moeaipo.gov.tw/secret/secret discription/secretdiscription.asp. 請參閱馮震宇，了解營業秘密法-營業秘密法的理論與實務，永然文化出版有限公司，頁23-24，民國86年；劉博文，智慧財產權之保護與管理，第十三章對美國經濟間諜法亦有介紹，民國91年。

[61] 上訴人雖主張該等文件早經公開、並非營業秘密，某一物品之製程或資訊是否某產業之營業秘密，為單純事實問題，被上訴人為附表所示物品文件之所有權人，自有權主張該等文件內容涉及營業秘密而應受保護。

法院綜據，被告張宏基既非高技公司之技術人員，亦無從獲悉相關技術資料，因未參與同案其他被告之犯罪行為，更無與彼等有犯意之聯絡，將原判決撤銷改判，依法諭知張宏基無罪[62]。

（三）保密契約

臺灣高等法院91年度上易字第2785號刑事判決，被告任職益詮公司期間，自訴人員工大部分都有簽署保密同意書。雖其中確有部分員工未簽署，惟查科技公司首重營業秘密之保護，若任職員工涉有不法情事，縱未予簽署保密同意書，本無法解免其罪責之論處，是有關保密同意書之簽署與否，對自訴人而言，尚無足生損害[63]。

三、我國營業秘密法與其他相關法律規定之比較

我國營業秘密法，立法精神及目的皆參酌國外立法例，傳統的僱傭關係中，雇用人（資方）多屬經濟上之強者，為了維持其強勢地位，並保障重要資訊不被洩漏，應付出相當努力維持其營業秘密之安全性，如何以合理手段獲得知識上的隱密性及維持市場競爭力，絕不

---

[62] 被告任職於新竹科學園區臺灣高技股份有限公司，擔任電鍍部門工程師、副理、經理等職務，受高技公司委以重任，專門負責該公司內部半導體導線架連續電鍍之產製與品管任務，因許文理係高技公司積極培養之技術經理人，先後二次被派往日本，學習先進之連續電鍍技術。詎許文理在習得此一連續電鍍技術後，欲牟取更高薪資，竟不顧職業道德，於其任職期間，意圖為自己不法之利益與其他被告二人積極計畫提供此先進之連續電鍍技術給大陸方面，達到換和大陸官方企業合資設廠之目的。

[63] 衡情被告徐文彬應無故意違背委任，以此損害自訴人之利益。至有關卷附創業營運計劃書，被告徐彬雖自陳為其離職前，下班時利用自訴人電腦所製作，然此既不影響其職務工作，亦不損及電腦，又為另謀出路，始著手安排未來，為計劃書之完成，本為人情之常，再觀諸營運計劃書之內容，僅片面陳述營業目標、營業策略、產品發展、財務獲利及市場分析之概要，姑不論內容尚屬空泛，即便就所謂經理技術團隊有具體描述，衡其前後僅有三頁，亦難謂此計劃書之完成係利用自訴人公司資金及人力設備，而有構成背信罪責。

剽竊競爭者的營業秘密，皆是雇用人應當努力的方向。若有法規確實懲戒及遏阻當事人破壞職場倫理的不法行為更形重要。

　　我國目前相關法規，僅於「刑法」第317條與「營業秘密法」有所規範。刑法第317條處罰洩漏業務上知悉的工商秘密罪，最高本刑為1年以下有期徒刑，而「營業秘密法」則僅規範侵害者的民事責任，相對於行為人因侵害高科技企業營業秘密所可能獲取的鉅大利益，其法律上的約束效力顯然相當薄弱[64]，經建會建議相關單位，可參考世界貿易組織「與貿易有關的智慧財產權」協定，對「未經揭露資訊」的保護與美國制定「經濟間諜法」的立法精神與架構，對我國相關法規進行檢討與改進。

　　權衡現行法規之缺失，同時避免經濟間諜行為造成之傷害，建議修改我國營業秘密法或成立經濟間諜法專法，劃分權責與刑責，遏阻妨礙營業秘密的行為，並能懲治經濟間諜，管制高科技人才，保護國家科技。以下分析我國營業秘密法與民法、公司法、公平交易法、刑法，在侵害態樣、救濟方式、缺失之比較，並以表1.1顯示其內容之異同。

表1.1　營業秘密法與民法、公司法、公平交易法、刑法之比較

	侵害態樣	救濟方式（罰則）	缺失
民法	1.侵權行為（民法第184條）。 2.違約責任（有保密契約時，遵照民法規定）。 3.違反經理人或代辦商競業禁止之規定（民法第562條）。	1.不作為請求權。 2.損害賠償請求權。 3.判決書之揭載請求權。	1.依侵權行為法規做為救濟時，因「善良風俗」之意義不確定，並只能請求損壞賠償，無不作為請求權。 2.以契約責任請求須當事人間有契約關係。

---

[64] 崔慈悌，【經建會建議制定經濟間諜法】，中國時報第三版，民國91年3月8日。

表1.1　營業秘密法與民法公懷法、公平交易法、刑法之比較（續）

	侵害態樣	救濟方式（罰則）	缺失
公司法	公司法股東、董事之競業禁止規定（公司法第32條、第54條）。	執行業務之股東違反前項規定時，其他股東得以過半數之決議，將其為自己或他人所為行為之所得，作為公司之所得（公司歸入權）。	無法限制離職後競業禁止之行為。
公平交易法	以脅迫、利誘或其他不正當之方法，獲取他事業之產銷機密、交易相對人資料或其他有關技術秘密之行為（公交法第19條第5款）。	刑事罰與行政罰之規定，因以公平交易委員會對違法行為所為停止命令。	1.公平法所保障者，僅係「事業」之營業秘密。不構成「事業」之自然人的營業秘密不受公平法保障。 2.刑事罰與行政罰之要件，對第一次侵害營業秘密之行為即未予以制裁。 3.保護客體，該條款以「產銷機密、交易相對人資料」為列舉保護對象，保護事項，並未就營業秘密內容加以定義或界定範圍，較營業秘密法保護範圍為窄。 4.侵害類型，僅將「不法獲取行為」列為處罰對象。

表1.1 營業秘案法與民法公懷法、公平交易法、刑法之比較（續）

	侵害態樣	救濟方式（罰則）	缺失
刑法	1.洩漏工商秘密罪（刑法第317條、第318條）。 2.竊盜罪（刑法第320條、第323條）。 3.侵占罪（刑法第335條至第338條）。 4.背信罪（刑法第342條）。 5.專利法第94條。 6.專利代理人規則第8條。	罰款或科或併科有期徒刑。	1.以竊盜罪、侵占罪處罰營業秘密之侵害行為，基於罪刑法定主義，許多具有重大惡性之行為，如員工未經公司同意，複製公司機密性之文件，似無法予以處罰。 2.如依洩漏工商秘密罪或背信罪、專利法等規定，則以具備一定之身分為行為主體，如未具備該身分者，除有共犯之情形，亦無處罰之依據，因此以刑事法規保護營業秘密，亦有其缺失。
營業秘密法	不正當方法取得營業秘密者，為侵害營業秘密，係指竊盜、詐欺、脅迫、賄賂、擅自重製、違反保密義務、引誘他人違反其保密義務或其他類似方法（第2條）。	損害賠償請求權（第12條），損害賠償額之認定與計算規定（第13條）。	1.無法規範跨國經濟間諜行為。 2.無刑責規定，難以遏阻不當竊取或使用營業秘密之行為。

伍、結　語

　　無論是之前台積電控告離職員工利用電子郵件，將台積電所稱的晶圓廠營業秘密傳遞給大陸上海中芯公司的案件，或日前威盛電子離職員工涉嫌從事經濟間諜引發之竊取營業秘密，且之後再返回威盛電子工作一案，皆引發各方的關切。若國內高科技業者之營業秘密，因無法有效保護而不斷流失，不但無法厚植國內知識產業，亦勢必對政府「有效管理」的政策造成更大的挑戰。民國91年3月爆發的台積電洩密案，使得行政院公布開放晶圓廠赴大陸投資政策，宣示將研訂國家科技保護法，防止高科技設備及關鍵技術資料流出，傷害國家安全或利益。當初行政院曾透過經建會發布新聞稿指出，我國近年在科技方面快速發展，有關智慧財產權與營業秘密的保護，也參考先進國家的標準加以改善。

　　由於網路成為企業經營管理與運作必備的工具，許多企業的營業秘密，都是因為員工跳槽或傳送電子郵件時喪失，企業若未建立有效的營業秘密保護機制，則雖有企業與員工就競業禁止加以約定，然而對於制止營業秘密洩漏部分，本文仍認為適當之刑責處罰，遠比企業內部或外部之規範，更能形成有效的法律保護與救濟機制，因此各國業者除了依賴法律進行保護，更能透過司法程序，如同美國因為經濟間諜法而使得產業界對於營業秘密愈加重視。

　　除了透過競業禁止條款避免員工離職後之不當行為，企業更應以積極性的作為設法留住人才，諸如提供更優厚的勞動條件與企業發展願景，與其任意對外進行挖角，形成企業人力資源管理的困擾與勞動市場的失序，不如對內培養人才從事研發工作，勞資雙方能共創雙贏，共同研議符合社會期望及兼顧勞資雙方利益之競業禁止約定，避免徒增不必要之爭議與損害，達到勞資合作、互惠互利之目標[65]。僱

---

[65] 「簽訂競業禁止參考手冊（二版）」，頁1-2，民國92年5月。

用人可提供其他配套措施,如定期的在職訓練,員工的專業技能培養與發展第二專長,釋出一定數量的技術股與員工分享,加強員工福利措施與營造舒適的工作環境,減低人員流動的比例,如此作法更為積極。

　　因此,保障智慧財產權,特別是營業秘密的情況,無論是在條文的規定上或者是事前的預防及過程中保密契約的制定,甚至離職後競業禁止條款的約定,如果僱傭雙方或勞資雙方不能以誠信原則、忠實義務來互相對待,處理任何營業秘密洩漏的案件,防制經濟間諜,進而促使業界願意移轉技術皆形成重重困難,且在事後的證據採信、當事人心中真意之探求,尤其是舉證不易,加上我國已加入WTO,未來全球的經濟貿易如同一個地球村的運作方式,各個國家之間的距離,不再如以往一般。期待未來國與國之間的產業結構能互相競爭、刺激成長,國際之間又能以合作、成長的角度來分享彼此對智慧財產權研發的成果,解決彼此願意分享技術的障礙。

參考文獻

一、中文

1. 「我國申請加入GATT/WTO之歷史紀要」,http://www.moeaboft.gov.tw/global_org/wto/WTO-into/into3/into02.htm(上網日期:民國91年10月1日)。

2. 「簽訂競業禁止參考手冊(二版)」,行政院勞委會出版,民國92年5月。

3. 丁萬鳴,【四維緊急應變:老闆是去看網賽】,聯合報第三版,民國86年9月7日。

4. 公平交易法相關行為處理原則,行政院公平交易委員會編印,民國

80年4月。

5. 文衍正，營業秘密之侵害及其應負之法律責任，國立中正大學法律學研究所碩士論文，民國83年11月。

6. 王文玲，【洩漏商機判賠10倍月薪　永慶房屋離職七員工　總共要賠六百九十萬元】，聯合報，民國92年10月10日。

7. 王衡隆，從管理者的角度建立智慧財產權，智慧財產權管理季刊，民國85年10月。

8. 行政解釋彙編第一冊，法務部，民國81年5月。

9. 林河名、張甄薇，【楊斌彥專利權官司打出知名度】，聯合報第三版，民國86年9月7日。

10.林益民，【離職帶走商情6人被判背信】，聯合報第11版，民國91年8月12日。

11.徐玉玲，營業秘密的保護，三民書局，民國82年11月。

12.崔慈悌，【經建會建議制定經濟間諜法】，中國時報第三版，民國91年3月8日。

13.崔慈悌，【經建會建議制定經濟間諜法】，中國時報第三版，民國91年3月8日。

14.張凱娜，營業秘密介紹，資訊市場情報中心法律研究組報告，資訊工業策進會，民國84年11月15日。

15.陳文吟，專利法專論，五南圖書出版股份有限公司，民國86年10月。

16.陳正宇，【商業間諜官司宣判】，經濟日報第三版，民國86年1月7日。

17.章忠信，「營業秘密」之範圍與條件，民國90年10月22日，http://ww.copyrightnote.org/ts/ts002.html（上網日期：民國91年4月7日）。

18.章忠信，四維案之分析，http://www.copyrightnote.org/crnote/bbs.php?board=24&act=read&id=7（上網日期：民國91年2月23日）。

19.章忠信，營業秘密之侵害態樣，民國90年11月12日，http://ww.copyrightnote.org/ts/ts008.html（上網日期：民國91年4月7日）。

20.傅依傑，【又傳商業間諜案】—【聯調局設計誘捕楊斌彥父女】，聯合報第三版，民國86年9月7日。

21.曾勝珍，從「四維案」談美國經濟間諜法，嶺東學報第十三期，頁30-40，民國91年5月20日。

22.馮震宇，了解營業秘密法—營業秘密法的理論與實務，頁23-24，民國86年。

23.馮震宇，世界貿易組織與關稅暨貿易總協定，月旦法學雜誌試刊號，民國84年3月。

24.馮震宇，論營業秘密法與競爭法之關係—兼論公平法第19條第1項第5款之適用，公平交易季刊四卷三期，民國85年3月。

25.黃三榮，論營業秘密（五）—兼評行政院版「營業秘密法」草案，萬國法律雙月刊第87期，民國85年6月。

26.認識公平交易法（增訂八版），行政院公平交易委員會編，民國90年8月。

27.劉博文，美國經濟間諜法簡介，http://www.moeaipo.gov.tw/nbs12/ipo3i.htm（上網日期：民國88年9月16日）

28.劉博文，智慧財產權之保護與管理，揚智文化事業股份有限公司，民國91年。

29.蔡明誠、陳家駿、張靜、許智誠、張凱娜等五人合著，營業秘密六十講，臺北市電腦商業同業工會，民國81年3月。

30.駱志豪，TRIPs協定對營業秘密之保護，公平交易季刊第四卷第三期。

31.營業秘密保護制度之研究，經濟部商業司著，民國81年12月。

32.謝銘洋，「研究成果之智慧財產權歸屬與管理—兼述德國之相關制度」，智慧財產權之基礎理論，翰蘆圖書出版有限公司，民國84年。

33.簡榮宗，「電子郵件，洩漏營業秘密的新管道？」，數位觀察者第八十期，民國90年7月18日，http://www.digitalobserver.com/71-80/80/alan.htm（上網日期：民國92年10月22日）。

*34.*羅麗珠，從南亞案談產業間諜與企業自保之道，第三十八期，經濟部科技專案通報「技術尖兵」，民國87年2月號。

二、外文

1. 18 U.S.C. Sections 1341, 1343, 1956, 2315.

2. Act Against Unfair Competition sections17, http://clea.wipo.int/clea/lpext.dll/folder/infobase/la349/lae70?fn=document-frame.htm&f=templates&2.0 (of June.7,1909; As last Amended on October 25, 1994).

3. Unfair Competition Prevention Law (Law No. 47, promulgated on May 19, 1993 [Amendments by: Law No. 116, of December 14, 1994]). http://clea.wipo.int/clea/lpext.dll/folder/infobase/la349/lae70?fn=document-frame.htm&f=templates&2.0.

4. United States v. Chester S. Ho, 982 F. Supp 1022 (E.D.Pa. 1999).

5. United States v. Chester S. Ho, Crim. No. 97-323-02 (E.D. Pa. Jan. 28, 1999).

6. United States v. Kai-Lo Hsu, 155 F. 3d 189 (3d Cir.1998).

7. United States v. Kai-Lo Hsu, Criminal No.97-CR-323, 97-1965 (E.D.Pa. July 10, 1997).

8. United States v. Pin Yen Yang, Criminal No. 97 CR 288 (N.D. Ohio Sep. 4, 1997).

2 動態商標之演進與探討

摘要 SUMMARY

2006年3月28日世界智慧財產權組織（World Intellectual Property Organization，簡稱WIPO）通過「新加坡商標法條約」（The Singapore Treaty on the Law of Trademarks），該法規定任何締約方法律規定可以作為商標註冊的商標均應適用本條約，並將3D雷射商標、動態商標、位置商標、氣味商標、顏色及聲音商標納入商標保護範圍。我國經濟部智慧財產局復於2007年11月30日公布商標法修正草案，參考WIPO新加坡商標法與歐盟共同體商標規則後，修訂商標法條文為商標，係指任何得由文字、圖形、記號、顏色、聲音、立體形狀或其聯合式所組成，且足以使相關消費者辨識，藉以與他人之商品或服務相區別，明文立法擴大商標之範圍與內容，現今國際趨勢已將商標種類多元化，考量動態商標註冊案於美國、歐盟等國家日益增加的趨勢，希冀透過本研究討論動態商標之相關問題及國際立法例，並依美國、歐盟等法規、判決及註冊案為研究中心，比較分析以作為我國未來修法方向之參考。

關鍵字

■智慧財產權	■商標	■動態商標
■動畫	■手勢商標	

壹、商標之沿革

在觀賞電影的經驗中，這即將說明的圖形一定在你（妳）腦海裡留下深刻印象，電影片頭放映之動畫，常會出現「20th Century Fox」[1]（二十世紀福克斯電影）的字樣，或者一道光芒劃過雲空，前面站在一位手握火炬之女士，接著「COLUMBIA」的字眼通過火炬，同時間天空會出現一道彩虹圍繞手握火炬之女士[2]，上述動畫為國外非傳統商標種類之一，稱為動畫商標（movement mark）；近年來我國線上虛擬遊戲已在電玩市場上占有一席之地，使動畫製作掀起一股風潮，動畫製作成本所費不貲，製作目的為銷售商品或服務，使消費者認識該商品或服務之特色，惟我國目前仍未將動態商標規範於商標法保護之內。

近日臺灣藝術大學與文化大學之學生攜同參加微軟公司舉辦的「創意潛能」大賽，獲得第二名佳績[3]，雖然增加我國動畫創作之國際知名度，惟日後企業主將借重聘請設計動畫人才為其公司銷售商品或提供服務特色之一，然該動畫設計卻無法成為我國商標法或其他法令之保護範圍，為鼓勵與保護設計者精神與維持公司商譽。

動態商標在國外發展已久，我國法規建制有借重外國文獻及相關法律之必要，我國對於動態商標遲未納入商標法中，其原因引起本研

---

[1] , WIKIPEDIA, http://en.wikipedia.org/wiki/20th_Century_Fox，最後瀏覽日：2007/8/24。

[2] 洪淑敏，國外非傳統商標之審查，收錄於商標法制與實務論文集，頁152，經濟部智慧財產局，2006年6月；，WIKIPEDIA, http://en.wikipedia.org/wiki/Columbia_Pictures，最後瀏覽日：2007/8/24。

[3] 奇摩電子報，http://tw.news.yahoo.com/article/url/d/a/070810/69/ijzq.html，最後瀏覽日：2007/8/22，轉引自『潘潔瑩、吳育勛報導，台語動畫短片　我拿下全球第二，華視，2007/8/10』。

究動機；本章茲就我國商標歷史溯源、國際組織、動態商標保護客體之介紹、各國立法現況、註冊要件、註冊案及我國現況未來的發展趨勢探討與研究如下，並依美國法、歐盟法的法規、判決及申請註冊案為研究中心，最後分析與檢討美國與歐盟等案例，作為我國未來修法方向之參考。

一、我國立法

我國重視商標的重要性始於1840年鴉片戰爭後，帝國主義列強紛紛強迫滿清政府對外通商條約中訂立保護外國商標的條款，如1902年的中英續訂商約、1903年的中美商約。1904年滿清政府頒布第一部商標法─「商標註冊試辦章程」，由當時擔任中國海關總稅務司的英籍赫德起草，1923年北洋政府以該法為基礎，參照英國駐使國代譯條款，公布商標法及其施行細則[4]，民國成立後，北京政府頒布商標法，將商標種類分為文字、圖形、記號或其聯合式，且須指定顏色，我國現行商標法為民國19年公布，民國20年施行，最近一次修正為民國92年。

2003年，國內工商企業競爭激烈，各種產業活動推陳出新，鑑於商標流通具國際性等原因[5]，為符合TRIPs第15條的最低標準及時代潮流需求，新增訂三種商標種類，分別為立體商標、單一顏色商標及聲音商標，使我國商標種類不再限於平面商標，更擴及視覺可感官以外的商標類型。

當越來越多國家將商標種類擴及到非視覺可感官以外的類型，業者所設計的商標除具有表彰商品或服務的來源功能，對消費者，是信

---

[4] 吳漢東主編，知識產權法學，北京大學出版社，2001年3月，頁330；陳文吟，商標法論，頁3-5，三民書局出版，2005年2月。

[5] 民國92年商標法修正草案總說明，經濟部智慧財產局，http://www.tipo.gov. tw/，瀏覽時間：2008/1/4。

譽與品質的保證，對企業主，同時象徵經濟利益的商機[6]，2003年我國修法時原欲納入氣味商標之類型，最終仍考量氣味商標不易辨識之獨特性，所以未增為商標種類[7]，2007年11月30日經濟部智慧財產局公布「商標法修正草案對照表」，希冀商標修正案未來通過後將使我國邁向商標新紀元。

二、國際組織

關稅暨貿易總協定（General Agreement on Tariffs and Trades，簡稱GATT）乃為世界貿易組織（World Trade Organization，簡稱WTO）的前身[8]，直至1994年的第八次（烏拉圭）回合，在美國主導下於摩洛哥簽署同意「與貿易有關之智慧財產權協定」（Agreement on Trade-Related Aspect of Intellectual Property Rights，簡稱TRIPs），旨在消弭國際貿易障礙，增進智慧財產權有效及適當保護之一部多邊協議[9]。

智慧財產權組織（World Intellectual Property Organization，簡稱WIPO）[10]，WIPO賦予成員國的任務乃經由各國間的合作，與國際組織

---

[6]　陳文吟，前揭註4，頁27。

[7]　事隔3年後，繼2003年開放單一顏色、聲音商標及立體商標後，經濟部智慧財產局進一步委託開元法律專利事務所草擬商標法修正草案，將氣味商標與動態商標列入商標法第5條的保護範圍之內。

[8]　GATT是一項世界多邊國際協定，未具備法律上獨立的法人人格，GATT主要處理關稅問題，1947年至1994年歷經八回合的談判，在第八回以前均未論及智慧財產權議題，皆是以關稅為重心。WTO入口網：國際貿易局，http://cwto.trade.gov.tw/default.asp，最後瀏覽日：2007/8/22，11：45。

[9]　曾陳明汝，商標法原理，頁335，自版，2001年11月。

[10]　是聯合國中的一個獨立組織，總部設於瑞士日內瓦，在美國設有16個分支機構，依據1967年在斯德哥爾摩簽訂的公約設立，WIPO之主要工作係致力於發展與兼顧會員國各方利益，便於使用國際智慧財產權（Intellectual Property，簡稱IP）制度，獎勵創造，促進創新，為經濟發展同時也維護公共利益。

配合促進世界智慧財產權的保護[11]，1994年於日內瓦通過的商標法條約（Trademark Law Treaty）[12]規定：本條約適用於視覺標誌構成的商標，但唯有接受立體商標註冊的締約方才有義務將本條約也適用於立體商標；本條約不適用於雷射標識和非視覺可感知之商標，尤其是聲音商標和氣味商標。

2006年3月28日世界智慧財產權組織通過「新加坡商標法條約」（the Singapore Treaty on the Law of Trademarks），更將3D雷射商標、動態商標、位置商標、氣味商標、顏色及聲音商標納入商標保護範圍[13]，WIPO預計2008年6月2日至8日於日內瓦召開第十九屆「商標、工業品外觀設計和地理位置法律常設委員會」（Standing Committee on the Law of trademarks, Industrial Designs and Geographical Indications，簡稱SCT）會議[14]，屆時亦期待有更多討論動態商標的議題出現。

貳、動態商標保護客體

商標係以表彰商品或服務之來源，使自己的商品或服務與他人所提供者能夠相區別，並使消費者得以辨識。商標的起源，首推西班牙游牧部落採用的烙印，游牧民族在自己所屬的牲畜身上打上標誌，在

---

[11] 截至2007年8月20日為止，會員國總計有183個國家。世界貿易組織，http:// www.wipo.int/about-wipo/zh/what_is_wipo.html，最後瀏覽日：2007/8/20；經濟部，http://www.moea.gov.tw/~ecobook/masterna/99/8.html，最後瀏覽日2007/8/20。

[12] 商標法條約第2條第1項，從本條觀之動態商標非商標法條約要保護的類型之一。

[13] 經濟部中小企業處法律咨詢服務網，http://law.moeasmea.gov.tw/modules.php?name=Content & pa=showpage & pid=704，最後瀏覽日2007/8/6年，轉引自「李娟萍報導，案例主題：007系列電影片頭，可註冊商標，經濟日報A9版綜合新聞，2007/01/22」。

[14] 世界貿易組織，http://www.wipo.int/pressroom/zh/articles/2007/article_0033.html，最後瀏覽日：2008/01/03。

以物易物交換時能與他人的牲畜有所區別[15]。針對商標之保護，TRIPs
第15條第1項規定：「任何足以區別不同企業之商品或服務之任何標識
或任何標識之組合，應足以構成商標。此類標識，以特定文字、包括
個人姓名、字母、數字、圖形和顏色之組合，及此類標識之任何聯合
式，應得註冊為商標。當標識本身不足以區別相關之商品或服務時，
會員得基於其使用而產生之顯著性而准其註冊。會員得規定，以視覺
上可認知者作為註冊要件。」[16]睽諸上開法條規範內容可知，商標的構
成僅限於「特定文字」作為註冊要件，足見動態商標非為TRIPs第15條
商標保護範圍內。

　　我國法規大部分為繼受法，商標法亦不例外，我國商標法對商
標種類保護之演進如下：民國19年商標種類限於文字、圖形、記號或
其聯合式，並須指定顏色，民國47年修訂時明定商標文字應以國文為
主，讀音以國語為準，得以外文為輔，民國82年配合工商企業高度發
展、社會經濟型態變遷，及積極重返GATT，刪除商標圖樣須以中文為
主之規定，民國92年因應國內企業發展需要、國際立法趨勢，增訂聲
音、立體形狀、單一顏色之非傳統商標，使我國商標種類更多元化[17]，
民國97年11月時，智慧財產局公布最新商標修正草案，草案擴大商標
保護客體，分別納入動態商標與氣味商標為商標法保護範圍[18]。

---

[15] 曲三強，知識產權法原理，頁475，中國檢察出版社，2004年1月。

[16] 智慧財產局，http://www.tipo.gov.tw/trademark/trademark_law/trademark_law_6_1_2.asp，最後瀏覽日：2007/8/20。

[17] 陳文吟，前揭註4，頁4-16。

[18] 中央廣播電台，http://www.rti.org.tw/News/NewsContentHome.aspx?t=1&NewsID=70368，最後瀏覽日：2007/9/27，轉引經濟日報，2007/5/10，撰稿・編輯：曾美惠，主題：動態、氣味商標將受保護。

·動態商標定義

商標係業者為表彰商品或服務來源，在商品上或提供服務時附加標記，使消費者足以區別不同業者之商品或服務，以便在商場上發生公平競爭效用，以下說明動畫、動作商標、動態商標之定義與分類。

（一）動畫定義

近年來，工商業社會急速發展，電腦科技日新月異，電腦對各種媒體的處理能力大為增加，均能與電腦周邊設備結合轉化成數位資訊內容，加上網際網路興起與寬頻普及，多媒體成為資訊傳遞與流通的利器[19]。多媒體（multimedia）是一項包含多種視聽（audio visual）表現模式的創作，將圖像、字元、影像、語音、視訊及動畫等素材資料數位化並整合運用之技術、產品或服務，包括各類遊戲軟體、2D／3D動畫影片、各類數位內容製作與多媒體應用軟體、各類行動應用服務、各類網路多媒體應用服務等[20]。動畫，簡單而言即是「會動的圖畫」的基本原理，是由連續數張圖片依照時間順序顯示所造成的視覺效果並快速播放，再加上人類「視覺暫留[21]」的因素，看起來就好像圖片在動一樣[22]。

---

[19] 鄭苑鳳，多媒體概論理論與實務，頁1-2，金禾資訊，2006年8月。

[20] 經濟部工業局數位內容產業推動服務網，http://www.digitalcontent.org.tw/2-1. php#Scene_1，最後瀏覽日：2008/1/8；前揭註，頁1-2、1-3。

[21] 「視覺暫留」指的是你的「眼睛」和「大腦」聯合起來欺騙自己所產生的幻覺，當有一連串的「靜態影像」在你面前「快速的」循序播放時，只要每張影像變化夠小，播放速度夠快，你就會因為視覺暫留而產生影像移動的錯覺，請參考鄭苑鳳，前揭註19，頁6-3。

[22] 鄭苑鳳，前揭註19，頁6-3。吳權威，電腦動畫概論與實務，頁1-6，網奕資訊，2004年11月出版。

（二）動態商標定義與分類

動畫商標（motion mark）係指商標本身並非固定不動，而是像電影或錄影會有接續的動作[23]，動畫商標解釋上包含動作商標（movement mark），係指某一物體移動為視覺可感知物體與動作的結合，像電視或影片一樣有連續的短暫動作，如電影剪輯、影片、電視節目的動畫標識，或物體連續動作呈現等[24]；動作商標亦是藉由動態影像、電視、電影或電腦，區別出商品或服務來源[25]；動作商標提供一個有獨特的視覺效果，而移動或是動作是商標的一種特色，也可用物理或動作元素組成的，例如電影集、電視和網站上的廣告，更包含手勢商標（gesture mark），甚至是肢體語言動作[26]；標識包含動作元素，手勢商標也可視為另一種動作商標[27]。

「動態商標」之定義至今依然渾沌不明，有認為稱作動作商標或稱動畫商標或多媒體商標[28]，本文以為將其定位為「動態商標[29]」較

---

[23] 曾淑婷，氣味商標問題之研究，頁42，臺灣大學法律研究所碩士論文，2006年6月。

[24] 黃堅真，氣味商標之研究─以實務申請探討為中心，頁25、149，國立清華大學科技法律研究所碩士論文，2007年2月。

[25] Jerome Gilson & Anne Gilson LaLonde, *Cinnamon Buns, Marching Docks and Cherry-Scented Racecar Exhaust: Protecting nontraditional Trademarks*, 95 Trademark Rep. 773 (July-August 2005), at 806.

[26] Lesley Matty, *Rock, Paper, Scissors, Trademark? A Comparative, Analysis of Motion Mark as a feature of Trademark in the United States and Europe*, 14 Cardozo J. Int'l & Comp. L. 557(2006), at 562-565.

[27] WIPO Secretariat, *Methods of Representation and Description of New Types of Marks*, SCT 17th Session, WIPO Doc SCT/17/2, at 6.

[28] WIPO Secretariat, *New Types of Mark*, SCT 16th Session, WIPO Doc. SCT/16/2 (Sep. 1, 2006), at 7-8.

[29] 「動畫」意旨一種電影及電視的拍攝、製作技術。將人、物的表情、動作、變化等，以靜態的圖畫或物品，單格拍攝，然後將其連續播映，便產生了動態的畫面；「動作」可以解釋為行為舉止、態勢或者一種活動；「動態」係指情勢變遷的發展狀態、活動或運動的變化狀態；而「多媒體」指將各種異質媒體（中介物）組合在一起，來表達事件。也就是混合使用能傳達藝術、商業或教育的多功能素材以達成綜合性的

妥。學者Lesley Matty將動作商標分為三類：

1.一般性動作商標[30]

在一般性的動作商標裡，包括電腦設計的短暫連續動畫，動畫視為「移動影像」（moving image）商標，此類標識為最普遍的表示形式，常被電視和電腦公司做為表彰商品或服務商標。移動影像標識主要是以增加動畫做為特色為註冊申請，標識組成包含其他元素，如文字、符號、聲音或特定顏色。動作商標透過電子廣告板、電視、電影預告片或線上廣告表彰，例如「20th Century Fox」、「COLUMBIA」電影，或在美國有專門表徵治療氣喘與過敏的網站[31]，其商標即由一朵特別的蒲公英為特徵，蒲公英右邊寫上「自由呼吸」（FREE BREATHER）的字樣，意指患者用該醫療用品後就可像蒲公英的種子一樣隨時可以呼吸新鮮空氣，不再受病痛之苦。

2.外觀形狀[32]

動作商標包含產品本身的外型或是藉由商品產生特殊動作。美國註冊案裡，例如：Lamborghini（藍寶堅尼）的車門由下向上移動方式開啟，且以該車門開啟動作作為申請註冊；Peabody Hotel Chain's 的服務商標，以鴨子的行進方式（Duck March）組成，鴨子每天出現在電梯旁再跳進Peabody Hotel Chain's大廳水池裡，或者日商Yamaha生產的水上摩托車，騎乘時快艇後面會噴出樹枝狀的水花[33]。換言之，動作商標是由產品的特色組成，在審查可能會受到反對，但不可諱言的這是獨一無二的。

藝術表現，參照教育部重編國語辭典修訂本，http://140.111.34.46/newDict/dict/index.html，最後瀏覽日：2008/1/10。

[30] Jerome Gilson & Anne Gilson LaLonde, *supra note 25*, at 807; Lesley Matty, *supra note 26*, at 566.

[31] http://www.freebreather.com/freebreather/，最後瀏覽日：2007/9/3。

[32] Lesley Matty, *supra note 26*, at 566-567.

[33] http://www.yamaha-motor.com.tw/index.htm，最後瀏覽日：2007/9/3。

3.手勢商標[34]

在國際上，英國、荷比盧三國關稅同盟和「內部市場調和局」（Office for Harmonization in the Internal Market，簡稱OHIM）承認手勢商標，但美國目前不承認此商標，藉由手勢商標表彰商品或服務來源，近來有業者在加州聯邦法院針對「盜用手勢」（misappropriation of a hand signal）的業者提出控訴並尋求其救濟方法，從訴訟案可知，相信美國對於手勢商標的承認是指日可待的；如NOKIA商標由兩隻手組成，手勢是人類最基本的溝通方式，藉由手勢表達出電腦設備及通信、教育服務是日常生活中重要的一環；在OHIM最近有核准一件註冊案，即Deusche Telekom's的T字。

參、各國立法現況

以下將簡略介紹「WIPO之新加坡商標法條約」、「歐洲共同體商標法」、「美國蘭姆法」等條約對於動態商標的規範情況。

一、WIPO之新加坡商標法條約

WIPO為因應數10年來的科技發展，讓各國擁有有利於國家、品牌與企業的一致性商標申請程序，決定修正1994年制定的商標法條約[35]，WIPO組織密集召開SCT會議，2004年10月召開第十三屆SCT會議，提出商標法條約修正草案（Draft revised Trademark Law Treaty，以下簡

---

[34] Lesley Matty, *supra note 26*, at 568-569；另請參考前揭註24，頁149及前揭註27。
[35] 前揭註24，頁25。

稱商標法草案）將第2條第1項[36]欲修正為「(a)商標應由視覺性商標所組成，除了雷射標識。(b)非視覺商標的組成應不包括聲音商標與氣味商標。」

　　以下說明「新加坡商標法條約」修法前後對於商標法條約的討論過程。

（一）2005年4月

　　2005年4月召開第十四屆SCT會議，修正商標法草案第2條第1項商標類型，(a)款規定本條約應包含視覺性商標，並擴大範圍包含動作商標、顏色商標、位置商標。(b)款修正為可以適用非視覺性商標，增訂(c)款規定締約方無義務接受無法於其國內法取得註冊商標類型[37]。瑞士代表再次重申要納入動作、顏色、位置商標規定，並且增加在第3條第1項第12款雷射商標後[38]。商標法條約施行細則在第3條增修第5款，有關雷射圖像、動作、顏色、位置商標的申請規定：「任何締約方均可以要求，在申請書中聲明商標為雷射像圖、動作商標、顏色商標或

---

[36] Article 2(1)『Nature of Marks』: (a) This Treaty shall to marks consisting of visible signs except for hologram marks. (b) The Treaty shall not apply to marks not consisting of visible signs, in particular, sound marks and olfactory marks. 參見WIPO Secretariat, Draft Revised Trademark Law Treaty (TLT), SCT 13th Session, WIPO Doc, SCT/13/2 (July 23, 2004)，轉引自前揭註24，頁26-27。此次會議中瑞士代表認為必須擴大商標保護範圍，如顏色、位置、動態商標等；英國代表則認為動態商標之圖樣若能區別不同之商品或服務，則允許註冊為商標。

[37] Article 2(1)『Nature of Marks』: (a) This Treaty shall to marks consisting of visible signs except for hologram marks. (b) The Treaty *may* not apply to marks not consisting of visible signs, in particular, sound marks and olfactory marks. (c) Contracting Parties are not obliged to accept for registration signs that cannot be registered as marks under applicable law. 參見WIPO Secretariat, *Draft Revised Trademark Law Treaty* (TLT), SCT 14th Session, WIPO Doc. SCT/14/2 (Jan. 3, 2005)，轉引自前揭註24，頁27-28。

[38] WIPO SCT, *Report*, SCT 14th Session, adopted at SCT 15th Session, WIPO Doc. SCT/14/8 (Nov. 28, 2005), at 7.

位置商標時，需按法律規定提交該商標之一份或多份圖樣及有關細節」[39]。

（二）2005年11月

2005年11月召開第十五屆SCT會議，瑞士代表認為第十四屆會議的修正案可作為2006年新加坡會議之商標法提案；新加坡代表認為考量新類型商標之擴展後，SCT應研究如何簡化和設立新類型商標保護之標準及方針，智利代表認為新類型商標之保護可能會與著作權法有所衝突；義大利代表認為動畫商標或氣味商標，無法用圖樣來滿足商標區別商品或服務能力。各國代表對建立新類型商標之註冊標準不一致，尤其是開發中國家之技術障礙、法規制度面及新類型商標圖樣表示的議題，主席建議SCT應提出各國目前新類型商標及註冊的實務經驗，以利往後會議供各會員國代表討論[40]。

（三）2006年3月

2006年3月13日至31日，WIPO在新加坡舉行外交會議，在3月28日通過新修正商標法條約，稱為「新加坡商標法條約」（the Singapore Treaty on the Law of Trademarks），供WIPO各會員國簽署，目前尚未生效。該法第2條規定：「1.任何締約方法律規定可以作為商標註冊的商標均應適用本條約；2.本條約適用於商品或服務有關的商標，不適用於集體商標、證明商標與保證商標。」

---

[39] Rule 3：「Hologram Mark, Motion Mark, Color Mark, Position Mark」Where the application contain a statement to the effect that mark is a hologram mark, motion mark, color mark, position mark, a Contracting Party may require one or more reproductions of the mark and details concerning the mark, as prescribed by the law of that Contracting Party. 參見前揭註，at 33. WIPO SCT, *Summary by the Chair*, SCT 14th Session, WIPO Doc. SCT/14/7 (April. 22, 2005), at10-11.

[40] WIPO SCT, *Report*, SCT 15th Session, adopted at SCT 16th Session, WIPO Doc. SCT/15/5 (Nov. 20, 2006)，轉引自前揭註24，頁29-30。

　　新加坡商標法條約列入新型商標保護，包含雷射商標、動畫商標、位置商標、聲音商標、氣味商標等型態，由締約國依其國內法自行決定商標之保護種類，新加坡商標法條約施行細則第3條第5款規定：「任何締約方均可以要求，申請書中聲明商標為雷射商標、動態商標、顏色商標或位置商標，需按其法律規定提交該商標的一份或多樣圖樣，以及有關該商標的細節」[41]。有關雷射商標、動態商標、顏色商標或位置商標要求提供的圖樣數量和形式，由各會員國觀察國內發展情形再自行決定[42]。

（四）2006年11月

　　2006年11月召開第十六屆SCT會議，延續上一屆SCT會議議題，針對各種新型商標進行介紹及討論，SCT擬製一份有關商標法規及實務問卷對各會員國進行調查[43]，調查結果為72個會員國中，有21個會員國接受動作商標作為商標註冊，是否可給予註冊則逐案審查，關於動態商標圖樣表示方法，必須提交一份有構成動態效果的所有靜態影像圖，或者足以完全顯示動態標識中最顯著性的部分樣本，和一份簡單的文字說明書。

　　主管機關可自行決定提交商標樣本型態，如接受電子檔方式呈現動態商標樣本（CD-ROM或DVD）；在手勢商標方面，因其註冊數量

---

[41] WIPO, Diplomatic Conference, *Singapore Treaty on the Law of Trademarks, Regulations under the Singapore Treaty on the Law of Trademarks and Resolution by the Diplomatic Conference Supplementary to the Singapore Treaty on the Law of Trademarks and the Regulations thereunder*, Diplomatic Conference Diplomatic Conference for the adoption of a Revised Trademark Law Treaty, on March, 2006, WIPO Doc. TLT/R/DC/30 (March 28, 2006), at 6, 35，部分轉引自前揭註24，頁30-31。

[42] WIPO Secretariat, *Notes on the Basic Proposal for a Revised Trademark Law Treaty and Regulations thereunder*, Diplomatic Conference Diplomatic Conference for the adoption of a Revised Trademark Law Treaty, WIPO Doc. TLT/R/DC/5 (Oct 5, 2005), at 27.

[43] 前揭註24，頁32。

非常少，有待日後累積更多經驗以釐清其定義及屬性[44]，圖形（圖片）說明手勢商標似乎可滿足註冊要件，但困難處乃如何證明手勢商標表彰於商品或服務之顯著性[45]。

（五）2007年5月

2007年5月召開第十七屆SCT會議，繼續對於新型商標申請註冊時，備妥所需文件及識別性取得等議題進行討論，就動態商標而言，有兩種方法可取得識別性，主管機關要求申請人適用其中一個方法即可，方法為：按順序排列的圖片呈現動作影像，例如用連續方法（in a continuous manner）；以錄製電影的方法存放在CD或DVD等電子資料儲存體中。關於細部描述及其特殊外觀形狀也需在申請書載明，如果以交付照片方式申請註冊，尚需交付一份可表明動作標識商品或服務樣本存放於主管機關，若以CD或DVD方式將樣本交給主管機關，也可在主管機關的資料庫搜尋相關資訊，以供大眾利用[46]。

2007年9月召開第十八屆SCT會議，延續第十六屆SCT會議未討論完的議題，提及商標法與著作權法間的法律關係，特別是非傳統商標的部分，諸如立體商標、雷射商標與動態商標等[47]。

二、歐洲共同體

1958年，歐體執委會與各會員國自歐洲經濟共同體生效後，產生整合或統一各國間商標制度的想法，自1959年始歷經30年後，於1988年底提出共同體商標法（European Community Trademark Regulation，

---

[44] 前揭註27，at 6，將手勢商標視為動態商標種類之一。

[45] 前揭註28，at 7-8。

[46] 前揭註27，at 5-6。

[47] WIPO Secretariat, Trademarks and Their relation with Literary and Artistic Works, SCT 18th Session, WIPO Doc SCT/18/4 (September 12, 2007), at2.

簡稱CTMR）修正建議案，1993年經由歐盟理事會正式通過，CTMR主管機關─OHIM設立於西班牙阿利坎特市（Alicante），並於1996年1月2日起依據歐體商標法則（COUNCIL REGULATION (EC) No 40/94 of 20 December 1993 on the Community trade mark）開始受理歐盟商標申請註冊案件。

當時歐盟共同體為能順利建立共同體商標法，在共同體商標法施行前，1988年底歐體理事會提出CTMR草案的同時發布會員國商標法整合指令（First Council Directive 89/104/EEC of 21 December 1988 to approximate the laws the Member States relating to trade marks，簡稱商標指令），減少商品在各會員國間的流通障礙，有助建立單一市場[48]。

歐洲共同體內建立統一的商標制度，主要目的使商品或服務在共同市場內自由流通，不因各會員國有不同的商標制度，阻礙商品或服務的流通性，是以，共同體商標最大特徵是具有「單一性」，換言之，經由受理機關──OHIM為申請商標註冊後，在共同體全部領域內即具有效力，申請人取得的商標權，是單一商標權，非歐洲共同體之27個商標權，商標權效力包含歐洲共同體之27個國家，相同地，商標讓與及撤銷之效力亦及歐洲共同體之27個國家[49]。

根據CTMR第4條規定，歐盟商標形式可以為文字及人名、圖像、字母、數字、甚至商品形狀及包裝等，均可以由任何圖示表示之標識，足以使事業之商品或服務與他人商品或服務相區別，就可申請為商標。由此規定，可知CTMR對商標保護種類是相當寬鬆，條文內所舉

---

[48] 謝銘洋，歐洲商標制度之最新發展趨勢，收錄於智慧財產權之制度與實務，頁184，國立臺灣大學法學叢書，1995年5月；謝銘洋，歐洲商標制度的新里程碑─共同體商標的實現，頁698-699，收錄於智慧財產權與國際私法─曾陳明汝教授六秩誕辰祝壽論文集，1997年3月；曾陳明汝，前揭註9，頁341-342。

[49] 謝銘洋，歐洲商標制度的新里程碑─共同體商標的實現，同上註，頁700、703；截至2007年8月底止，共有27個國家加入歐盟共同體，歐洲經貿辦事處，http://www.deltwn.cec.eu.int/CH/whattheeuis/eumemberstatesandcandidatecountries.htm，最後瀏覽日2007/8/22。

之文字、人名……等只是例示規定，並不以條文中所列態樣為限，因此立體商標、聲音商標，甚至顏色、氣味、動態，或其聯合式，均得以申請註冊為共同體商標[50]。

三、美國蘭姆法

華盛頓於1772年申請「George Washington」的標誌打印在生產麵粉上，傑弗遜總統制憲時，提議將專利著作權條款入憲，1790年美國國會依憲法制定的著作權法，未採行該條款，直到1870年國會通過全國性商標法，卻於1879年最高法院判定商標法違反憲法規定慘遭廢除[51]。現行蘭姆法（Lanham Act），為美國商標法，在德州國會議員Fritz G. Lanham領導下完成草案，經杜魯門總統於1946年7月5日簽署同意，1年後生效[52]。儘管聯邦法與州法不盡相同，大體來說各州商標法均以蘭姆法為圭臬，於此商標法之說明以蘭姆法為中心。

美國的商標保護制度採「使用保護主義」，所謂使用主義原則，係指將商標實際使用於商品或服務上，而使商標權成立，反之，如欠缺實際使用，將無商標權成立，乃為確保先使用者的權益，並確定商標權人持有的商標已與營業結合，具有表彰營業功能，就可受到商標法保護，與我國採取「註冊主義」有所不同[53]。1946年美國通過蘭姆法，主要是建立一個具有現代化、自由化的商標制度，在1989年修法時兼採新制度，即「有使用意思的申請」（intent to use application）

---

[50] 謝銘洋，歐洲商標制度的新里程碑—共同體商標的實現，前揭註48，頁704。商標指令第2條對於商標構成與CTMR內容相同，不再詳述，參照謝銘洋，歐洲商標制度之最新發展趨勢，前揭註48，頁186。

[51] 鄭中人，智慧財產權法導讀，頁130，五南書局出版，2002年8月。

[52] 曾陳明汝，前揭註9，頁373-374。

[53] 陳文吟，前揭註4，頁33-34；洪淑敏，前揭註2，頁152；徐火明，從美德與我國法律論商標之註冊，頁9，瑞興圖書股份有限公司，1992年。

來申請註冊，以補足採「使用保護主義」的不足，所謂「有使用意思的申請」，指在申請時可以作一個選擇，如果有意願在將來使用該商標，即使還未使用，也可提出申請，但是在申請後至註冊前，必須使用才可註冊[54]。

蘭姆法第45條給予商標之定義，包含文字、名稱、符號、設計或其聯合式，（1）經人使用，或（2）經任何人善意欲於商業上使用，並依本法申請註冊於主要註冊簿，以表彰所提供商品或服務，且得與其他人所製造或販賣的商品或服務相區別，並能顯示商品或服務來源。雖然條文未將動態商標納入規定，依據美國行政實務運作情形，只要符合商標保護要件，可用五官感覺到的商標都可作為商標[55]。

美國關稅暨專利上訴法院（Court of Customs and Patent Appeals）在審理相關案件時，認為所謂顯著性，係指商標文字在其有限範圍內之原本意義，乃指出其來源，而非商品之特徵，只要未成為商品或服務之普通或描述性之說明，而具有顯著性時，即得註冊。在美國曾出現的判決中，對商標表現出的創造性標章（coined mark）、隨意性標章（arbitrary marks）、暗示標章（suggestive mark）皆認為不需要證明第二層意義，即得依美國聯邦商標法之規定申請註冊[56]。

四、日本與中國大陸

日本於1996年修正1997年4月1日施行的日本商標法，此次修正是基於1995年12月13日工業所有權審議會關於商標法所提之修正報告為準則，主要理由係現今國際經貿活動中，智慧財產權扮演的角色日益

---

[54] 前揭註23，頁29；趙晉枚，中美商標法之比較研究，收於智慧財產權與國際私法──曾陳明汝教授六秩誕辰祝壽論文集，頁573-574，曾陳明汝教授祝壽論文集編輯委員會出版，1997年3月。

[55] 前揭註6，頁29；Lesley Matty, *supra note* 26, at 573。

[56] 徐火明，前揭註53，頁87-89。

重要，各國智慧財產權法規規定不同，勢必會在各國之間造成貿易衝突，而影響到商品與服務的自由流通，因此在這樣的時代背景之下著手修正商標法[57]。

　　本次商標法亦增訂立體商標制度，使商標法第2條第1項變更為：「本法所稱商標，係指以文字、圖形、記號或立體形狀，或其組合，或此等與顏色之組合。」對於商標的構成要素是採取「列舉式」之規定，與我國商標法相同，故凡以數字、聲音、氣味、動態等均無法受到本法之保護[58]。

　　中國大陸因隨著國內經濟體制轉變的需求，先後加入各種有關智慧財產權的國際公司，積極申請加入WTO等因素，與基於條約成員國必須受國際義務之約束，根據2001年第九屆全國人民代表大會常務委員會第二十四次會議修正中華人民共和國商標法，其乃因應商業技術之進步，用已區別商品來源者，不再限於傳統之平面商標，且TRIPs規定各會員國之最低保護標準，應包含視覺可感知的商標，因此擴大商標定義[59]。第8條規定：「任何能夠將自然人、法人或者其他組織的商品與他人的商品區別開的可視性標誌，包括文字、圖形、字母、數字、三維標誌和顏色組合，以及上述要素的組合，均可以作為商標申請註冊」。

　　中華人民共和國商標法與TRIPs第15條相較後，此二部商標法有相似之處。對商標構成之要素採取「例示性」，條文係以「可視性」為要件，因此商標種類之取得，似乎未明文將動態商標排除在外[60]。

---

[57]　宋錫祥：日本《商標法》的最新修正，發佈時間：2007-12-02，山東大學法學院東亞法律研究中心，http://www.japanlawinfo.sdu.edu.cn/html/minshangfa/20071202/349.html，最後瀏覽日：2008/1/10。

[58]　永井紀昭著、王德博等八人摘譯，日本立體商標案例，收錄於商標法制與實務論文集，頁213，經濟部智慧財產局出版，2006年6月；前揭註23，頁115。

[59]　兩岸經貿服務網，http://www.ssn.com.tw/eip/front/bin/ptdetail.phtml?Category=100020&Part=3-8-16，最後瀏覽日：2008/1/9。

[60]　前揭註23，頁115。

肆、動態商標註冊案

　　我國商標法第5條[61]第1項的規定為商標所使用之文字、圖形、記號、顏色組合或其聯合式，應足以使一般商品購買人認識其為表彰商品之標識，並得藉以與他人之商品相區別。這是對商標註冊要件中積極要件「顯著性」的規定，所謂顯著性主要是從外國立法例之distinctiveness而來[62]。第2項的規定為不符前項規定之圖樣，如經申請人使用且在交易上已成為申請人營業上商品之識別標識者，視為已符合前項規定。此項規定乃是學理上所謂之第二意義，即原本不具顯著性的圖樣，經過申請人反覆使用，因此而有識別功能時，辨識圖樣已取得「第二意義」，具有顯著性。

　　有鑑於動態商標的設計技術多涉及目前時下新興技術，例如電腦軟體的運用，國際上承認動態商標之類型僅限於WIPO之新加坡商標法、歐盟共同體商標規則、美國以及我國商標法修正草案，以致動態商標案例至今仍不多見，因此本文將介紹歐美動態商標註冊案，動態商標在歐美地區的申請註冊案數量並無像其他商標類型的註冊案件眾多，本文利用線上歐盟商標查詢服務系統【CTM-Online（Community Trade Mark Consultation Service）】與美國商標檢索系統（Trademark Electronic Search System，簡稱TESS）查詢，截至2007年12月8日為止，查詢結果共52筆，以下將挑選9個案例說明之。

---

[61] 曾勝珍，我國新修正商標法草案中註冊要件之評析，收錄智慧財產權法專題研究，頁65-67、79-80、87，自版，2004年6月。

[62] See 15 USCS §1052(f)中規定商標註冊要件必須「become distinctive of the applicant's goods in commerce」即必須符合顯著性。

一、歐盟註冊案

（一）微軟股份有限公司申請案

2007年5月3日，位於美國華盛頓州瑞得蒙（Redmond）之微軟股份有限公司（Microsoft Corporation），向CTM申請註冊，申請案編號為005910831並接受審查，商標主要用於第9類，為軟體操作系統商品。由五張圖描述商標（如圖2.1）是一支會動的旗子並以圓圈為背景為主要特色，旗子會隨著動畫閃閃發亮，五張連續影像圖呈現出動畫之不同地方，各影像維持時間最長為三秒鐘，商標顏色由藍、黃、綠、紅四色構成。

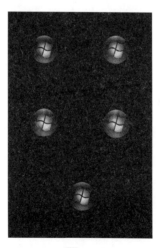

圖2.1

（二）諾基亞股份有限公司註冊案

2003年10月30日，位於芬蘭艾思博（Espoo）之申請人，諾基亞股份有限公司（Nokia Corporation）向CTM申請註冊商標，於2005年12月7日通過審查，註冊號碼為003429909，該商標主要用於第9、28、38、

41類之商品或服務，工業產品、玩具、通訊及教育等。商標（如圖2.2）的動作為栩栩如生，由四張影像描寫一連串的手勢變化情形，圖片順序從圖左到圖右，從圖上到圖下。

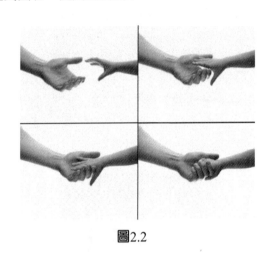

圖2.2

（三）H.C. Equipment ApS醫療用品註冊案

2002年9月18日，位於丹麥奧爾堡之申請人H.C. Equipment ApS 向CTM申請註冊，於2004年10月1日申請通過，註冊號碼為002857704，商標指定用於第6、10、20類商品，金屬材料、醫療用品、動植物製成之器具或該等材料之代用品。商標（如圖2.3）申請書的描述為——圖1：雙腳腳趾向左；圖2：雙腳向右移動60度，維持0.25秒；圖3：雙腳再往右移動20度，維持0.2秒；圖4：雙腳再移動10度，成垂直狀態，維持015秒；圖5：雙腳又往右移動10度，維持0.15秒；圖6：雙腳又往右移動20度，維持0.2秒；圖7：雙腳往右移動60度後，雙腳呈現水平狀，是與圖1相反，維持0.25秒。雙腳將再次以相反的方向旋轉到圖1，方法同上。

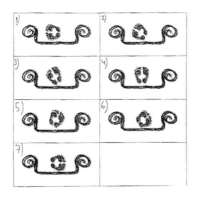

圖2.3

（四）英國德比郡建築協會之社會服務註冊案

1995年2月28日，英國德比郡建築協會（Derbyshire Building Society）之申請人，向英國專利商標局資料庫申請註冊動態商標，因該商標取得第二意義，於1996年1月5日審查通過，註冊號碼為2012603，指定用於第36類服務、抵押、投資和養老金服務；社會福利。圖2.4為是一個人用食指輕碰自己的鼻翼。

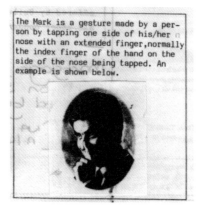

圖2.4

二、美國註冊案

（一）Premise Media Corporation影音註冊案

2007年3月28日，位於新墨西哥州的Premise Media Corporation負責人以「PREMISE MEDIA CORPORATION」字樣向USPTO申請註冊，至今尚未審查通過，申請號碼為77143162，商標指定用於影集，關於歷史、教育、科學、政府政策等；預先錄製的錄影帶、卡帶、光碟，或付費下載有關歷史、科學等娛樂服務。申請書對商標（如圖2.5）描述為，由一張照片描繪連續動作的影像，說明「PREMISE」的動作要穿越外太空，在「PREMISE」字的背後聚集天體且製造一道爆破的亮光，在此之後，有一架飛機似乎要分割「PREMISE」字並在「PREMISE」下方出現「Media Corporation」字。

圖2.5

（二）洋基通運股份有限公司（DHL）國際快遞服務註冊案

2007年3月28日，登記於佛羅里達州DHL Express (USA), Inc（洋基通運股份有限公司）所有人以「I'M ON IT. I OWN IT.」字樣向USPTO申請商標註冊，申請號碼為2490649，商標指定用於陸海空快遞服務，文件、信件、包裹寄送與保管等服務。申請書對商標（如圖2.6）的描

圖2.6

述為，描繪圖按序說明三張照片的構成內容，商標顏色由黃、紅與白三色組成，在一個黃色長方形裡包著一個較小的紅色長方形，寫著白色的「I AM」縮寫，較大的黃色長方形裡以紅色寫「ON IT」。當「I AM」的「M」移出紅方框且「I AM」的縮寫符號消失，「M」旋轉180度後變成「W」，同時顏色由白變紅，並停留在「ON」字的「O」和「N」間，如此以來，而以黃色長方形為背景裡的白色「I」字，出現在較小紅長方形並隨著紅「OWN IT」字。

（三）FREE BREATHER註冊案

　　2001年11月28日，登記在新澤西州的Schering Corporation之法定代理人以「FREE BREATHER」字向USPTO申請註冊指定用於在網路上提供一個有關氣喘與過敏的諮詢服務平台之商標，在2003年4月22日申請通過，註冊號碼為2708718。申請書對商標（如圖2.7）的描述為，由四個解析圖組成，以由動作為特色，圖片右邊寫「FREE BREATHER」的字，左邊是一朵特別的蒲公英為特色。動作就像是蒲公英的種子會隨著風飛散到各地一樣。

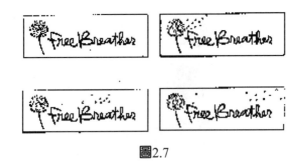

圖2.7

（四）藍寶堅尼汽車註冊案

　　1999年12月28日，位於歐洲義大利藍寶堅尼汽車（Automobile Lamborghini Holding S.p.A.），向USPTO申請指定用於汽車商品的商標註冊案，經過4年後，在2003年12月16日通過申請，註冊號碼為2793439。申請書對商標（如圖2.8）的描述為，商標有個獨特的車門開啟動作。車門的開啟與車體呈現平行，最後逐漸升到一個平行位置。虛線部分非商標主要部分。

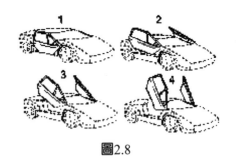

圖2.8

（五）臺灣國際航電衛星導航註冊案

　　1996年3月28日，位於臺灣台北汐止的臺灣國際航電股份有限公司

（Garmin Corporation）向USPTO申請註冊商標，商品標指定用於衛星定位系統服務，於1997年10月21日申請通過，註冊號碼為2106424。申請書對商標（如圖2.9）的描述為，由一個全球衛星定位的動態影像組成。

圖2.9

伍、結　論

　　商標法制定基礎乃建構在商標的特有性能上，除表彰營業信譽、表彰商品來源、保證品質，及廣告功能的一枚標記之外，亦象徵經濟利益的商機，商標的經濟功能乃給予消費者統一的質量保證，進而節省消費者的搜尋成本（search cost），並能依其信任的品牌標誌購買商品或服務，商標法可為保持生產質量提供激勵，降低消費者搜尋成本，提高生產者提供高品質商品的誘因[63]。

　　經由商標傳達或表現出該企業品牌品質的信息，使商標權人維持商品或服務品質，企業一旦建立該品牌品質聲譽及商標價值，除吸引

[63] Robert Cooter Thomas Ulen原著，溫麗琪編譯，法律經濟學，頁173、174，華泰文化事業公司，2003年6月；曾陳明汝，前揭註9，頁8、10；李茂堂，商標新論，頁9-10，元照出版，2006年9月。理查‧A‧波斯納著，蔣兆康譯，法律的經濟分析（上），頁53，中國大百科全書出版社，1997年3月。陳文吟，前揭註4，頁27。

消費者重複購買與保有忠實顧客外，還可藉由口耳相傳提高銷售量，消費者為節省搜尋成本和業者持續穩定品質而付出較高價格購買商品。

　　經濟部智慧財產局於2007年11月30日公布商標法修正草案，修正草案第5條將修訂為：「本法所稱之商標係指任何能以圖文表示且足以使商品或服務之相關消費者認識其為表彰商品或服務，並得藉以與他人之商品或服務相區別。前項商標得由文字、圖形、記號、顏色、聲音、立體形狀或其聯合式等標識所組成。」

　　修正主要理由有三[64]：一、為充分保護商標權，促進產業提升，爰開放任何足以識別商品或服務來源之標識皆能成為商標法保護之客體。二、第17條第2項及施行細則第12條規定係指商標應以圖文表示，以使具有普通知識經驗之消費者，得藉由視覺可以認識以文字、圖形、記號、顏色或其聯合式所呈現之商標。惟「視覺可感知」或「藉由視覺可以認識」之文字易使人誤以為法定的商標類型僅包括藉由視覺可感知之商標，故參考歐盟共同體商標條例第4條規定，將現行條文第2項之文字結合「任何能以圖文表示」之要件，同時移列於修正條文第5條第1項，以明示商標之意義，並將本法第17條第2項規定刪除之。三、本條第1項酌為文字修正，並移列於修正條文第5條第2項，用以例示說明商標得由文字、圖形、記號、顏色、聲音、立體形狀或其聯合式等標識所組成。

　　國際上主要之智慧財產權規範，有關商標保護之範圍，因受到科技的進步，逐漸日益寬鬆，WIPO組織中之SCT會議，從2004年起至今，積極推動新商標類型納入商標法條約，最終在2006年3月28日之新加坡外交會議通過新加坡商標法條約[65]。歐美兩大商標查詢系統資料庫

---

[64] 商標法修正草案對照表（961130公告版），經濟部智慧財產局網站，最後瀏覽日：2008/1/10。

[65] 巴哈馬、愛沙尼亞、根西島（位於英吉利海峽中的海峽群島中的行政區之一）、以色列、馬來西亞、阿曼（阿拉伯半島東南方）、波蘭、牙買加、沙烏地阿拉伯、千里

裡的商標說明書記載說明與其圖案，USPTO和OHIM提供動態商標註冊方針以便查詢審查中與已通過申請之註冊案，從案例可以得知，動態商標主要使用與電腦相關之產業上。

　　動態商標對國內外之產官學而言，仍為一個新名詞，在中英文的用語亦尚未明確，雖利用歐盟的CTM-ONLINE系統與TESS系統搜尋註冊案，卻須花費過多的搜尋及過濾時間，非常不符合國家賦予商標權主要理由，即減低搜尋成本，於此，建議我國或其他國未來能對動態商標定下專用語，本文以為可為動態商標（motion mark），以符合經濟成本。另有學者建議，針對動作商標制定一個商標設計法規〔如「繪圖法規」（drawing code）〕且使用解析圖描繪動作商標的申請案，以有別於其他商標種類，並可限制搜尋結果[66]。

　　隨著科技的發展，企業欲設計新商標圖案時，可利用網路的普及或資料庫的搜尋，快速確認所設計的商標圖案是否已申請，及知悉商標權的內容、所有人，商標指定用於商品或服務等資訊，節省商標的搜尋成本，更能防止不肖業者仿冒商標、產品或服務，適時提出司法與行政的訴訟，以維護自身權益，促使消費市場機制順利運作，以達市場公平競爭之目的[67]。

達、土耳其、葉門（西南亞國家）等國不保護動態商標；丹麥、英國將動態商標列入商標法保護範圍之內；參考Trademarks Throughout the World, Database updated July 2007, http://www.westlaw.com (lasted on 2007/9/18)。

[66] Lesley Matty, *supra note* 26, at 584.

[67] 曾陳明汝，前揭註9，頁8、10；李茂堂，前揭註63，頁9-10。謝哲勝主編，謝哲勝、莊春發、黃健彰、邵慶平、張心悌、楊智傑著，法律經濟學，頁355、356，五南圖書，2007年5月；William M. Landes & Richard A. Posner著，金海軍譯，知識產權法的經濟結構，頁216、217，北京大學出版社，2005年5月。

附錄　各國法規比較

	法規	制定（修正）時間	條號	保護客體
WIPO	商標法條約	1994年	§2(1)	視覺標誌，含立體商標
	新加坡商標法條約	2006年	§2	視覺與非視覺（含動態商標）
GATT	TRIPs	1994年	§15(1)	文字、圖形、顏色之組合及其任何聯合式
歐洲共同體	CTMR	1993年	§4	任何圖示表示之標識（含動態商標）
	商標指令	1988年	§2	任何圖示表示之標識（含動態商標）
美　國	蘭姆法	1946年	§45	文字、名稱、符號、設計、或其聯合式
日　本	日本商標法	1996年	§2(1)	文字、圖形、記號、立體形狀，或組合，或與顏色組合
大　陸	中華人民共和國商標法	2001年	§8	文字、圖形、字母、數字、三維標誌和顏色組合，及組合
台　灣	商標法	2003年	§5	文字、圖形、記號、顏色、聲音、立體形狀或其聯合式
	商標法修正草案	未來	§5	任何能以圖文表示（含動態商標）

※本文研究整理

參考文獻

一、中文

1. Robert Cooter Thomas Ulen原著，溫麗琪編譯，法律經濟學，華泰文化事業公司，2003年6月。

2. William M. Landes & Richard A. Posner著，金海軍譯，知識產權法的經濟結構，北京大學出版社，2005年5月。

3. 永井紀昭著、王德博等八人摘譯，日本立體商標案例，收錄於商標法制與實務論文集，經濟部智慧財產局出版，2006年6月。

4. 曲三強，知識產權法原理，中國檢察出版社，2004年1月。

5. 吳漢東主編，知識產權法學，北京大學出版社，2001年3月。

6. 吳權威，電腦動畫概論與實務，網奕資訊，2004年11月。

7. 李茂堂，商標新論，元照出版，2006年9月。

8. 洪淑敏，國外非傳統商標之審查，收錄於商標法制與實務論文集，經濟部智慧財產局，2006年6月。

9. 徐火明，從美德與我國法律論商標之註冊，瑞興圖書股份有限公司，1992年。

10. 理查‧A‧波斯納著，蔣兆康譯，法律的經濟分析（上），中國大百科全書出版社，1997年3月。

11. 陳文吟，商標法論，三民書局出版，2005年2月。

12. 曾淑婷，氣味商標問題之研究，臺灣大學法律研究所碩士論文，2006年6月。

13. 曾陳明汝，商標法原理，自版，2001年11月。

14. 曾勝珍，我國新修正商標法草案中註冊要件之評析，智慧財產權法專題研究，自版，2004年6月。

15. 黃堅真，氣味商標之研究—以實務申請探討為中心，國立清華大學科技法律研究所碩士論文，2007年2月。

16.趙晉枚，中美商標法之比較研究，收於智慧財產權與國際私法─曾陳明汝教授六秩誕辰祝壽論文集，曾陳明汝教授祝壽論文集編輯委員會出版，1997年3月。

17.鄭中人，智慧財產權法導讀，五南書局出版，2002年8月。

18.鄭苑鳳，多媒體概論理論與實務，金禾資訊，2006年8月。

19.謝哲勝主編，謝哲勝、莊春發、黃健彰、邵慶平、張心悌、楊智傑著，法律經濟學，五南圖書，2007年5月。

20.謝銘洋，歐洲商標制度之最新發展趨勢，收錄於智慧財產權之制度與實務，國立臺灣大學法學叢書，1995年5月。

21.謝銘洋，歐洲商標制度的新里程碑─共同體商標的實現，收錄於智慧財產權與國際私法─曾陳明汝教授六秩誕辰祝壽論文集，1997年3月。

二、英文

1. Jerome Gilson & Anne Gilson LaLonde, *Cinnamon Buns, Marching Docks and Cherry- Scented Racecar Exhaust: Protecting nontraditional Trademarks*, 95 Trademark Rep. 773 (July-August 2005).

2. Lesley Matty, *Rock, Paper, Scissors, Trademark? A Comparative, Analysis of Motion Mark as a feature of Trademark in the United States and Europe*, 14 Cardozo J. Int'l & Comp. L. 557 (2006).

3. WIPO SCT, *Report*, SCT 14th Session, adopted at SCT 15th Session, WIPO Doc. SCT/14/8 (Nov. 28, 2005).

4. WIPO SCT, *Report*, SCT 15th Session, adopted at SCT 16th Session, WIPO Doc. SCT/15/5 (Nov. 20, 2006).

5. WIPO SCT, *Summary by the Chair*, SCT 14th Session, WIPO Doc. SCT/14/7 (April. 22, 2005).

6. WIPO Secretariat, Draft Revised Trademark Law Treaty (TLT), SCT 13th Session, WIPO Doc, SCT/13/2 (July 23, 2004).

7. WIPO Secretariat, *Draft Revised Trademark Law Treaty* (TLT), SCT 14th Session, WIPO Doc. SCT/14/2 (Jan. 3, 2005).

8. WIPO Secretariat, *Methods of Representation and Description of New Types of Marks*, SCT 17th Session, WIPO Doc SCT/17/2.

9. WIPO Secretariat, *New Types of Mark*, SCT 16th Session, WIPO Doc. SCT/16/2 (Sep. 1, 2006).

10.WIPO Secretariat, *Notes on the Basic Proposal for a Revised Trademark Law Treaty and Regulations thereunder*, Diplomatic Conference Diplomatic Conference for the adoption of a Revised Trademark Law Treaty, WIPO Doc. TLT/R/DC/5 (Oct 5, 2005).

11.WIPO Secretariat, Trademarks and Their relation with Literary and Artistic Works, SCT 18th Session, WIPO Doc SCT/18/4 (September 12, 2007).

12.WIPO, Diplomatic Conference, *Singapore Treaty on the Law of Trademarks, Regulations under the Singapore Treaty on the Law of Trademarks and Resolution by the Diplomatic Conference Supplementary to the Singapore Treaty on the Law of Trademarks and the Regulations thereunder*, Diplomatic Conference Diplomatic Conference for the adoption of a Revised Trademark Law Treaty, on March, 2006, WIPO Doc. TLT/R/DC/30 (March 28, 2006).

三、網路資源

1. http://www.freebreather.com/freebreather/，最後查訪日：2007/9/3。

2. http://www.yamaha-motor.com.tw/index.htm，最後查訪日：2007/9/3。

3. Trademarks Throughout the World, Database updated July 2007, http://www.westlaw.com (lasted on 2007/9/18)。

4. WIKIPEDIA, http://en.wikipedia.org/wiki/20th_Century_Fox，最後查

訪日：2007/8/24。

5. WIKIPEDIA, http://en.wikipedia.org/wiki/Columbia_Pictures，最後查
訪日：2007/8/24。

6. WTO入口網：國際貿易局，http://cwto.trade.gov.tw/default.asp，最後
查訪日：2007/8/22。

7. 中央廣播電台，http://www.rti.org.tw/News/NewsContentHome.
aspx?t=1&NewsID=70368，最後查訪日：2007/9/27，轉引經濟日
報，2007/5/10，撰稿‧編輯：曾美惠，主題：動態、氣味商標將受
保護。

8. 世界貿易組織，http://www.wipo.int/about-wipo/zh/what_is_wipo.
html，最後查訪日：2007/8/20。

9. 世界貿易組織，http://www.wipo.int/pressroom/zh/articles/2007/
article_0033.html，最後查訪日：2008/01/03。

10.民國92年商標法修正草案總說明，經濟部智慧財產局，http://www.
tipo.gov.tw/，瀏覽時間：2008/1/4。

11.宋錫祥：日本《商標法》的最新修正，發佈時間：2007-12-02，山
東大學法學院東亞法律研究中心，http://www. japanlawinfo.sdu.edu.
cn/html/minshangfa/20071202/349.html，最後查訪日：2008/1/10。

12.兩岸經貿服務網，http://www.ssn.com.tw/eip/front/bin/ptdetail. phtml?
Category=100020&Part=3-8-16，最後查訪日：2008/1/9。

13.奇摩電子報，http://tw.news.yahoo.com/article/url/d/a/070810/69/ ijzq.
html，最後查訪日：2007/8/22，轉引自『潘潔瑩、吳育勛報導，台
語動畫短片　我拿下全球第二，華視，2007/8/10』。

14.商標法修正草案對照表（961130公告版），經濟部智慧財產局網
站，最後查訪日：2008/1/10。

15.教育部重編國語辭典修訂本，http://140.111.34.46/newDict/dict/ index.
html，最後查訪日：2008/1/10。

16.智慧財產局，http://www.tipo.gov.tw/trademark/trademark_law/
trademark_law_6_1_2.asp，最後查訪日：2007/8/20。

*17.*經濟部，http://www.moea.gov.tw/~ecobook/masterna/99/8.html，最後查訪日2007/8/20。

*18.*經濟部工業局數位內容產業推動服務網，http://www. digitalcontent. org.tw/2-1.php#Scene_1，最後查訪日：2008/1/8。

*19.*經濟部中小企業處法律咨詢服務網，http://law.moeasmea.gov. tw/ modules.php?name=Content&pa=showpage&pid=704，最後查訪日2007/8/6年，轉引自『李娟萍報導，案例主題：007系列電影片頭，可註冊商標，經濟日報A9版綜合新聞，2007/01/22』。

*20.*歐洲經貿辦事處，http://www.deltwn.cec.eu.int/CH/whattheeuis/ eume mberstatesandcandidatecountries.htm，最後查訪日2007/8/22。

3 負面資訊與離職後競業禁止形成不公平競爭之探討

■ 摘要 SUMMARY

營業秘密的保障是近年來深受重視的議題，若離職員工洩漏的是「負面資訊」（negative knowledge），而被其他競爭廠家加以修正增刪，並研發成為具有競爭性的產品，進而產生對原公司的業務威脅，即形成不公平競爭的態樣。

我國法遵循成文法國家立法習慣與經驗，目前在成文法規中尚未有如「負面資訊」之規範，未若美國法可在各別案例中做出因應時勢與個案事實的判決，因此本文將「不可避免之揭露理論」（Inevitable Disclosure Doctrine）與負面資訊所形成的營業秘密（Negative Trade Secrets）可相互映照與運用的部分深入研究。

本文將檢視「負面資訊」是否會造成不公平競爭，如受僱人未提供「負面資訊」是否造成原僱用人，藉此妨礙其他同業之競爭行為；且評估「負面資訊」構成的價值與造成的影響對整體利益的傷害，即其主要動機乃為獨享資訊，形成交易市場中的不公平競爭狀態。最後針對離職員工可否證明所知悉的「負面資訊」乃經由其個人努力及工作經驗所得知，以維護受僱人之工作選擇自由與權利。

關鍵字

■智慧財產權	■營業秘密	■網際網路
■負面資訊	■不公平競爭	■離職後競業禁止

壹、前　言

　　營業秘密的保障是近年來深受重視的議題，通常離職員工被要求
簽署的競業禁止條款，泰半是僱用人擔憂離職員工洩漏與其營業內容
或經營策略相關的機密資訊，而且是有益於企業成長的正面資訊，若
離職員工洩漏的是「負面資訊」（negative knowledge），而被其他競
爭廠家加以修正增刪，進而研發其他具有競爭性的產品，產生對原公
司的業務威脅，正面與負面資訊不對稱的處理有可能影響投資人對公
司價值的評估，即可能形成不公平競爭的態樣。

　　早期對營業秘密的保障，在制定專法之前，各國往往以違反公平
競爭加以處罰[1]，美國有論著針對此種理論提出批判[2]，本章以下將解釋
何謂「負面資訊」，對營業秘密保障產生的影響，當行為人不當使用
非屬營業秘密的商業資訊，是否形成不公平競爭的手段[3]，受僱人選擇

---

[1]　其他國家如德國有「不正競爭防止法」，日本有「不正競爭防止法」，中國大陸有
　　「反不正競爭法」。西元2004年德國不正競爭防止法第4條第9款之規定，任何人從事
　　以下之行為將構成第3條（不正競爭之概括條款）意義之不正性：提供模仿競爭者之
　　商品或服務之商品或服務而1.引起消費者等被提供人有關商品或服務之事業來源之可
　　得避免之混淆，2.不適當地使用或減損被模仿商品或服務之好評（好聲譽），或3.以
　　不誠實之方法獲得模仿所必需之知識或基礎者。又根據該法第17條及第18條之規定，
　　侵害他人營業秘密者應負刑事責任。日本以美國營業秘密保護法及德國不正競爭防止
　　法為模範，而採取一適合日本經濟文化政策與環境之折衷立法模式，即難在構成營業
　　秘密之要件上採取美國法上構成營業秘密之要件，但日本並未將營業秘密提升為一權
　　利，而僅承認其為一營業上利益，而以不正競爭防止法保障之。日本法採納類似美國
　　法與TRIPs第39條之3要件，而稱為1.秘密管理；2.有用性；3.非公知性。此三要件與
　　美國法上之三要件並無實質上之差異。參見黃章典，「營業秘密保護新制」，全國律
　　師，第11期第8卷，2007。

[2]　See Charles Tait Graves, "The Law of Negative Knowledge: A critique", 15 Tex. Intell. Prop.
　　L. J.387-416 (Spring 2007). 本文探討以此篇文章作者所引領的問題為主，然而意涵及
　　文字定義皆由作者自行整理潤飾，並自負文責。以下亦引用其他國家立法例與美國實
　　務案例，以說明作者欲表達之論述。

[3]　Tait Graves, "Non public Information and California Tort Law: A Proposal for Harmonizing

工作的權利及公共利益——鼓勵企業創新及發展，權衡僱用人針對先前受僱人因僱傭關係而知的資訊，二者在維護公平競爭及保護智慧財產權的利基上，必須有衡平的走向以取得和諧。以下說明我國及美國的立法例，美國最新的實務發展，最終提出結論及對我國業者的建議。

一、何謂負面資訊

目前國內實務上最易造成營業秘密洩漏，造成商業間諜的情形，往往發生於員工，特別是離職員工挖角跳槽的情形，形成與原來受僱公司的競爭現象，僱用人若須深慮惶恐受僱員工的忠誠與離職動向，當不願盡力培育或提供更好的福利與升遷管道，相對地，對研發新科技或產品的意願自然降低，大幅減少工作機會，對受僱人而言更加不利。離職員工未將其於之前工作經驗中所知悉或學習的錯誤，報告給新任職的雇主，有可能被新雇主認為未盡通報之責，但若悉數報告，又有可能被前雇主以違反智慧財產權的保護，即洩漏與其有關的營業秘密。

禁止離職員工跳槽至競爭廠商，除了防止正面的營業秘密被洩漏，也有可能是憂心「負面資訊」被充分解讀，從而發展成另一種對原雇主不利的營業戰略，即使，經過離職員工的修改（modification）[4]，仍可能被歸屬為「竊取營業秘密」，因此對離職員工造成巨大威脅，如果前述理論落實，則無論正面或負面資訊，無論離職員工報告給新雇主或隱匿不報，皆有責任，雇主更可約束離職員工的工作自由。

廣義而言，負面資訊為當研發或製造新產品、技術時，對可能造成的錯誤及缺失……等之資訊，對公司而言，正在發展研發計畫或

California's Employee Mobility and Intellectual Property Regimes under the Uniform Trade Secrets Act," UCLA J. L. & Tech. 1 (2006). 此篇文章説明加州侵權法及採用統一營業秘密法（UTSA），對加州人民使用非公開資訊的範圍與限制。

[4] See Graves, supra note, at 388. 文中稱此種修改增刪爲「the modification rule」。

創新產品是具有特殊性及隱密性，一般人想去瞭解內部資訊將非常困難且受到限制，研發活動本身需投入大量成本，同時具有高度不確定性，難以判別衡量其價值。甚至，公司管理者會因研發計畫影響公司現金流量或操控淨利，直接影響公司價值，因此若知悉並瞭解此類缺失存在，則避免發生或重複上述缺失，對研發過程或結果，不但可避免無謂的金錢及人力浪費，也可加速研發產品的產生。

　　當受僱人離職，而任職期間所知悉的負面資訊，並不為該行業的人一般可輕易獲知，當僱傭關係結束後，該受僱人自然有不違背保守該秘密資訊的忠實義務（fiduciary duty in fiduciary relationship）[5]，僱用人必須隨時提醒受僱人對其所接觸機密資訊之保密義務，通常受僱人任職時會簽署一份保密契約，但是往往受僱人並未詳加閱讀，或是甚至遺忘，因此間隔性的隨時提醒，將可避免日後的困擾，特別當受僱人的工作與公司的機密有密切關聯性時，可提醒僱用人與受僱人——營業秘密的案件往往經由無意的洩漏而導致嚴重的後果。雙方信任關係的本質在於一方當事人對處於支配或優勢地位的另一方當事人寄予信任[6]，難界定的是對受僱人所知悉的「負面資訊」，範圍應受到何種程度的限制，以下將以加州上訴法院案例說明。

　　在Courtesy Temp. Serv., Inc. v. Camacho[7]案中，原告擁有的是無法吸引買家的「負面資訊」——研究客戶無法成為買家的原因探討，如賣方竭盡心力提供勞務，卻無法吸引買家，因此無法列入「客戶名單」的顧客資料，因為也投注了原告相當多的努力，因此，原告可主張此類資訊應是可受保護的營業秘密；之後Cinebase Software, Inc. v. Media Guar. Trust, Inc[8]., 亦引用Camacho案見解，認為「負面研究」

---

[5] 此段敘述參考Graves一文，但經由作者個人意見整理。

[6] See Restatement (Second) of Torts §874 (a) (1978)，Vincent R. Johnson著，趙秀文、楊智傑譯，英美侵權法，204，五南圖書出版股份有限公司（台北），2006。該譯本中舉出如律師和客戶關係，醫生和患者關係……等，本文則認為受僱人原本即有為僱用人守密的忠實義務。

[7] 222 Cal. App. 3d 1278, 1287 (Cal. Ct. App. 1990).

[8] No. C98-1100EMS, 1998 WL 661465, at*12 (N.D. Cal. Sept. 22, 1998).

（negative research）可被視為營業秘密受到保護，亦即可提供給業者，避免業務失敗的訊息，美國統一營業秘密法（The Uniform Trade Secrets Act，簡稱UTSA），於西元1979年制定通過，對營業秘密的定義，仍適用美國侵權行為整編第757條的定義解釋[9]。

保障私有資訊的秘密性，可適用不正競爭的理論，不正競爭的理論建構於普通法的概念及侵權行為整編。不正競爭整編[10]中規定對於不當擁有營業秘密的責任，亦即自然人若從第三人處得到營業秘密，不論其知情或事先不知其為秘密之內容，依據不正競爭整編，並不對此自然人加以處罰，除非其明知或為惡意，自然人若是在不知情的情況下，或是無法得知其內容為營業秘密，則不負擔責任，直到被告知其為保密事項之範圍，並且在繼續使用的情況下才會被科予責任[11]。

之前保障營業秘密或保密資訊可採用不公平競爭的理論，此理論規定在侵權行為整編第759條[12]，個人（自然人）為取得或知悉秘密資訊而使用不正當手段或方法，為了謀取商業上利益，而課予當事人責

---

[9]　See Restatement (First) of Torts, 757 cmt.b.(1939).侵權行為整編由美國法律學會（The American Law Institute）於西元1939年完成，第36章第757至第759條及註釋，規定營業秘密之定義及侵害行為之態樣，因整編對於營業秘密之定義與侵害行為之說明，頗具參考價值。依據整編第757條（Restatement of Torts, 757(1939)）註釋B對於營業秘密之定義為：「營業秘密可涵括任何配方、模型、設計或資料之編纂，且給予擁有該資訊者，較不知或不使用之競爭者，獲得佔優勢之機會，它可以是一種化學混合物之配方；製造處理與保存物料之方法；機械之模型或其他顧客名單，與其他營業秘密資訊不同，營業秘密並非處理業務上單一或短暫之資訊，例如某一契約秘密投標之數額或其他條件、特定受雇人之薪資、已為或預定將為之證券投資、宣佈一項新政策或推出新樣品之日期。營業秘密，係事業經營上持續使用之程序或方法，其通常與商品之生產有關，例如生產物品之機器或配方，然其亦可能涉及商品之銷售或其他事業之經營，諸如決定價格表或目錄上折扣或其他讓步之代碼、特殊化顧客名單、簿記或其他辦公室管理方法」。

[10]　Restatement (Third) of Unfair Competition (1995).

[11]　The Restatement (Third) of Unfair Competition and Potential Impact on Texas, at 5, http://www.utexas.edu/law/journals/tiplj/volumes/vo14iss3/meier.html (last visited 2003/8/6).

[12]　Restatement (First) of Torts §759 (1939) & §759 cmt. b.

任之理論依據，重點乃在於取得及使用當事人財產，與當事人之使用為競爭行為，立法目的乃為避免未經授權的竊取或是濫用，犯罪標的並不一定為營業秘密。

西元1995年修正的不正競爭整編，將營業秘密視為一種可使用於企業或經營管理上的資訊，且為有價值、具有秘密性的，並可提供他人實際或潛在的經濟利益[13]，當事人使用此類資訊的目的，主要為與競爭者競爭，並不單純為自己創造利潤或營造商機而竊取或洩漏營業秘密，如在同行業之間，為打擊競爭對手而竊取原料、成分、配方乃至營業方法、營運計畫、客戶名單……等相關資訊。

然而侵權行為法整編之缺點，乃因其係就早期案例法歸納而來，並於西元1939年完成，其規範內容過於抽象，無法配合快速變化的商業活動，因此，美國法律學會於西元1978年通過侵權行為整編之修改（Restatement of Torts, 2d, 1978）時，乃將上述有關營業秘密之規定予以刪除，雖然有關營業秘密規定已遭刪除，但法院仍不時加以引用，極具有法理之價值[14]。

美國法律協會（American Bar Association）於西元1966年擬具「統一營業秘密法」（Uniform Trade Secrets Act，簡稱UTSA）[15]，之前為提升對營業秘密及專有資訊的保障於聯邦位階，美國聯邦法規對營業秘密有成文法的相關規定[16]，並在西元1948年的6月彙整成為營業秘密法（Trade Secrets Act，簡稱TSA），其後歷經修正，而於美國聯邦法典第18編第1905條、第1906條、第1907條及第1909條文[17]中，為保障私人營業秘密科處刑責的規定[18]。TSA有別於其他立法規範，但仍為營業秘密的保障提供了一個基本的模範立法，亦為受僱人或代理人遵守的

---

[13] Restatement (third) of Unfair Competition 39 (1995).

[14] 馮震宇，了解營業秘密法—營業秘密法的理論與實務，頁309，1997.

[15] Uniform Trade Secrets Act, 14 U.L.A. 369 (1985 & Supp. 1989).

[16] 15 U.S.C. § 1776, 18 U.S.C. § 112, 19 U.S.C. § 1335.

[17] 18 U.S.C. § 1905, 1906, 1907 & 1909.

[18] 18 U.S.C. § 1905 (2000)，本條文對於違法者可處以罰金或是1年以下有期徒刑。

典範[19]。

　　西元1960年代中期以前，各州尚停留在以普通法（common law）保護營業秘密的階段，其後美國法律協會所成立的統一州法全國委員會會議（National Conference of Commissioners on Uniform State Laws）於西元1979年8月9日通過UTSA全文。直到西元1980年以後，各州以立法方式採用了由美國法律協會擬定的「統一營業秘密法」[20]，至此美國各州的普通法已承認並保護其營業秘密，但由於各州所持的理論依據有所不同，因此對於營業秘密保護尺度不一，而造成不少公司及產業的困擾。統一營業秘密法主要針對民事程序的救濟，至於侵害營業秘密而造成的實際損害，或是達到遏止營業秘密竊賊之犯意及犯行上，並無有效的遏止作用，統一營業秘密法是目前美國各州對於營業秘密最重要的立法參考依據[21]。

　　統一營業秘密法於西元1985年曾有修正，並非各州統一規範，僅由統一州法全國委員會所制定，而由各州依其具體情況，採取其定義[22]；統一營業秘密法雖僅有12條條文，但其對於營業秘密之定義、

---

[19] Jerry Cohen, "Federal Issues in Trade Secret Law", 2 J. High Tech. L. 1 (2003).

[20] 葉茂林、蘇宏文、李旦合著，營業秘密保護戰術——實務及契約範例應用，頁29，永然文化出版股份有限公司，1996。

[21] Brandon B. Cate, "Saforo & Associates, Inc. v. Porocel Corp.; The Failure of the Uniform Trade Secrets Act to Clarify the Doubtful and Confused Status of Common Law Trade Secret Principles", 53 Ark. L. Rev. 687, 697-699 (2000); Robert Unikel, "Bridging the "Trade Secret" Gap: Protecting "Confidential Information" Not Rising to the Level of Trade Secrets", 29 Loy. U. Chi. L. J. 841, 843 (1998).

[22] 依據統一營業秘密法第1條第4項規定：「營業秘密是指情報，包括處方、模型、編纂、程式、設計、方法、技術或過程，而(一)其獨立之實質或潛在之經濟價值，來自於非他人所公知且他人無法以正當方法輕易確知，而其洩漏或使用可使他人獲得經濟上之價值。(二)已盡合理之努力維持其秘密性」。本條譯文係參照楊崇森，「美國法上營業秘密之保護」，中興法學，第23期，頁306，1986。茲分析其要件如下，(一)新穎性(二)要件具體化(三)獨立實質或潛在之價值(四)不易於取得(五)合理之努力維持秘密性。請參閱徐玉玲，「營業秘密的保護——公平交易法與智產法系列二」，頁24-27，1993，該法僅對侵害營業秘密之民事責任加以規定，至於刑事責任，則仍決議由各州自行規範。

侵害行為之態樣與民事救濟均有所規定，也影響到日後經濟間諜法中若干規定，可見其重要性；統一營業秘密法對於尚在實驗室或發展中之資訊，即「具有潛在之獨立經濟價值」之營業秘密一併列入保護之範圍，縱使為使用一次之市場調查，或仍在開發中、試驗階段之新產品，均得以營業秘密之形式獲得合法之保障。

以往統轄有關營業秘密糾紛的問題，如前述UTSA及不正競爭法，最常被運用的則是侵權行為整編，歷經數次修正，目前條文對營業秘密的定義雖和以往不同，但仍包括任何與個人或企業擁有的製程、方法、裝置、配方……等資訊，並因此使其較競爭對手增加優勢[23]，然而UTSA並無明文指出對「負面資訊」的定義，在第1條有關定義的條文中，指出必須有獨立的經濟價值，西元1985年的立法意見曾討論，亦包括從反面角度思考有商業價值的資訊，如經過長期努力與花費，得以證明某種製程或方法，最終是起不了效用的資訊，對競爭對手而言，獲悉此類資訊，可減少其投注研發的時間、金錢，當然可被認為是營業秘密的一種[24]。

二、不公平競爭之形成與因應對策

專利、著作權或商標皆可透過註冊取得權利之證明，只要能取得註冊後的保護，即使公開而喪失秘密性，仍享有註冊保護與排他等對價關係而不失其應有的「技術價值」，當公司技術尚未取得註冊保護，卻遭離職員工洩漏公開技術資訊，該技術可能潛在的經濟價值與競爭優勢旋即喪失[25]，而營業秘密的主張，往往依附在受害人（原告）的辯護律師提出對離職員工，不使用其秘密資訊的指控，因此，

---

[23] Restatement (first) of Torts, 757 cm. b (1982).

[24] See Unif. Trade Secrets Act § 1, Commissioners' Comment (amended 1985).

[25] 王瓊忠，「營業秘密與專利之抉擇」，經濟部智慧財產權月刊，第111期，頁127，2008。

權利保護的態樣完全有別於一般的智慧財產權[26]，未在UTSA中載明的是：若有人蓄意利用侵害營業秘密的訴訟手段，製造對競爭者的訴訟請求，藉由惡意的訴訟，如對離職員工提起不當使用其營業秘密的訴訟，使離職員工不論是轉任新職或開展新事業，皆因疲於應付此類訴訟而顧此失彼，原告藉此打擊被告達到不公平競爭的目的[27]，實非合理。

在多樣化的智財權管理標的中，以何種法律加以規範值得探討，無論是市場調查或定義市場需求，從研發流程界定使用者規格或設計規格需求、邏輯設計及測試，均與營業秘密有多重重要關係。為能作為商業競爭的手段，因此在維護營業秘密上，除以營業秘密法規範，並必須能直接創造企業的獲利能力，否則龐大的智財權管理制度，支出成本只會讓多數企業裹足不前，規劃良善的智財權管理制度，應能掌控合理的成本範圍，事前達到遏阻及杜絕犯罪發生的可能，並可避免日後龐大之訴訟費用及訟累。

目前普遍運用網際網路及相關科技資訊為工具，資訊流通增加產業實力，亦使業者間之競爭更加激烈，因此為維持競爭優勢，以免相關資訊為他人知悉，成為自己競爭的對手，國防與資訊產業[28]嚴格要求保密，包括在國外參觀與製程相關之工程或接觸任何機密資訊時，都必須簽署保密條款書，因此國內業者參展時，就會採取開放參觀或限制參觀等措施，但卻忽略生產設計源頭必要的保密措施，相對營業秘密一旦公開即不再具有秘密性，因此必須搭配其他相關智慧財產權，如商標法、專利法、著作權法或積體電路電路布局保護法……等法令保障其產品，或以其他的法律手段，如進行訴訟或通關程序加強審查

---

[26] Charles Tait Graves & Brian D, Range, "Identification of Trade Secret Claims in Litigation: olutions for a Ubiquitous Dispute", 5 NW. J. Tech. & Intell. Prop. 68 (2006).

[27] supra note, at 83.

[28] 例如英代爾公司於正式推出Pentium II晶片前，就要求所有與該公司進行合作的廠商，必須簽訂保密協議，在產品公開前絕不曝光。馮震宇，了解營業秘密法─營業秘密法的理論與實務，頁23-24，1997。

防止抄襲仿冒的產品上市[29]。

由於技術不斷更新與產業的特殊性質，傳統智慧財產權已無法因應如微生物專利、晶片設計、軟體專利及營業秘密……等新保護客體之產生，因此在尚未取得如其他專利或商標的保護前，確實避免經濟間諜之破壞，而使產業界願意投注資金與心力，包括技術人才於研發或實驗，擴大對於智慧財產結晶之保護領域，如此才能解決產業提升的障礙。

隨著資訊時代的來臨，各式各樣的資訊，包括技術與研發資訊、生產與製造資訊、品管與維修資訊、行銷與銷售資訊，乃至企業內部的財務與經營資訊，都可能具有無限的經濟價值，進而影響一個企業的成敗。

因此，目前實務運作建議業界無論是僱傭契約中的競業禁止條款，或是離職後競業禁止條款的約定，都應明訂營業秘密之定義，如高科技行業的研發成果，可經由還原工程分析出原先之原料及配方，因此詳細說明營業秘密的種類、定義及其內涵，同時對於營業秘密洩漏之罰則，包括刑責或罰金之相關規定，應詳細說明，以達到預防之功用，對於任何因受僱於僱用人期間所知悉之資訊或所學習之技能，若僱用人認為屬於機密，受僱人即有責任不得洩漏。

（一）我國法規定

我國司法院司法官釋字第548號解釋中，將禁止權力濫用的原則導引至智慧財產權的領域，公平交易法第45條規定，「依照著作權法、商標法或專利法行使權利之正當行為，不適用本法之規定。」綜上所述是否包含營業秘密法？哪些行為屬於正當行為，哪些屬於權力濫

---

[29] 例如日本風行的電子寵物電子蛋（tamagotchi）就是一例。該產品於1996年11月於日本上市後，由於結構核心只是一個積體電路板、液晶顯示器以及控制電子寵物的程式，模仿不難，因此國內的廠商利用還原工程之方法，1997年4月於臺灣推出類似的電子雞，及系列的電子寵物如電子狗、電子恐龍等。馮震宇，同前註，頁25-26。

用[30]，強制規定離職員工不僅必須遵守競爭的規範，甚至包括「負面資訊」亦被保障為原雇主的利益，遭到嚇阻競爭商家，反而限制競爭的效果，是否可行？我國法該如何論斷，以下將探究我國營業秘密法，競業禁止相關規定及公平交易法內容，其次再探討美國法在理論及實務上能提供借鏡之處。

1.營業秘密法

我國營業秘密法於民國85年1月17日總統公布實施，立法目的「為保障營業秘密，維護產業倫理與競爭秩序，調和社會公共利益」[31]，依營業秘密法第2條的規定，營業秘密乃指方法、技術、製程、配方、程式、設計或其他可用於生產、銷售或經營之資訊，而符合：

（1）非一般涉及該類資訊之人所知；

（2）因其秘密性而具實際或附加之經濟價值；

（3）所有人已採取合理之保密措施者。

因此舉凡專利所保護的「發明」、「創作」，著作權所保護的「意思的表達」，乃至積體電路電路保護法所保護的「佈局」[32]，甚至所謂的專門技術（knowhow）及產銷資訊，皆被涵蓋，包含了與工商業自設計、生產、銷售、管銷、經營的全部資訊。因此，可能受本法保護的行業會擴及高科技產業以外的服務業、製造業。

因為營業秘密的範圍極廣，因此最重要的關鍵乃在於必須採取適當的措施，保持秘密性，也就是必須採取合理的保密措施，並且要成為法律保護的營業秘密，必須有實際或附加的經濟價值，應指營業秘密本身可供投入直接或間接的工商業活動，而產生經濟上的利益[33]。如

---

[30] 請參考馮震宇，「數位內容之保護與科技保護措施——法律、產業與政策的考量」，月旦法學雜誌，第105期，頁92，2004。

[31] 見營業秘密法第1條。

[32] 「積體電路電路佈局保護法」已由中央標準局制定，民國85年2月11日公布施行。

[33] 參考馮博生律師，「如何有效運用及確保營業秘密權益」，第14版「智財權專欄系列(二)」工商時報，1996.1.17。

業者可就其公司機密性資訊之處理及保管措施為一通盤性討論，促使臺灣在產業升級發展高科技，不再依賴外國之技術援助，使臺灣經濟更有發展性。

2.公平交易法

我國公平交易法於民國80年2月4日經總統公布，民國81年2月4日施行，至民國91年2月6日進行最近一次的修正，立法目的「為維護交易秩序與消費者利益，確保公平競爭，促進經濟之安定與繁榮。」[34]公平交易法第19條第5款[35]規定脅迫、利誘或其他不正當方法獲取營業祕密之侵害類型，侵害類型顯然規定不足；消費者在處理不同種類資訊時，若在結果涉入時產生負面效果，對消費者而言，負面資訊相較具有診斷性，在消費者不確知企業資訊時會過濾各種資訊，如此延長消費者判斷的時間，也容易使競爭商家有機可趁。

如某甲為A公司業務並為B公司股東，代表A公司與潛在新客戶交涉時，故意把價格提高，並介紹B公司給客戶，此行為在公平交易是否合理？當客戶不確知A、B公司的實際價格時，A公司價格明顯提高，對客戶而言，價格提高屬於A公司的負面效果，因其「商業判斷」（business judgment）認為該機會不適合A公司，將使客戶選擇B 公司，因此產生不公平競爭[36]。

公平交易法所保障者，僅係「事業」之營業祕密，所處罰者，亦係「事業」之侵害營業祕密行為（營業祕密法第2條），不構成「事業」之自然人的營業祕密不受公平交易法保障，侵害營業祕密之非「事業」自然人亦不受公平交易法規範，僅於公平交易法上對營業祕密特設保護規定顯不足以達成前述維護公平競爭，商業道德等保護目

---

[34] 見公平交易法第1條。

[35] 公平交易法第19條第5款，以脅迫、利誘或其他不正常方法，獲取他人事業之產銷機密、交易相對人資料或其他有關技術祕密之行為。

[36] 王文宇，「董事之競業禁止義務」，月旦法學雜誌，第61期，頁20，2000。

的，公平交易法第36條與第41條有關刑事罰與行政罰之規定，因以公平交易委員會之對違法行為停止命令為刑事罰與行政罰要件，對第一次侵害營業祕密之行為即未予以制裁，應非所宜[37]。

民國94年2月5日公布行政法第15條私法人之董事或其他有代表權之人，因執行其職務或為私法人之利益為行為，致使私法人違反行政法上義務應受處罰者，該行為人如有故意或重大過失時，除法律或自治條例另有規定外，應並受同一規定罰鍰之處罰。法人之職員、受僱人或從業人員，因執行其職務或為私法人之利益為行為，致使私法人違反行政法上義務應受處罰者，私法人之董事或其他有代表權之人，如對該行政法上義務之違反，因故意或重大過失，未盡其防止義務時，除法律或自治條例另有規定外，應並受同一規定罰鍰之處罰。依前2項並受同一規定處罰之罰鍰，不得逾新臺幣100萬元。但其所得之利益逾新臺幣100萬元者，得於其所得利益之範圍內裁處之。

公平交易法第19條第5款中對獲取他人事業之祕密有禁止規定，就營業祕密保護之所有權主體僅限於公平交易法第2條所稱之「事業」，如公司、獨資或合夥之工商行號、同業公會及其他提供商品或服務從事交易之人或團體，及第3條所稱與事業進行交易或成立交易之供給或需求者之「交易相對人」，而不及於單純從事研究發明之自然人[38]。

有關刑事罰與行政罰之規定，因以公平交易委員會對違法行為所為停止命令，作為刑事罰與行政罰之要件，對第一次侵害營業秘密之行為即未予以制裁，應非所宜[39]。至於保護客體，該條款以「產銷機密、交易相對人資料」為列舉保護對象，而以「其他有關技術秘密之行為」為概括保護事項，並未就營業秘密內容加以定義或界定範圍，就其字義解釋，應限定於「技術秘密」等相關事項方為保護範圍，如

---

[37] 請參閱文衍正，「營業祕密之侵害及其應負責之法律責任」，國立中正大學法律學研究所碩士論文，頁2，1994。
[38] 請參閱徐玉玲著，營業祕密的保護，三民書局，頁54，1993。
[39] 見公平交易法第36條與第41條規定。

此則較後述營業秘密法保護範圍為窄。

3.負面資訊的規範

　　我國在營業秘密的定義[40]，以往針對經濟間諜或竊取他人營業秘密的行為，主張以公平交易法第19條第5款「以脅迫、利誘或其他不正當方法，獲取他事業之產銷機密、交易相對人資料或其他有關技術秘密之行為。」即禁止妨礙公平競爭行為，「負面資訊」隱匿不報，應屬於公平交易法第24條，禁止不公平競爭行為之概括條款範圍內，「即事業不得為其他足以影響交易秩序之欺罔或顯示公平之行為」，如A公司限制離職員工到B公司任職，不得洩漏任何有關A公司之「負面資訊」是否合理？

　　不公平競爭行為，凡具有不公平競爭本質之行為，如無法依公平交易法其他條文規定加以規範者，則可檢視有無該法第24條規定之適用。而所謂不公平競爭，係指行為具有商業競爭倫理之非難性，商業競爭行為違反社會倫理，或侵害以價格、品質、服務等效能競爭本質為中心之不公平競爭，通常要求離職員工遵守競業禁止條款誠屬合理，A公司之限制是否屬於公平交易法第24條的情形，雖說實際情事由公平交易委員會判斷。

　　勞委會公布的「簽訂競業禁止參考手冊」[41]說明，競業禁止約定本於契約自由原則，雇主不得強迫或脅迫新進勞工在急迫就職且無經驗下，任意要求其簽訂，更甚者，除了約束在職期間，更連僱傭關係約束後的轉業自由一併限制，誠然，「負面資訊」在我國可能是較新的

---

[40] 雖有論者認為「負面資訊」即為營業秘密，但觀察營業秘密的定義，來源為美國侵權行為整編於西元1939年版中第757條定義部分，本文認為只要符合1資訊所有人已採取合理措施以確保其秘密性；2該等資訊非一般大眾可輕易知悉；3具有一定之獨立經濟價值者；「負面資訊」本文認為即使非貼切適用，一定可歸納為廣義的營業秘密。請參考曾勝珍「營業秘密權益歸屬之探討（下）」，法令月刊，第56卷第2期，頁94-95，2005。

[41] 行政院勞委會出版，2003。

概念,本章認為「負面資訊」可歸屬為廣義的營業秘密。

(二)我國案例[42]

　　一般簽訂競業禁止條款約定,皆基於保護企業利益且不危及受限制人之經濟生存能力,為法律規範所能允許範圍,如半導體、晶圓電子產業等高科技產業為臺灣經濟發展之核心,企業常投入大量資金培育人才進行研發,因此營業秘密之核心保護及人才之網羅極為重要,雇主惟恐員工離職後洩漏其工商業上製造技術之秘密,乃於其員工進入公司任職之初,與員工約定於離職日起一定期間內不得從事與公司同類之競爭對手工作或提供資料,如有違反應負損害賠償責任。

　　為避免增加交易成本,維護職場倫理,僱傭雙方通常於訂立僱傭契約時附加競業禁止條款,以保障營業秘密,避免經濟間諜行為。然而競業禁止條款若只保護雇主的利益,雖然可以避免日後營業秘密歸屬的問題,但對居於經濟弱勢的受僱人,甚至初出校門的社會新鮮人為謀求工作,輕易地簽下僱傭契約(包括競業禁止條款)的情況,當日後另有發展,卻往往受限於當初簽下的契約內容,而導致非常高額的賠償金,如此不但無法達到競業禁止條款原欲解決紛爭的目的,反而更形成勞資雙方的爭議與糾紛。

　　一般國內企業主往往於聘僱契約中簽有「同意離職1年內,非經公司同意,不得加入任何與公司在臺灣競爭之產業……等,如有違反規定,同意退還公司在離職前1年內為其所支付之任何國內外培訓費用及該段期間內所領之年終獎金。以為約定之最低損害賠償數額」之競業禁止約款[43]。一般認為對此類離職後競業禁止條款的規定,乃因為勞工有不使用或不揭露其在前勞動契約中獲得的營業秘密或機密性資訊之義務,避免前雇主因為受僱人於離職後跳槽至競爭公司,利用在原公司服務期間所知悉的技術或業務資訊,使競爭之同業有打擊原公司之

---

[42] 本處資料感謝嶺東科技大學財務金融研究所簡任邦同學協助蒐集及整理。
[43] 臺灣台北地方法院民國91年度勞訴字第129號判決。

機會，然而因為限制了受僱人工作及選擇職業的自由，因此，必須有「補償條款」[44]，否則將影響經濟之安定性及公平性。

現行法中關於競業禁止，主要是民法及公司法中有關經理人及董事之競業禁止規定[45]，即使競業禁止條款中早有補償條款，尚須由員工先通知原僱用人，訂有競業禁止條款之雇主，在現行訴訟法架構下，必須舉證離職員工有顯著背信或違反誠實信用行為，才能依據競業禁止條款請求損害賠償，亦可能使競業禁止條款鮮有適用餘地。法院在判斷競業禁止條款之有效與否，將離職員工是否有顯著背信或違反誠實信用行為，作為一考慮因素，使雇主面臨高門檻的舉證責任，競業禁止之約定可能形同具文[46]，因而限制及影響其就業機會。

由原僱用人斟酌認定是否同意提供適當之補償金，乃原告一方任意決定是否履行補償條件，片面加重受僱人的責任，對受僱人有重大的不利益，違反誠信原則及公序良俗，競業禁止條款之效力在無其他補償條款情形下，認為無理由。目前企業對離職後競業禁止條款之約定，必須由雙方訂定才生效力，合理範圍應兼顧企業競爭力及員工工作的權益保障，方有施行之可能，並於契約中強調此對價已經包括在員工受僱的薪資或特別津貼之中，或在特殊情況下，也可以另外約定支付對方若干禁止競業的補償。若離職員工蓄意對公司的客戶、情報大量篡奪時，則不在值得保護的範圍內，更遑論賠償金的計算。

---

[44] 根據前案，台北地方法院認為「競業禁止之『補償條款』：『如因本條之競業禁止限制，致影響甲方（即被告）之合理就業機會，甲方應通知乙方（即原告）。由乙方斟酌甲方之情形認定是否同意解除此項限制，或提供甲適當之補償金。』惟原告要履行補償條件與否流於一己之恣意，限制勞工行使權利，對勞工有重大之不利益，復將使勞工陷於更不利之地位，違反誠信及公平原則及依民法第247條之1第2款至第4款及第72條規定違反公共秩序，應屬無效之規定。該補償條款雖形式上存在，惟因實質上繫於雇主之恣意而無效，另在無其他補償條款之情況下，原告限制被告競業禁止之約定，即屬難認為有理由」。

[45] 請參見公司法第32條、第54條、第108條、第115條。

[46] 宋耀明，從法院判決實際看營業秘密之保護，兩岸智慧財產權保護與運用，頁458，2002。

*1.*凌群電腦案例

民國96年4月，最高法院針對凌群電腦要求業務經理損害賠償公司225萬元一案作出判決[47]，該案例中敘述其業務經理於任職期間內，同時持有英保公司股份且擔任代表人，此部分已違反公司法第32條規定，經理人不得兼任其他營利事業之經理人，並不得自營或為他人經營同類之業務，因此該部分明顯違反競業禁止約定。

由於凌群電腦藉由業務經理違反其忠誠履行勞務之義務，對於逢甲大學投標案知情未報，造成公司未能投標而要求損害賠償進行提告，最高法院判決認為英保公司雖取得750萬元之投標案，即使從爭標案取得225萬之淨利，並不代表業務經理個人賺取225萬元淨利。此部分無法證實凌群電腦是否確實損失225萬元之淨利，因此無法判定業務經理對公司造成實質損害，該損害賠償部分則認定無效。

公司員工簽定合約書，說明如違反競業禁止約定致公司遭受損害，應負賠償責任。站在企業角度，認為該業務經理未盡職責，明顯違反競業禁止約定，應負損害賠償責任，但業務經理有違反其忠誠履行勞務之義務，隱瞞投標案訊息而未予回報，僅是未取得該投標案並未對公司造成實質損害，該部分是否有造成公平交易法第24條有顯失公平的情形，此案例說明雙方認知差異。

---

[47] 最高法院96年度台上字第923號判決。凌群電腦公司台中分公司業務經理，從事負責電腦軟體程式之設計、電腦輪系統之設計工程、電腦硬體設備維護等相關業務推銷及拜訪客戶，於民國85年11月1日與公司簽訂合約書，說明如違反競業禁止約定致公司受損害，應負賠償責任。該業務經理未經公司同意，即持有共同經營同類業務之英保電腦股份有限公司41萬2500股，同時擔任英保公司之代表人，任期自民國89年3月8日起至民國92年3月7日止，由於業務經理於民國90年3月31日離職前，早已自行經營或投資同類業務之事務，已違反競業禁止之約定。對於英保公司以新台幣750萬元取得逢甲大學之投標案，凌群電腦認為業務經理違反其忠誠履行勞務之義務，隱瞞此投標案訊息而未予回報，造成公司損失約225萬元。

2.亞特吉科技案例

　　民國96年5月1日，臺灣高等法院針對亞特吉科技公司要求其業務副理及工程部經理、品積公司及該董事、群翊公司損害賠償一案作出判決[48]，案例中其業務副理、工程部經理於簽訂競業禁止條款時，侵害其工作權及財產權，且未有合理之代償措施（補償措施），有違公序良俗及憲法之精神，應屬無效。即使認為工作契約第11條競業禁止條款為有效，但業務副理、工程部經理離職前數日已先申請設立群翊公司，惟其等從未利用上班時間從事與群翊公司有關之業務，且群翊公司係自民國92年5月才開始有開立發票銷售貨物之紀錄，此時早已從亞特吉科技公司離職，實並無任何背信行為應負賠償責任之情形。又品積公司之董事投資群翊公司純屬個人行為，與品積公司並無任何關係，則群翊公司與品積公司合設辦公室，係基於房屋租賃契約，無任何執行業務加損害於亞特吉科技公司。

　　亞特吉科技公司其業務副理、工程部經理於簽訂工作契約之競業禁止條款後，其薪資或津貼並未因競業禁止之約定而提高，而亞特吉科技公司則抗辯其代償措施係包含在員工薪資內，但無實質依據。由此可見，亞特吉科技公司未補償員工離職後，因遵守限制競業承諾不從事同一工作所減少薪資之損失，因此該工作契約之競業禁止條款尚不符合競業禁止有效要件中雇主應有代償措施之要件，認為違反公司秩序而無效。

---

[48] 臺灣高等法院94年度上字第124號判決。亞特吉科技公司控告其業務副理及工程部經理，於任職公司期間內簽訂工作契約，契約內容第8、9、11條皆為競業禁止約定，約定離職後1年內不得從事與公司經營項目相同之業務或受僱於公司在經營上相競爭之事業單位。但其業務副理及工程部經理卻在離職後，與協力廠商品積公司之董事成立群翊公司，從事相同之電子零件製造業，並將群翊公司辦公室設於品積公司內，有明顯共同背信行為。依據工作契約約定，業務副理及工程部經理應連帶賠償亞特吉科技公司150萬元，而品積公司該董事勾串取得亞特吉科技公司產銷技術製造流程情密且另設立群翊公司，以行不當競爭手段，應負連帶賠償責任。

（三）案例與賠償金額相關性探討[49]

企業為追求自身經濟利益，往往會利用各種方法達到目的，正當的方法能使產業有良性之競爭關係，但國內卻時常有侵害受僱人工作自由及生存權力等不公平競爭事件發生，當企業單方面用高額違約金與契約約定限制員工，反而導致企業與員工產生更多的糾紛，本章希望藉由案例與賠償金額相關性，說明不公平競爭對社會所造成之影響。

1.案例資料與敘述統計

案例資料來源取自中華民國法源資訊網，資料型態為年資料，主要針對我國對於競業禁止條款案例與賠償金額相關性，為瞭解我國對於競業禁止案例的相關種類與賠償金額的關係，研究期間為民國85年1月1日至民國97年2月29日，共計421筆。

由表3.1可得知，國內競業禁止條款案例的比例，競業禁止案例22件占5.2%、給付違約金案例151件占35.9%、損害賠償案例248件則高達58.9%，其中說明企業與員工在簽定競業禁止條款後，當企業或員工的自身權益受到損害時，所提出損害賠償為主要糾紛，原本是為保障企業與員工契約自由所支付的公司成本，卻因糾紛產生損害賠償，其中不公平競爭將造成企業與社會成本不斷浪費。

表3.1 競業禁止相關案例涉案件數表

	競業禁止	給付違約金	損害賠償	總計
相關案例件數	22	151	248	421
百分比	5.2%	35.9%	58.9%	100%

資料來源：法源法律網。

---

[49] 案例與賠償金額相關性探討，亦由嶺東科技大學財務金融研究所簡任邦同學協助提供。

由表3.2得知，競業禁止相關案例的法院統計分布說明，由競業禁止案例衍生不公平競爭，常有訴訟爭議而提出上訴，其中上訴至高等法院110件占26.13%及最高法院25件占5.94%，由此說明不公平競爭所衍生的糾紛問題，平均有32.07%會因訴訟費用持續造成社會資源浪費。在法律理論上雖為求公平正義，但卻無法使社會資源有效率使用，此部分應深入考量。

2.案例與賠償金額之相關性

藉由分析我國競業禁止條款相關案例，通常上訴至高等法院及最高法院的案例，主要皆是對賠償金額有所異議，經過高等法院和最高法院的判決，其案例大部分皆是上訴駁回或敗訴，因此由上訴案例與賠償金額做相關性分析。

從圖3.1得知，從民國86年開始，競業禁止條款相關案例在最高法院中，以損害賠償部分的金額共46,914,677元為最高，而給付違約金部分的金額共25,243,748元則呈遞增趨勢逐年增加，離職後競業禁止部分的金額為2,250,000元，說明該部分是近年來受到重視。根據案例內容分析，不公平競爭所要求損害賠償金額過高時，其判決皆遭到上訴駁回及敗訴。

表3.2　競業禁止相關案例法院統計分布表

單位：件數

	地方法院	高等法院	最高法院
競業禁止	16	5	1
給付違約金	104	39	8
損害賠償	166	66	16
總計	286	110	25
百分比	67.93%	26.13%	5.94%

資料來源：法源法律網統計資料製成圖表，以供參考。

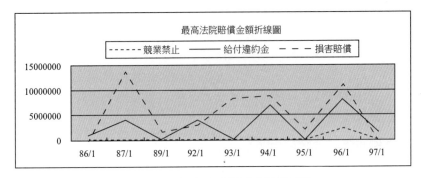

圖3.1　最高法院賠償金額折線圖

資料來源：法源法律網歷年統計資料製成圖表，以供參考。

　　由圖3.2得知，我國在民國91年度推行著作權法、智慧財產權法相關法規後，相關案例上訴至高等法院有逐漸提升的趨勢，國內對於相關案例件數及賠償金額從民國92年至民國95年則呈遞增趨勢上升，此部分說明企業對於不公平競爭及損害賠償金額皆逐漸重視。

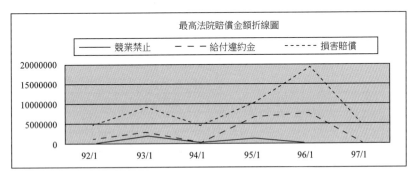

圖3.2　高等法院賠償金額折線圖

資料來源：法源法律網歷年統計資料製成圖表，以供參考。

三、美國實務

　　西元1995年修正的不正競爭整編，將營業秘密視為一種可使用於企業或經營管理上的資訊，且為有價值、具有秘密性的，並可提供他人實際或潛在的經濟利益[50]，當事人使用此類資訊的目的，主要為與競爭者競爭，並不單純為自己創造利潤或營造商機而竊取或洩漏營業秘密，如在同行業之間，為打擊競爭對手而竊取原料、成分、配方乃至營業方法、營運計畫、客戶名單……等相關資訊。

　　行為人以不正當方法獲取並知悉他人的秘密資訊，運用於本身營業以獲取利益，如Rehabilitation Specialists, Inc. v. Koering[51]一案，法院認為不正競爭並非狹義的侵權行為，為保障行為人侵害他人商業利益，防止一般性的侵害態樣。防止不當競爭的理論乃基於阻止行為人掠奪使用被害人的財產，並與被害人的使用產生競爭上的優勢，如Roy Export Co. Establishment of Vaduz v. Columbia Broadcasting Sys., Inc.[52]一案。不當競爭較營業秘密法規的範圍更為寬廣，即使資訊內容不構成營業秘密，仍可受到保障，如Flexitzed Inc. v. Nat'l Flextized Corp[53]一案。

---

[50] Restatement (third) of Unfair Competition 39 (1995).

[51] 404 N. W. 2d 301, 305 (Minn. Ct. App. 1987).

[52] 672 F. 2d 1095, 1105 (2d Cir. 1982)，其他如Computer Assocs. Int'l, Inc. v. Computer Automation, Inc., 678 F. Supp. 424, 429 (S.D.N.Y. 1987). 以紐約州法認定不正競爭的理論依據，行為人必須惡意使用他人之勞務或財產成果，導致消費者與原產品產生混淆，影響購買者的意願；Advanced Magnification Instruments, Ltd. v. Minuteman Optical Corp., 522 N.Y. S. 2d 287, 290 (App. Div. 1987)，受僱人違法使用或複製僱用人的秘密資訊或文件亦構成不正競爭；再如E.I. DuPont DeNemours & Co. v. Christopher, 431 F. 2d 1012, 1016 (5th Cir. 1970) 一案，工業間諜（industrial espionage）猖獗造成美國工商業界，在自由競爭貿易與僱傭誠信關係無法同步成長。

[53] 335 F. 2d 774, 781 (2d Cir. 1964). 以往不正競爭的規範必須透過有體物，如財產或商品之競爭行為，然而現今範圍更為寬廣，包括對他人勞務、技術的不當竊用亦包括在內。Ecolab Inc. v. Paolo, 753 F. Supp. 1100, 1111 (E.D.N.Y. 1991)，即使資訊內容不構成營業秘密，然而受僱人為其本身未來發展之營業必要，對公司內部文件及資訊的洩漏、竊用，亦形成不正競爭。

判斷是否構成營業秘密，在不同的案例中，會有不同的標準，是否造成對一般知識（general knowledge）或公共資訊（public information）或二者相混合或綜合其他秘密訊息（combination on trade secret），如炸雞食譜配方大同小異，組成的各別的原料是眾人皆可取得的元素，營業秘密保障的是其中獨特的比例、順序或特殊配料[54]，雖然實務上獲得認定的比例不高[55]，要將公共領域中各別獨立的元素，綜合成營業秘密，有別於眾所周知（generally known）的資訊，同樣地，「負面資訊」的保障也相同，否則會限制受僱人研究發明創新的動機。

美國加州禁止受僱人離職後使用於受僱期間知悉——未構成營業秘密之秘密資訊，有別於以往侵權法規範不足（California tort law），明文制定於商業暨專業法規（Business and Professions Code section 16600），和前述UTSA 不同即加州對未形成營業秘密之秘密資訊被不當使用時，為強化對前雇主的保障，受僱人離職後使用並造成對前雇主的威脅，乃因受僱期間所獲知的訊息或知識，因此立法明定受僱人有選擇工作及使用其專業知識與技術的自由，但不能造成對前雇主的傷害或不公平競爭的現象。

西元1998年猶他州地方法院在Novell Inc. v. Timpanogos Research Group Inc.（簡稱TRG）[56]，法院接受原告頒發禁制令的請求。本案事實有關被告等人曾受僱於原告，工作泰多與程式設計、專案企劃有關請求且涉及拆解秘密資訊，因此並被要求簽署保密合約，原告投注相當龐大的資金及人力發展相關技術，並盡合理努力維護其營業秘密之保護，並和受僱人——簽署保密合約，須盡力不使資訊外洩，其次，原告對一般人取得營業秘密的管道及途徑都嚴加戒備。

---

[54] See Hutchison v. KFC Corp., 833 F.Supp.517, (D. Nev. 1993), aff'd Hutchison v. KFC Corp,. 51F.3d 280 (9th Cir 1995).

[55] See Graves & Macgillivray, supra note, at 270.

[56] 1988 WL 177721 (Utah Dist. Ct.), 46 U.S.P.Q. 2d 1197.

　　猶他州最高法院的判決見解[57]以為營業秘密的價值在於——不能公開，一旦公開即失去保障營業秘密的價值性，原告將遭受無法彌補的損害[58]，禁止被告使用與原告業務內容相關之秘密資訊，且不違反保障大眾「知」的權利[59]，本案涉及「負面資訊」的運用，被告已明知原告曾在類似計畫中的錯誤對策與方向，當然會避免在新公司重蹈覆轍，因此「負面資訊」在本案扮演重要角色，更何況二者商品將形成競爭關係，最終本案法院頒發予原告禁制令，雖經承審法官加上時間限制，禁止被告在九個月的時間內使用任何與原告有關的秘密資訊，如此不致妨害被告等人使用其專業技術的自由，亦未影響其就業選擇。

　　競業禁止條款之使用，可保護業者免受秘密遭盜用，而保密責任可能因為僱傭契約之終止或解除而一併遭致解消，員工將因此不再受到保密條款之約束，亦可能因為員工之任意運用其原本職業上所獲知之機密，而造成業者損害。保密條款無法防止因為員工跳槽，而員工利用所獲得之智識參與市場競爭，產生對於原本雇主之嚴重競爭問題，合法有效之競業禁止條款能進一步確保原雇主之競爭優勢不致遭侵奪，並防止惡性跳槽，惡性挖角之進一步有效保護秘密及競爭優勢之手段。

　　美國法院近年來對限制條款的強制力並不再視為理所當然，目前對於受僱人之選擇權及簽署競業禁止條款與否亦加以尊重，同時考量條款之合理性[60]，一般以「誠信原則」（good faith）或「忠實義務」（fiduciary duty）來約束受僱人，但往往限制於僱傭期間內，尤其是高科技產業，僱用人投資了龐大的資金於廠房、硬體設備及人員之培訓

---

[57]　Microbiological Research Corp. v. Muna, 625 P. 2d 690, 696 (Utah 1981).

[58]　See Autoskill v. National Educ. Support Sys., Inc., 994 F. 2d 1476, 1498 [26 USPQ 2d 1828] (10th Cir. 1993).

[59]　前文已述及統一營業秘密法為模範立法（Model Act），由各州自行決定接納與增刪的內容，猶他州亦採納統一營業秘密法。

[60]　See Huntington Eye Assoc., Inc. v. LoCascio, 553 S.E.2d 773, 780 (W. Va. 2001)，本案中禁止條款已無效，乃因阻礙受僱人之意圖高於保護僱用人之利益。

上，若受僱人利用其專有之知識而跳槽到競爭對手的企業中，對僱用人不但不公平，亦形成不公平之競爭[61]，僱用人欲加諸受僱人不為離職後從事業務上之競爭行為，並在僱傭契約中訂定「離職後」競業禁止條款為宜。

　　競業禁止條款為保障僱用人值得受保障的利益而制定，即維持原僱用人商譽、秘密資訊或營業秘密，賓州法院認為如客戶名單[62]、價格訊息及運送資訊[63]、化學製程、製造程序、機器配備運作方式[64]、顧客信譽[65]、特殊的訓練方式，其他像是食譜或者是機械的資料或相關知識、系統運作方式[66]，皆屬於可保護的僱用人商業上之利益，而其他如使用還原工程（reverse engineering）而得之資訊，工作者的態度、技術或者是一般人可得而知的知識，或是經由一般供應商所提供的訊息，則不在被保護的範圍之內[67]。在不同的案件中，法院常常面對定義界定的問題，因此賓州法院認為：

　　（1）對所有人構成實質上的秘密性，即可產生競爭的價值。

　　（2）無論是技術上的價值，或單純商業上的資訊，均可構成值得保護的利益。

[61] 61 See William Lynch Schaller, Jumping Ship: Legal Issues Relating to Employee Mobility in High Tech. Indus., 17 Lab. Law 25 (2001) 對於技術更新或改革的方法往往耗資甚鉅，僱用人投資無數於此類研究成本，如果競爭者只是輕易利用竊取手段，而將營業秘密移轉，不用花費任何研發費用，並因成本降低而低價銷售，對於僱用人及其公司自然造成不公平之競爭，更嚴重的結果，造成無意願投注於新發明的動機及提供工作機會，最終對美國的經濟發展完全沒有幫助。

[62] Bohler-Uddeholm, Am. Inc. v. Ellwood Group, Inc., 247 F.3d 79, 107 (3d.Cir. 2001). 然而若受僱人經由對顧客的服務而自行編輯出客戶名單，賓州的另一案Renee Beauty Salons, Inc. v. Blose-Venable, 652 A.2d 1345, 1349 (Pa. Super. 1995) 中，法院並不認為構成營業秘密。

[63] Id.

[64] SNA, Inc. v. Array, 51 F. Supp. 2d 554, 567 (E.D. Pa. 1999).

[65] Vector Sec., Inc. v. Stewart, 88 F.Supp.2d 395, 400 (E.D. Pa. 2000).

[66] SI Handing, Inc. v. Heisley, 753 F.2d 1244, 1258 (3d Cir. 1985).

[67] Christopher M's Hand Poured Fudge, Inc. v. Hennon, 699 A.2d 1275 (Pa. Super. 1997).

（3）判斷之基準必須依據每一個案件的相關條件來加以判斷（on a case-by-case basis）[68]。

本章以為「負面資訊」符合上述要件，以下將說明我國運用的情形。

四、「負面資訊」於我國法適用之參考價值

我國目前未有規範「負面資訊」之成文規定，如美國法可依據個別案例事實做出因應時勢的判決，Pepsi Co, Inc. v. Redmond[69]案中指出「若受僱人於離職後的新工作環境中，無法避免公開或使用前僱用人的營業秘密，則不應為前僱主之競爭對手工作。」，此判決結果影響其後僱傭關係甚深，受僱人知悉前雇主失敗原因及其過程，即使如可口可樂飲料成分可被推敲得知，仍不影響其配方為營業秘密之內涵，「負面資訊」也可構成受僱人不可避免揭露前雇主的營業秘密」內容[70]，離職員工轉換工作時，因具有的技能或知識與前任雇主的營業秘密資訊有關，如果更換的新工作仍與原工作維持在同一專業領域時，幾乎無法避免利用其先前工作所發展的技能與經驗，即使該離職員工無意圖盜用前任雇主的營業秘密，但卻極易發生揭露的狀況，此乃所謂不可免揭露理論[71]。

---

[68] Id.

[69] 54 F. 3d 1262 (7th Cir. 1995).

[70] 相同見解，See Nathan Hamler, "The Impending Merger of the Inevitable Disclosure Doctrine and Negative Trade Secrets: Is Trade Secrets Law Headed in the Right Direction?" 25 J. Corp. L. 385 (2000).

[71] 早在西元1980年於FMC Corp. v. Varco International Inc., 677 F. 2d 500 (5th Cir. 1982) 及 Union Carbide Corp. v. UGI Corp., 731 F. 2d 1186 (5th Cir. 1984) 等案，已出現此項理論，若原告能證明被告的新雇主將不可避免引用被告盜用原告之營業秘密，法院同意對被告頒發禁制令，關鍵在於原告舉證顯示被告盜用其營業秘密的自發性（proof of (defendants) willingness to misuse）。劉詠萱，同前註13。

　　目前營業秘密成為每家公司的重要資產，公司投注大筆金錢、人力研發以累積競爭優勢，當受僱人離職時，公司卻面臨營業秘密外洩的威脅。實務上若前任雇主欲限制離職之員工，不得就其專業技能於相關領域中發揮，便必須給予適當的賠償，若以「離職後」競業禁止條款加以約束，則在限制期間必須對受僱人有「代償措施」，才能兼顧限制受僱人之工作選擇，且不妨礙其生計下的權衡措施。

　　政府不應限制任何利用一般性大眾所熟知的知識或技能、經驗，或其在任職期間所熟知之經驗之個人及受僱人自由轉換工作的意願，否則將傷害全面性的經濟發展。因此，當僱用人希望僱用競爭對手離職的員工時，不可避免地可能涉及離職員工所知悉的營業秘密，僱用人可與員工約定不使用並且不揭露前僱用人的營業秘密資訊，並告知其乃違法之行為，否則將造成民事上損害賠償責任。

　　若是其秘密性十分有價值，且聘僱的僱用人其職位與之前工作領域相同或類似，僱用人必須格外謹慎，在某些可能涉及到營業秘密洩漏活動時，讓受僱人特意迴避，一家謹慎的公司應盡其所有合理的努力，並確認無可避免的危險，不會造成揭露或損害營業秘密。甚至應與受僱人之前的僱用人確認，何種秘密值得被保障及避免侵害其營業秘密之誠意；受僱人的經理人亦有責任，必須提醒剛轉換工作的受僱人，勿輕易使用屬於他人的營業秘密。

　　以下將探討美國實務在應用上可為我國借鏡與參考的地方。FMC Corp. v. Varco International, Inc.[72]案，被告在原告公司擔任高科技工業技術的機械管理職，並獲知公司的營業秘密，亦被要求簽署保密契約，隨後跳槽於原告之競爭廠商，不但和原告有眾多類似產品，並以還原工程的方式拆解原告之產品，可見聘請被告主要乃因在還原原告產品，欲窺其製程與成份時並不順利，希望仰賴被告之專長與以往之經驗，其後第五巡迴上訴法院針對本案考量：1.被告受僱原因即為還原拆

---

[72]　677 F.2d 500 (5th Cir. 1982).

解原告之產品；2.新公司未對被告使用前公司營業秘密部分設限[73]，被告未和原告簽署任何「競業禁止條款」，法院判決貫徹「不可避免的揭露理論」，原告敗訴。

受僱人認知對研發過程中的何種條件及狀態造成失敗的原因，若被競爭對手知悉可減少其投注的時間與財力，構成負面資訊所形成的營業秘密，如Winston Research Corp. v. Minnesota & Manufacturing Co.[74]案中，原告為製造錄音帶的廠商，被告等人原受僱於原告公司，後離職加入原告競爭廠商工作，並製造發展自原告處工作經驗所獲知的類似技術之產品[75]，一審法院認為被告等人對原告機器設備所產生的製程問題、錯誤皆了然於心，避免問題及障礙可縮短製作時間及研發經費、製作成本，當可歸屬為原告的營業秘密[76]，上訴法院卻不認為負面資訊可構成營業秘密[77]。

西元1981年Hurst v. Hughes Tool Co.[78]案，認為原告的失敗事由及經驗，僅可提供予利用人不再重蹈覆轍的誘因，不足以成為可保障的營業秘密。另SI Handling Sys., Inc. v. Heisley[79]案，質疑賓州法律採用侵權行為整編定義營業秘密[80]，是否亦承認負面資訊為營業秘密，對負面資訊是否為營業秘密，抱持不確定的態度，因實務案例不多，留待未來更多發展與探討的空間。

在限制使用「負面資訊」的探討中，僱用人最大的疑慮乃憂心離職員工，利用得自工作經驗的訊息，造成與其競爭上的優勢，因為

---

[73] Id. At 505.
[74] 350 F.2d 134 (9th Cir. 1965)，本案年代爭議久遠，但法院直接探討負面資訊所構成的營業秘密，因此值得參考。
[75] Id. at136-37.
[76] Id. at 143.
[77] Id.
[78] 634 F.2d 895, 899 (5th Cir. 1981).
[79] 753 F.2d 1244, 1262 (3d Cir. 1985).
[80] the Restatement (First) of Torts (1939).

熟知僱用人失敗的投資經驗或實驗結果，大大縮短其任職之新工作僱
用人的支出與耗損，因此，對新雇主而言，若能增加事前運用此類資
訊的可用性調查，反而可以減少日後糾紛與賠償機會的產生。通常，
僱用人急於使受僱人有表現機會，甚而挖角或說服受僱人轉換工作的
誘因，必然來自對其以往工作經驗的依賴，如何使受僱人盡情發揮所
長，又避免新雇主刻意製造「不公平競爭」的結果，高科技或生化產
業，仰賴專精技術及專業表現，建議受僱人也可主動告知或避免使用
高度敏感的「負面資訊」，減少事前預防及調查的時間。

　　主張「負面資訊」為一般人顯而易知或從事特定行業人士所熟知
的「一般知識」（common knowledge），亦為新雇主可能使用的抗辯
理由[81]，以阻絕侵害前雇主營業秘密之虞，劃分構成營業秘密為單一、
各別獨立（individual）或混合（combination trade secret）的資訊內容
不易，若為公共資訊（public information）任何人皆有使用的權利，建
議受僱人於新僱傭關係中，若有使用類似前僱傭關係之「負面資訊」
時，應事前做好資訊歸類，釐清使用範圍與權限，避免日後舉證困難
及造成訟爭。

貳、結　論

　　國人積極在先進科技領域，包括電腦資訊、醫藥生化方面賣力
經營，或循技術授權、技術合作、企業購併，乃至現金購買等方面積
極引進尖端技術，期以強化現有技術研發水準，提升企業獲利能力及
經營格局。經此努力，不僅在國際市場對競爭國造成威脅，隨著工商
社會競爭日趨激烈，資訊技術的取得成為產業決勝的關鍵，企業因為

---

[81] See Tait Graves & Alexander Macgillivary, Combination Trade Secrets and the Logic of
Intellectual Property, 20 Santa Clara Computer & High Tech. L. J. 269 (2004).

智慧財產權的被盜用蒙受嚴重損失，以往無論以契約不履行、不正當競爭、侵權行為或統一營業秘密法，僅能對侵害人請求民事上損害賠償，而無特別的民事懲罰規定，受僱人離開原先任職的公司，跳槽至競爭對手處工作，是否因而受到刑責處罰，如此居經濟強勢地位之僱用人，為避免員工跳槽及打擊競爭對手，動輒對受僱人提出之控訴。

　　本章建議以下述方式檢視「負面資訊」是否會造成不公平競爭：1.受僱人未提供「負面資訊」是否造成原僱用人，藉此妨礙其他同業之競爭行為，即二者間的因果關係必須明確且具體；2.評估「負面資訊」構成的價值與造成的影響對整體利益的傷害；3.資訊所有人禁止他人使用「負面資訊」的立意是否為惡意，即其主要動機乃為獨享資訊，形成交易市場中的不公平競爭狀態；4.離職員工可否證明所知悉的「負面資訊」乃經由其個人努力及工作經驗所得知，與原僱用人之秘密資訊無關，即使有牽連，也不影響其獨立獲取資訊之來源與方法。而證明離職之受僱人使用「負面資訊」影響原僱用人之企業競爭優勢，舉證責任則在原僱用人，計算有關營業秘密案件的價值，包括研發技術、時間、人力的相對投入，因此，僱用人必須舉證確實[82]，本章以為此類訴訟最難以釐清應在舉證責任的部分。

　　被害人（原告）提出控告之前，首先確認自己所遭受的損失是否為營業秘密，即必須符合營業祕密的要件，其次，對其主張不應被使用的「負面資訊」的資訊內涵要詳盡敘明，當法院裁判做有利於原告之判決時，當然會要求被告停止使用原告所提出的資訊內容，而法院所依據的必為原告提出請求的部分，原告的訴訟請求及提出損害賠償必須出自善意，若為惡意只為獨占市場享受壟斷資訊的利益，自然不

---

[82] 在混合式的營業秘密構成中，如ABC為各自獨立的營業秘密成立要件，則結合成的營業秘密（combination trade secret）價值一定要高於其各自獨立時的價值，即（A+B+C）必定大於(A)+(B)+(C), see Keystone Plastics, Inc. v. C&P Plastics, Inc., 506 F.2d 960, 964 (5th Cir. 1975). 負面資訊價值的計算也應比照比例，僱用人要能證明受僱人使用「負面資訊」於其任職知新公司，大大降低成本的支出，或證明本身投注的開發成本與經費，以顯示受僱人使用之「負面資訊」價值。

應受保障，避免造成不公平競爭，影響整體社會利益。

　　營業秘密的保障在現今社會所受到的重視遠超過以往，觀念的貫徹與實踐通常要經過歲月的累積與時間的考驗，隨著產業多樣化與資訊化社會的需求，剽竊他人智慧結晶不但減少自己的研發成本，更可仰賴科技工具縮短盜竊的時間與過程，過去營業秘密保護課題多半是具備創造財富、正面性的營業訊息，如客戶名單、原料製程配方、食譜、商業機密……等等，保障「負面資訊」在目前至未來則是新的思考方向，本文探討我國法與美國實務現狀，乃期待我國在保護智慧財產權的同時，能避免形成不公平競爭，使同業競爭者基於公平互利的立場展開交易模式，如此可望達成公平交易活絡市場，具體保障投資人與消費大眾的需求，刺激經濟景象加強良性循環的榮景。

參考文獻

一、中文

1. 文衍正（1994），「營業祕密之侵害及其應負責之法律責任」，國立中正大學法律學研究所碩士論文，2。
2. 王文宇（2000），「董事之競業禁止義務」，月旦法學雜誌，第61期，20。
3. 王瓊忠（2008），「營業秘密與專利之抉擇」，經濟部智慧財產權月刊，第111期，127。
4. 宋耀明（2002），「從法院判決實際看營業秘密之保護」，兩岸智慧財產權保護與運用，458。
5. 徐玉玲（1993），「營業祕密的保護」，54。
6. 徐玉玲（1993），「營業秘密的保護—公平交易法與智產法系列二」，24-27。

7. 曾勝珍（2005），「營業秘密權益歸屬之探討（下）」，法令月刊，第56卷第2期，94-95。

8. 馮震宇（1997），了解營業秘密法—營業秘密法的理論與實務，23-24。

9. 馮震宇（2004），「數位內容之保護與科技保護措施—法律、產業與政策的考量」，月旦法學雜誌，第105期，92。

10. 黃章典（2007），「營業秘密保護新制」，全國律師，第11期第8卷。

11. 楊崇森（1986），「美國法上營業秘密之保護」，中興法學，第23期，306。

12. 葉茂林、蘇宏文、李旦合著（1996），「營業秘密保護戰術—實務及契約範例應用」，永然文化出版股份有限公司，29。

13. 趙秀文、楊智傑譯（2006），英美侵權法，五南圖書出版股份有限公司（台北），204。

二、英文

1. Brandon B. Cate (2000), "Saforo & Associates, Inc. v. Porocel Corp.; The Failure of the Uniform Trade Secrets Act to Clarify the Doubtful and Confused Status of Common Law Trade Secret Principles", Ark. L. Rev., 53(687), 697-699.

2. Charles Tait Graves & Brian D, Range (2006), "Identification of Trade Secret Claims in Litigation: Solutions for a Ubiquitous Dispute", NW. J. Tech. & Intell. Prop., 5, 68.

3. Charles Tait Graves (2007), "The Law of Negative Knowledge: A critique", Tex. Intell. Prop. L. J., 15, 387-416.

4. Jerry Cohen (2003), "Federal Issues in Trade Secret Law", J. High Tech. L., 2, 1.

5. Nathan Hamler (2000), "The Impending Merger of the Inevitable Disclosure Doctrine and Negative Trade Secrets: Is Trade Secrets Law Headed in the Right Direction?" J. Corp. L., 25, 385.

6. Robert Unikel (1998), "Bridging the "Trade Secret" Gap: Protecting "Confidential Information" Not Rising to the Level of Trade Secrets", Loy. U. Chi. L. J., 29, 841, 843.

7. Tait Graves & Alexander Macgillivary (2004), "Combination Trade Secrets and the Logic of Intellectual Property", Santa Clara Computer & High Tech. L. J. ,20, 269.

8. Tait Graves (2006), "Non public Information and California Tort Law: A Proposal for Harmonizing California's Employee Mobility and Intellectual Property Regimes under the Uniform Trade Secrets Act," UCLA J. L. & Tech.

9. William Lynch Schaller (2001), "Jumping Ship: Legal Issues Relating to Employee Mobility in High Tech. Indus." Lab. Law., 17, 25.

4 揮灑更多創意共享的空間：論網路使用法律態樣的多面觀

目次

摘要 SUMMARY

　　網際網路的使用與興盛對現代生活之衝擊與影響，世人有目共睹，美國唱片工業協會對P2P終端使用者提起數宗訴訟，對其他國家觀察P2P相關規範的變化影響甚大。目前眾多網站採用套裝包裹（package media），並透過由使用者同意發行的方式（publication of user-generated content，簡稱UGC或稱consumer-generated media），有別於以前電腦公司販售軟、硬體或週邊商品，形成另一股更大的商機，即藉由影音頻道、同學錄或相片集，達到使用人本身也是作品提供者；人類智慧結晶改變了世界的律動，在獲得他人願意被使用（授權)或有正當理由使用（合理利用)，「創意共享」正可彌補前述資訊時代中，大眾獲取資訊的便利性與流通性。本文希冀藉由比較美國法及我國之法律及實務，提供予我國以為參考。

　　本文並析論美國對網路終端使用者規範的權利、義務及責任，探討終端使用者使用網路分享資訊須承擔之法律責任，統整目前美國著作權侵害責任之分類與歷史過程，並為目前適用及運用情形做出總結，本文將以創意共享的現象為主軸，說明如目前網路使用的多面相及其法律規範的探討；其次，「創意共享」觀念的引進與我國目前現況，再分析國際潮流下如美國的因應措施；最後鋪陳我國未來發展可建議的約制或對策，以維護健全發展的網路使用空間。

關鍵字

- 著作權法
- 網際網路
- 創意共享
- 智慧財產權
- 電子千禧著作權法

壹、前　言

　　這是一個嶄新的年代，國際社會的距離日漸縮小，我們可以輕易獲知世界各個角落發生的新聞，我們亦可自媒體快速掌握影像與圖形的傳遞；然而，在這一個人際關係日漸疏離的年代，因為便利使用的網路、電腦、手機……等，人類智慧結晶改變了世界的律動，任何改變即可能是迅速且無遠弗屆的，因為傳輸的速度極快，在獲得他人願意被使用（授權）或有正當理由使用（合理利用），「創意共享」正可彌補前述資訊時代中，大眾獲取資訊的便利性與流通性。

　　目前眾多網站採用套裝包裹（package media），並透過由使用者同意發行的方式（publication of user-generated content，簡稱UGC或稱consumer-generated media），[1]有別於以前電腦公司販售軟、硬體或週邊商品，目前形成另一股更大的商機，即藉由影音頻道、同學錄或相片集，達到使用人本身也是作品提供者，多樣式使用狀態和以往如部落格或聊天室、個人網站所提供的功能又有不同。

　　西元1984年美國聯邦最高法院於Sony一案的判決結果，[2]歷經時代變遷、科技轉換對2005年於Grokster一案的引誘責任理論（inducement doctrine），和傳統著作權的侵權責任有所不同，因為音樂檔案電子化，加上點對點傳輸技術（peer to peer，簡稱P2P）的盛行，美國國會立法通過1998年電子千禧著作權法（the Digital Millennium Copyright Act，簡稱DMCA），[3]希冀規範及解決網路著作侵害問題。

　　本文將以創意共享的現象為主軸，說明如目前網路使用的多面

---

[1]　See Robert P. Latham, Carl C. Butzer, Jeremy T. Brown, *Legal Implications of User-Generated Content: Youtube, Myspace, Facebook*, 20 NO.5 Intell. Prop. & Tech. L.J. 1(May, 2008).

[2]　Sony Corp. of Am. v. Universal City Studios, Inc., 464 U.S. 417, 442 (1984).

[3]　Matthew Rimmer, *Hail to the Thief: A Tribute to Kazaa*, 2. U. Ottawa L. & Tech. J. 173, 2005.

相及其法律規範的探討，再佐以實務案例對著作權侵害責任的實務見解與理論依據，並為目前適用及運用情形做出總結。其次，「創意共享」觀念的引進與我國目前現況，再分析國際潮流下，參考如美國的因應措施。最後鋪陳我國未來發展可建議的約制或對策，以維護健全發展的網路使用空間。

貳、網路使用的多面相

在大型電腦公司發展新軟體給使用者的開發過程中，長期耗時費力的研發過程是支出成本的大宗，而除了回收並能長期獲利的模組，架構在使用者的數目能迅速累積及提升，目前網路人口及使用態樣的比較，世界網路e-mail使用人數已達1億3,190萬，[4]西元2007年2月YouTube瀏覽頁數為1億7,600萬人，[5]Facebook使用者人數目前邁向6,000萬，預測2008年後Facebook使用者人數將突破1億2,500萬人大關，[6]如同眾多定型化契約的型態，在我們使用網路的經驗中，會發現「一按即成」（shrink-wrap or click-wrap）的設置十分普遍且便利，[7]如微軟公

---

[4] 全球新趨勢　教授虛擬世界開課，http://www.peopo.org/portal.php?op=viewPost&articleId=13367（上網日期：97年5月20日）。

[5] 根據哈佛國際回顧（Harvard International Review）2007年12月30日根據統計市場調查顯示，電子商務時報，http://www.ectimes.org.tw/shownews.aspx?id=10291（上網日期：97年5月20日）。

[6] 預測2008年的Facebook，http://mmdays.com/2007/12/31/facebook-2008/（上網日期：97年5月20日）。

[7] 參考原文自Molly Shaffer Van Houweling, *The New Servitudes*, 90 Geo.L.J. 889(March, 2008)。指的是在普通法（common law）的規範下，往昔對地主與承租人間的制約規範，不論經手幾次或轉手數人，原所有人對土地所加的限制會一直隨「物」存在，在目前智慧財產權及電子商務普通應用及保障的情況下，由使用人直接觸碰「接受鍵」（I agree），即可進入該系統或使用軟體中，使架設軟體的速度十分快捷。

司的使用者註冊契約（End User License Agreement，簡稱EULA）形成軟體免費使用或分享的先驅。

　　回歸網路使用的主要精神，最起始的源由來自於「分享」，利用網路架設平台：分享新資訊與見聞，按觸鍵盤是最快也最廣為人使用的方式，可快速傳遞前手所定的規則由後手承接，將先前的限制明文化且傳承、維持前人的用意亦佳，包括其他為公益使用或免費提供社會大眾的作品與成果，在以「分享」為前提的平台上，企求大眾都能遵照一定的制度與規範，以下分別說明網路的使用狀況與法律規定的運用。

一、侵害著作權

　　音樂檔案電子化，加上點對點傳輸技術（peer to peer，簡稱P2P）的盛行，P2P技術應用的案件中首宗適用Sony一案見解，被告Napster使用第一代點對點傳輸網路架構，中央目錄伺服器系統，[8]每位使用者或該系統顧客，連接到網路形成一個連結點（node），中央目錄伺服器維持在每個點上有可供瀏覽的完整內容明細，而每個點有其獨特專用的網址，[9]為維持功能及控制，使用者每次進入皆須註冊以獲得最新的文件目錄索引，中央伺服器可接收及傳送所有的搜尋資料及指令，當供需相對應時，提出要求的顧客會收到與其要求呼應的另台電腦網址，藉以滿足所需。[10]

---

[8]　See Jesse M. Feder, *Is Betamax Obsolete?: Sony Corp. of America v. Universal City Studios,* Inc. in the Age of Napster, 37 Creighton L. Rev. 859, 864-65 (2004).

[9]　Id. at 864.

[10]　此系統運作優點在於中央目錄包含完整目錄，並且搜尋迅速、有效，Id. at 865.因為憑藉中央伺服器的功能，因此亦可避免使用人使用彼此間分享檔案，Id. 也因此功能上不足促使新科技的發展與非中央集中管理的P2P文件分享方式。See Tim Wu, When Code Isn't Law, 89 Va. L. Rev. 679, 726-36 (2003).

　　2003年Myspace設立，2年後該網站價值已超過美金5億8,000萬元，而2004年針對大專學生成立的Facebook，亦為大眾廣泛使用分享資訊、相片、錄影短片，2006年Google以美金16億5,000萬元的價格買下YouTube。[11]網路經營者及使用者在UGC的架構下大量運用其便利性，YouTube上傳及下載影片的速度，數量驚人，Facebook點閱及公布訊息的人數也遠超想像，[12]使用如此便利故無可避免觸及智慧財產權保障相關問題。

　　美國著作權法規範重製、預備重製、散布或公開播放他人文學、音樂、戲劇、動畫及其他影音作品，[13]亦包含以電子媒體的方式侵害著作權法第106至122條規定中，[14]保障著作權人的專屬權利，[15]其後並經最高法院於判決中確認；[16]間接侵權行為責任包括輔助侵害責任

---

[11]　每天約有6,5000部錄影作品被上傳至YouTube，約一億支影片每日被欣賞，資料來源引用Robert P., supra note 1, at 1.

[12]　只要周遭有青年學子或習慣上網者，皆會熟悉此類網站的運用，光在「Google搜尋」打YouTube或Facebook，便可進入一個恍若異地的精彩世界。

[13]　17 U.S.C. §501(a).

[14]　17 U.S.C. §106(1)-(6).

[15]　包括未經授權的使用，如未經著作權人同意或在第107至122條文中的除外及限制規定，並不單指直接侵害者才有侵害責任，對非直接侵害者，但對該等侵害事實有某些程度的參與或涉及，則科予第二順位侵權責任，並且不在1976年修改的著作權法內容中（1976 Copyright Act），國會在立法過程中知悉此種侵害責任之存在。17 U.S.C. §501(a) (2003). H.R. Rep. No. 1476, 94th Cong., 2d Sess. 61, 159-60 1976).

[16]　Sony, supra note 2, at434-35.法院雖承認第二順位侵權責任，然而對於替代責任（Vicarious liability）及輔助侵權（Contributory infringement）仍有區別。Id. at 439; Sony案中的替代責任存在於以下事實，即製造商出售其錄影設備時必須擬制知情其顧客，有可能使用此機器從事未經授權的複製行為，即使「知情」並非替代責任的要件。法院視「替代責任」與「輔助侵權」為可互相交換的責任，法官Posner解釋間接侵權行為責任為，一般侵權行為如同毀約須負擔損害行為責任，若由第三人所造成的違約行為，當然應科予如同違約相對人一樣的責任，Elizabeth Miles, In re Aimster & MGM, Inc. v. Grokster, Ltd.: Peer-to-Peer and the Sony Doctrine, 19 Berkeley Tech. L.J. 21, 22 n.5 (2004).

（contributory liability）、替代侵害責任（vicarious liability）及引誘侵害責任（inducement liability）。[17]

（一）輔助侵害責任

行為人必須「知情」（knowledge）且參與（participation），即輔助侵害人必須對侵害事實知情且誘使、幫助或參與其侵害活動，[18]當事人參與的情節輕重會與其責任多寡有關，侵權行為整編定義當事人知情且參與該侵害事實時，與侵害人連帶負責，[19]該害事實造成其他人的損害，且輔助侵害人給予主要侵害人相當協力或鼓勵以進行該當侵害行為，對於受到侵害的企業、組織或個人所遭受的痛苦，輔助侵害人與主侵害人應連帶負責。輔助侵權行為乃幫助（aiding）或鼓勵（encouraging）著作權侵害行為，[20]有3項要件：主要侵害人造成的直接侵權行為，明知侵害事實，有實質參與侵害事實的行為。關於知情（Knowledge）不論實際或擬制知情，乃指被告知或可得而知侵害情事的情形，[21]提供場合與用具亦代表實際參與侵害事實。[22]

（二）替代侵害責任

當事人一方有權利及能力掌控侵害行為並因此侵害而獲利時，則科予其替代責任，此種責任可能基於契約關係，即使實際未運作的權

[17] Ellison v. Robertson, 357 F.3d 1072, 1076 (9th Cir. 2004).

[18] Gershwin Publishing Corp. v. Columbia Artists Mgmt., Inc., 443 F.2d 1159 (2d Cir. 1971).

[19] Restatement of the Law of Torts (Second) § 876(b) (1979).

[20] Metro-Goldwyn-Mayer Studios, Inc. v. Grokster, Ltd.(Grokster II), 380 F.3d 1154, 1160 (9th Cir. 2004).

[21] Sony Corp. v. Universal City Studios, Inc., 464 U.S. 417, 439-42(1984)，然而後於2003年Aimster一案中，法官Posner卻不贊成此種Sony一案中，第九巡迴上訴法院的見解，認為第九巡迴上訴法院是錯誤的，必須對特定侵害事實實際知情才足判定為輔助侵害的成立要件。In re Aimster copyright Litig., 334 F.3d 643 (7th Cir.2003).

[22] A&M Records, Inc. v. Napster, Inc., 239 F.3d 1004, 1022 (9th Cir. 2001)(Napster II).(quoting Fonovisa, Inc. v. Cherry Auction, Inc., 76 F.3d 259, 264 (9th Cir. 1996)).

利，然而必須為「直接」的獲利，然而意指獲利和侵害行為間有直接或間接的關係，如收取侵害活動所在地的固定租金即不能構成替代責任的「利益要件」，[23]若收取行政管理費用、表演場地架設攤位販售商品的金額、停車費用及來自贊助人的經費……等則符合此要件。[24]

　　當個人尋求利益，而利基建立於預期必將發生的損失時，通常合理及公平的作法乃將損失歸致於得到利益的他方，以達平衡，「經濟上獲利」（financial benefit）是替代責任最重要的要件，至於掌控演出的權利與能力則為次要要件；替代侵權行為責任，使著作權法定義適用更為寬廣，Grokster一案中法院認為被告與直接侵害人的關係，[25]雖非固定恆久，然而二者間存在著一種等於是正式簽定的契約關係。[26]原告必須証明被告符合下述要件：主要侵害人造成的直接侵權行為，被

---

[23] Deutsch v. Arnold, 98 F.2d 686, 688 (2d Cir. 1938; Shapiro, Bernstein & Co. v. H.L. Green Co., 316 F.2d 304, 307 (2d Cir. 1963).

[24] Fonovisa, Inc. v. Cherry Auction, Inc., 76 F.3d 259, 263 (9th Cir. 1996). 著作權法替代責任的發展始自於過去半世紀，音樂發行人對在演奏廳表演其作品的樂團收取權利金。See Dreamland Ball Room, Inc. v. Shapiro, Bernstein & Co., 36 F.2d 354 (2d Cir. 1929). See also Shapiro, Bernstein & Co. v. H.L. Green Co., 316 F.2d 304, 307-308 (2d Cir. 1963) (citing cases) .與代理責任之規範有關，即僱用人對其受僱人的侵權行為有連帶責任，法院科予僱用樂團公關演奏未經授權曲目的演奏廳所有人連帶損害賠償責任。Shapiro, 316 F.2d at 307. 僱用人責任理論（the doctrine of respond eat superior Demetriades v. Kaufmann, 690 F. Supp. 289, 292 (S.D.N.Y. 1988).）引用此理論於非僱傭或代理關係時，第三人須為行為人的侵權行為負連帶責任，如前述案中演奏廳的所有人因演奏的結果而得到經濟上的利益，相對地，作曲人（音樂創作人）遭受其作品被侵權的結果，因此考慮公平性與合理性，並比較其經濟地位的差異，若不科予演奏廳所有人責任，則著作權人失去被補償的機會。See Cf. Dawson Chem. Co. v. Rohm & Haas Co., 448 U.S. 176, 188 (1980). 此理論亦相對應於專利法中的輔助侵權責任。使演奏廳所有人承擔如此責任，是否有促使其為規避損失，增加對其演出內容監督的動力與功能，除了經濟上的動機，企圖使承擔替代責任的所有人監督及避免侵權行為的前提，乃所有人必須有能監督的權利與能力，同時必須在合理及公平的範圍內才能為此項要求。

[25] Grokster II, supra note 20, at1164.

[26] Id.

告享有因此侵害行為的直接經濟收益，被告有權限與能力監督侵害人的行為。[27]

　　與輔助侵權行為責任不同在於，替代侵權行為責任並不以被告知情為要件，然而要件2及3則為必要條件，所謂直接經濟收益包括營業量或顧客群的增加。[28]替代侵害責任使著作權人增加救濟機會及節省索賠成本。[29]

二、美國千禧著作權法

　　世界智慧財產權組織（the World Intellectual Property Organization，簡稱WIPO）於1997年制定著作權條約（Copyright Treaty），規範各會員國必須以法律保障著作權。美國國會立法通過1998年電子千禧著作權法（the Digital Millennium Copyright Act，簡稱DMCA）後，[30]積極鼓勵其他國家與美國簽署貿易雙邊條約時，亦能遵守DMCA之法規內容，[31]DMCA規定中的罰金高達美金50萬元或科或併科5年以下有期徒刑，[32]連續犯罰金提高至100萬美元，最高刑期提高至10年。[33]

　　制訂及立法過程遭逢反對勢力，認為此法破壞美國憲法對著作權的保障規定，[34]立法目的為保障著作權人權益，避免違法的剽竊與複

---

[27]　Id. (quoting Fonovisa, 76 F.3d at 262).

[28]　Napster, supra note 22, at1023.

[29]　See Douglas Lichtman & William Landes, *Indirect Liability for Copyright Infringement: An Economic Perspective*, 16 Harv. J. L. & Tech. 395, 397-99 (2003).

[30]　17 U.S.C. §§1201&1204 (West 2001)

[31]　Matthew Rimmer, *Hail to the Thief: A Tribute to Kazaa*, 2. U. Ottawa L. & Tech. J. 173 (2005).

[32]　17 U.S.C. § 1204(a)(1) (2000).

[33]　Id. §1204(a)(2).

[34]　See John B. Clark, *Copyright Law and the Digital Millennium Copyright Act: Do the Penal Ties Fit the Crime*? 32 New Eng. J. on Crim. & Civ. Confinement 373 (Summer, 2006).

製，本法於聯邦法規第17篇，其中有3項最特別的地方，即聯邦著作權法有關反詐欺之條文：（一）本章第1201條a項第1款內容：「任何自然人不可以詐欺的方式違背本法所保障之內容」；（二）第1201條a項第2款，規定任何人不可製造、進口、提供或提出要約給大眾，於任何機械、產品、服務、裝置、成份或原料，性質上符合：A.欲設計或製造而以詐欺的方式違背前項之保護；B.即使為商業考量，而非以單純詐欺為目的，仍受到此條文之限制；C.自然人與其他人共謀而利用該自然人之知識以行銷為目的，進行詐欺之行為，本條文限制利用各種詐欺手段影響著作權之標的；（三）第1201條b項第1款亦規定，甚至任何製造、進口、提供或要求下述的行為，大眾在任何的機械、產品、服務、裝置、原料、成份上：A.以設計或生產為目的而竊取著作權人之權利；B.為保障著作財產權人的權利亦禁止特定商業用途的使用；C.由自然人以市場行銷的方式，並且利用個人之知識，欲超越由機械邏輯方式所保障的著作權人的權利，在此條文當中，主要是限定在於對著作物的使用（the "use" of copyrighted works）[35]。

在Sony Computer Entertainment America Inc. v. Gamemasters, 87. F. Supp. 2d 976（N.D. Ca. 1999）一案，被告涉嫌販賣針對歌林公司所推出遊戲軟體的「遊戲改進器」（Sony's PlayStation games），即使使用人能自行設定電腦遊戲的難易度[36]，並使使用者可以操作日本及歐洲機種，因為被告的產品明顯侵害Sony公司已註冊登記之著作權，加州北區地方法院准許原告Sony公司的禁制令[37]。

Sony一案確定實質非侵害使用的合理使用理論，在美國著作權法中是十分重要的案例。電視節目著作權人控告Sony公司製造可瞬間

[35] Richard L. Ravin and Van V. Mejia, Liability Under The Digital Millennium Copyright Act and The Federal Communications Act, http://www.hartmanwinnicki.com/priacydmca.html (last visited 2003/8/6).

[36] Sony Computer Entertainment America Inc. v. Gamemasters, 87. F. Supp. 2d 981(N.D. Ca. 1999).

[37] Id. at 987-88.

轉錄的錄影機器，影響其節目之重製權，被告（Sony）主張機器在買賣當時，製造商已失去對消費者日後使用用途之控制；原告主張被告Sony公司應負擔輔助侵害責任，因其製造會令消費者違背著作權法之商品[38]，法院認為任何商品若包含有可能被違法使用的部分，則必須和實質非侵害目的的使用形成平衡，即「平衡測試」（balancing test），VCR機器的主要目的乃轉錄一時無法觀賞的節目，純以無線傳播的觀念視之，消費者的使用是在「合理使用」（fair use）的範圍。

最高法院經由本案首度確認「實質非侵害目的的使用」理論，如使用者轉錄夜間新聞，經由無線廣播使大眾能廣為欣賞的節目並不會限定私人無法藉由瞬間轉換（time-shifted）而轉為私下放錄（private viewer），同樣地原告無法成功地提出實證此VCR機器對市場造成的影響，因此認定此機器的使用構成實質非侵害目的的使用，所以被告也不構成輔助侵害責任[39]，也因為此案，在探討侵害使用的理論時，擴大對「合理使用」的範圍至實質非侵害的使用。

DMCA立法以來主要的訴訟幾乎都由全美錄音唱片工業協會（the Recording Industry Association of America，簡稱RIAA）及全美電影協會（the Motion Picture Association of America，簡稱MPAA）向著作權侵害人提起[40]。

---

[38] Sony, supra note 21, at417.

[39] Id. at454-56.

[40] 如321 Studios v. Metro Goldwyn Mayer Studios, Inc., 307 F. Supp. 2d 1085 (N.D. Cal. 2004) 有關DVD侵害著作權的案件；UMG Recordings, Inc. v. MP3.com, Inc., 92 F. Supp. 2d 349 (S.D.N.Y. 2000) 以MP3網路允許使用人自CD下載音樂供他人使用侵害著作權；Universal City Studios, Inc. v. Reimerdes, 82 F. Supp. 2d 211 (S.D.N.Y 2000) 破解DVD防鎖密碼上傳至網路供個人使用，破壞著作權法一案……等。

參、創意共享

　　智慧財產權的保障與結構，一向萌生提升人類思想產品，使劍及履及的法規保護能如影隨形在創作人身旁，藉此鼓勵創作人的發表欲望，否則再優秀的心血結晶無法公開於世或為世人欣賞，宛若深谷幽蘭孤芳自賞實為遺珠之憾，即若有合理使用等人性條款，亦非大眾可輕易觸及的平臺，為鼓勵創作者把學術、音樂、影片、攝影、文學、教材等作品獻給公共領域，使大眾能夠以特定的方式自由運用上述作品，進行商業或非商業的再創作，美國史丹福大學法學院教授Lawrence Lessig等網路法律與智慧財產權專家發起，經由公共領域中心的大力推展，於2001年成立創意共享（Creative Common，簡稱CC）[41]，2002年發布後臺灣隨即加入iCommons國際合作[42]。

　　西元1980年代後期，各國著作權法在美國的推動下，逐漸往賦予作品在創作完成時自動「保留所有權利」（All right reserved）的方向發展。這同時也意味著，使用者必須要負擔「取得授權」的完全責任。這種法律調整有鼓勵創作的背景存在，它快速放大了授權交易的規模，在創作人之間安插了大量的中間人（譬如：律師），卻也因此埋伏了窒息數位時代創作文化的危險因子[43]。創意共享的授權條款於CC提供創作者自由選擇授權形式，也解放了使用者「再創作」的自由。

　　拜數位科技與網際網路之賜，創作品取得、再製、傳送的成本變得極低。數位時代核心的創作品，「資訊」而非「實體」，先天上便具有「公共財」無排他性與競爭性的特性。出於避免創作誘因不足的

---

[41] 此處資料參考版權新思維：創意共享，http://scholar.ilib.cn/Abstract.aspx?A=cbck200613024（上網日期：4/20/2008）。

[42] 創意共享：數位時代的創意棲息地，http://www.bnext.com.tw/LocalityView_2669（上網日期：5/6/2008）。

[43] 同上，www.bnext.com.tw/LocalityView_2669（上網日期：5/6/2008）。

理由，著作權法的產權控制與程式碼的技術控制日趨嚴密。其結果是兩種極端主義的對抗僵局：一邊是越來越嚴苛的著作權管制主義，另一邊是越來越囂張的盜版無政府主義。對方各自成為自身強化武裝的理由，造成了相互增強的惡性循環。

相對於「保留全部權利」對「取得授權」高築的困難度與對「合理使用」的壓縮，CC鼓勵創作者就一定的授權組合中選擇「保留部分權利」（some right reserved），讓使用者可以自動取得再製及衍生新創作的授權，將著作權法所引入的大量「中間人」給隔開。這些授權組合的要件包括「姓名標示」、「禁止改作」、「非商業性」與「相同分享」。在保留一定著作權（譬如：姓名標示）與在特定條件（譬如：非商業）下，CC授權條款解放了公眾自由使用的範圍。CC提供了創作者自由選擇授權形式的可能，也解放了使用者「再創作」的自由，是個兩全其美的作法。

金錢是激發創意最核心且有效的誘因，而強化著作權法可確保並擴大它。但這其實是對「創意」非常窄化的理解。全球已有數百萬的企業、藝術家和創作人採用了Creative Commons授權條款，創意社群在全球蔓延，風潮持續燃燒。分享與回饋、成就感與感動、成長與尊嚴，都是更能激發創意的內在動力。公共財先天有效率問題，如果我們可以透過像著作權法的整備與程式碼的控制，彌補它作為「不完整商品」的缺憾，那麼市場會刺激出創意的最大化。然而，這種思考直接造成「公共財」的萎縮，反而是數位時代創意文化的警訊。創意需要公共領域（public domain）的滋養，而非誕生於律師與經紀人間的授權談判。透過「部分保留權利」與「合理使用」的善意互動，創意才能在法律與商業控制之外的自由空間，找到活潑繁衍的棲息地。

從創作者的「私人權利」出發，建構出彈性合理可行的著作權層次，用創造雙贏與更多的選擇自由，來解放數位科技的創意潛能。商業與法律、市場與政府、程式碼與著作權日益緊密的結合，正慢慢窒息數位時代的創意生機。創用CC提供方便的工具及授權條款，可輕鬆表達將作品提供他人使用的意願，從「保留所有權利」轉變為更富彈

性的「保留部分權利」[44]。

一、案例

　　創意共享仍是一個嶄新的理論，因此尚未有案例形成[45]。2007年3月13日，Viacom提出對YouTube及Google侵害著作權的訴訟[46]，要求賠償金額高達10億美元，Viacom指稱即使YouTube網站的構成，來自使用者分享他們同意的原始作品，卻形成數種不同的侵害類型，如直接侵害、間接侵害、替代侵害及引誘侵害責任。

　　此案件造成YouTube網站增加影音辨識技術（audio fingerprinting technology），以排除侵害他人著作權之可能；2007年10月YouTube又再增加影像辨識技術（video fingerprinting technology），著作權人可要求YouTube網站封鎖侵害其權益的影片或影音，或與YouTube合作自影片上載取得收益。

　　在YouTube網站的說明中[47]，有關錄影帶辨識內容，有下述3種目的：（一）辨別性（identification），和Google公司合作，使全世界的著作權人能使用該辨識系統，確認是否有他人未經取得其授權，咨意利用著作侵害著作權人的權益。（二）選擇性（choice）著作權人可選擇封鎖、展示其作品或與YouTube網站合作，增加商機獲得利潤，數以百萬計的人們及公司對原始著作的需求皆不同，有希望完全掌控的，也有私自放上網路供人瀏覽的，甚或也有家庭完全排斥私人生活

---

[44] 創用CC，Creative Commons Taiwan，http://creativecommons.org.tw/（上網日期：4/20/2008）。

[45] 參考Supra note1, Robert P一文提供2006年加州及2007年紐約曾發生的案件，惟最終案件都未成立。

[46] Viacom Intl, Inc. v. YouTube, Inc., No. 07-02103 (S.D.N.Y. complaint filed Mar. 13, 2007).

[47] YouTube Video Identification Beta，http://youtube.com/t/video_id_about（上網日期：2008.5.31）。

被公開，或一些希望增加知名度的人，也許盼望更多大眾參與其創作過程，或觀賞其成果；因此，最好的結果乃與YouTube合作，可以從著作權人的選擇中，由YouTube網站協助達成。（三）使用者經驗（User Experience），為使創作人能有安全且迅速的服務管道，YouTube針對使用人就其使用者經驗，維護其權益與分擔責任，例如使樂團或歌唱者的樂迷能有機會與他們所喜歡的媒體結晶有良好互動。

2006年11月17日環球音樂（Universal Music Group Recordings，簡稱UMG）控告我的空間（MySpace）金額亦近10億，UMG主張MySpace為蓄意參與者，未經取得授權卻上載UMG所有之影片及音樂，MySpace構成直接、幫助、替代及引誘著作權侵害，此案最終仍在審理中[48]。

UMG（原告）控告世界最大的連絡網站，指稱MySpace網站涉嫌造成或引誘他人侵害原告之著作權，並質疑該網站的律師事務所不適格；經加州地方法院法官A. Howard Matz, J.拒絕此項控訴[49]，認為代表被告的律師事務所不適任與本案涉及著作權侵害的爭點無關。

二、授權條款

CC提出「保留部分權利」（some rights reserved）的聲明解決著作權法「保留所有權利（all rights reserved）」作法產生的困擾。2002年12月，CC比照自由軟體基金會（Free Software Foundation）對於軟體提出的通用公共授權條款，針對音訊、影片、圖片、語文、互動等不同著作格式設計一套授權條款[50]，此一公共授權條款，以條列式的

---

[48] UMG Recordings Inc. v. MySpace Inc., No. 06-07361 (C.D. Cal. Complaint filed Nov. 17, 2006).

[49] UMG Recordings Inc. v. MySpace Inc., United States District Corut, (C.D. California. Dec. 10, 2007).

[50] 2004年5月推出新版，參見鄭陽明，創意共享智能大同-Creative Commons創意授權淺說，http://www.lib.cycu.edu.tw/lib_pub/news136.html#01（上網日期：97年5月25日）。

簡易條件,透過各種排列組成六種不同的授權條款,並配合開發一套網路應用程式,創作者可挑選出最適合的授權條款,將自身作品釋出給大眾使用,同時也保障自己權益[51],我國的中央研究院資訊科學研究所在2003年11月成為CC在臺灣的iCommons計劃(Creative Commons Taiwan)的合作機構,網站並於2004年9月4日正式啟用[52]。

在Viacom一案中,原告主張YouTube怠於架設標準化的技術支援,避免著作權人在YouTube網站發現侵害其權益的錄影作品,若使用人可利用YouTube網站功能,和其他人分享,而未監督其網站是否怠於提供標準化的技術支援,同理可證,若UGC的三大網站皆無此類技術支援,則此技術如何「標準化」;此外YouTube網站未盡監督該站作品之責,YouTube雖未得到直接收益(direct financial benefit),然而若未放置大量侵權資料,即未經著作權人同意之作品,無法形成YouTube網站吸引人之處,YouTube網站亦自網站廣告獲得直接收益[53]。

即使有直接收益,網路伺服器業者仍可主張512(c)的免責條款保護,Napster案承審法院認為Napster公司有能力監督使用者並能移除構成侵害之作品[54];YouTube及MySpace的情形則又不同,UGC不易被辨識,即使目前有辨識技術支援,但不足以改善現況,因此認為被告不必擔負完全的監督責任。有廣告收益的商業網站監督網站內容誠為合

---

[51] 授權條款會產出3種文件:

　　1.授權標章(Commons Deed):標示授權條件的圖示搭配簡易的摘要說明,可以標示在作品授權頁面上,一目瞭然,很容易了解該作品授權方式。

　　2.法律文字(Legal Code):是正式授權契約,包含每一個授權標章所實際代表的法律意涵,這些法律文字會存在CC的網站上。

　　3.數位文字(Digital Code):將授權條款轉譯為電腦可辨讀之形式,供搜尋引擎或其他應用程式辨認。參見鄭陽明,創意共享智能大同-Creative Commons創意授權淺說。

[52] 鄭陽明,創意共享智能大同-Creative Commons創意授權淺說,http://www.lib.cycu.edu.tw/lib_pub/news136.html#01 (上網日期:97年5月25日)。

[53] See Robert P, at 6, supra note 1.

[54] Napster, supra note 22, at1004-1013.

理，惟如何監督及移除不當內容，仰賴網站本身的社會責任感及道德心，現今業者或創作人喜歡把自身作品傳上如YouTube網站，但不代表願意他人任意下載或不當使用，創意共享的概念若能延伸至商業網站，本文以為授權條款的制定實為可行。

三、美國現況與因應對策

　　美國聯邦第九巡迴上訴法院於2001年2月12日，宣判Napster一案涉及著作權侵害[55]，合議庭贊同聯邦地方法院Patel法官准許初步禁制令的決定（preliminary injunction），即各唱片公司提出Napster應停止進行網路音樂交換[56]。合議庭基於「著作權輔助侵害」（contributory copyright infringement）與「著作權替代侵害」（vicarious copyright infringement）兩項原則，維持地方法院判定Napster須對著作權的直接侵害負責，由於合議庭認為地方法院的初步禁制令範圍過寬，舊金山聯邦上訴法院認為地方法院原先發出之禁制令過於廣泛，所以必須將禁制令加以修正。

　　2001年3月6日地方法院法官Marilyn Patel修正原來之禁制令，要求Napster內部必須建置篩選機制，封鎖受版權保護的歌曲經過伺服器，再進行任何交換存取動作；RIAA亦必須提供唱片名單，協助Napster進行篩選識別之動作[57]，修正禁制令為：Napster只有在明知特定侵權檔案為有著作權的音樂作品或錄音唱片，即明知或可得而知，該檔案存於Napster的系統而未能防止其散佈時，才須負起著作權輔助侵害的責任。此外，當Napster未能有效監督及避免侵權檔案存在其搜索引擎

---

[55] Napster, supra note 22, at1004-1029.

[56] Id. at 1001.

[57] 權平法律資訊網，http://www.cyberlawyer.com.tw/alan4-1201.html，上網日期：2005年11月23日。

時[58]，Napster亦須負起著作權替代侵害的責任。

Napster公司雖抗辯其為美國1998年數位千禧年著作權法，所保護之免責的網路服務業者，因其並未直接傳輸錄音著作，[59]只提供連結方法使網路使用者得以獲得錄音著作，本身並未涉及著作重製；法院則認為Napster將MP3檔案分享者的IP位址傳遞給使用者，使用者與分享者之間的連結雖透過網際網路，而非透過Napster系統，卻使使用者的Napster軟體瀏覽器構成系統的一部分，檔案從系統的一部分傳至另一部分，亦非透過系統傳輸（transmit through the system），Napster非數位千禧著作權法規定下提供通路的ISP，因此無法主張免責[60]。

Napster案中第九巡迴上訴法院還以當事人對侵害事實「默示」（implied knowledge）其存在，而給其有權利及能力管理之情事，和輔助侵害責任要件不同一不一定要直接獲益之情形，然而輔助侵害行為人必定知情侵害事實，才有機會給予協助或鼓勵；以當事人之「惡意」為判斷標準，有原因如下：（一）限制運用於代理關係中本人必須有能力與權利監督代理人的要件；（二）同時使間接侵害責任的範圍由替代侵害責任，縮小到輔助侵害責任。

Napster案中「直接經濟收益」和「權利及能力進行監督」兩項要件皆符合替代侵害責任，替代侵害責任不似輔助侵害責任，被告必須知情使用人之侵害使用情形，至於本人是否知悉代理人之侵害行為，

---

[58] Napster的網路架構是使用中央集權式的，這網路會有兩個元素：中央的索引伺服器以及使用者端點。Napster的網路架構有一個非常大的弱點一高度的依靠中央索引伺服器。中央集權式網路架構的缺點，影響後續P2P應用程式的發展歷程。為了合法性、安全性、可靠性、匿名性……等原因，越來越多的P2P程式都是使用分散式網路架構。分散式的架構P2P軟體發展的趨勢。取代中央伺服器的端點被稱為ultrapeer（又名Supernode、超級端點）。每一個超級端點都是從正常的使用者端點中被選出來，而每一個超級端點負責維護一個群組的使用者。超級端點又會互相溝通來形成混和分散式架構的整個骨幹架構。請參考林佳明，分析網路流量揪出P2P內賊，頁108-109，資訊與電腦306期，民國2006年1月。

[59] Napster, supra note 22, at1004-1022.

[60] Id.

並不在替代侵害責任的範圍內，而本人是否故意視而不見（刻意的忽視），如此判斷被告之犯罪要件是否符合時，較易使案件成立。對替代侵害責任行為人雖然沒有犯意的要求，然而若能知情卻避而不見，甚至是蓄意的漠視侵害之發生，都有可能使被告責任不同，即能証明被告雖未知情具有不法犯意之意圖（illicit-intent）[61]，然而近年來因為P2P技術的發展，尤其是Napster一案造成的深遠影響，法院在此案中引用替代侵害責任判決被告敗訴，適用時並未遵照「被告是否有權利及能力監督」的判斷原則。

　　Napster一案又再擴大對直接經濟利益的定義，Napster並未因消費者使用其P2P文件分享系統而獲利[62]，然而法院認為更多人加入並提供可供分享、下載的音樂，因此對Napster而言，利益的來源為「未來的預期收益」（future revenues），使直接收益的定義更加擴大。直接經濟收益實際上亦為一種「冀求之經濟收益」（intended financial benefit），此二案例擴大前由1917年法官Justice Holmes在Herbert v. Stanley Co.[63]案中對著作權之經濟理論（economic theory）的定義，在擴大對直接經濟收益的定義時[64]，必須先針對被告的「犯意」（intent）深入研究，即被告冀望及期待得到多少利益。

---

[61] See Sverker K. Högberg, *The Search for Intent-Based Doctrines OF Secondary Liability IN Copyright Law*, 106 Colum. L. Rev. 917 (May, 2006), also see cited from Robert A. Gorman & Jane C. Ginsburg, Copyright: Cases and Materials 782 (6th ed. 2002).

[62] Napster, supra note 22, at1004, 1022-1024 (9th Cir. 2001).

[63] 242 U.S. 591 (1917).

[64] 此案關於一個樂團在餐廳中表演有著作權的音樂作品，並不收取任何門票費用，卻仍構成「利潤」之謀取（for frofit），法官Holmes於判決書中載明即使被告的演出不另收取費用，而構成大眾使用餐廳之部分收益，不論聘請樂團的目的是否為營利，只要形成餐廳的總體收入即已足。Id. at 594-59. Holmes認為即使未直接對直接經濟收益做出定義，而是對非直接的收益劃分出範圍，並能被視為與著作權有關之收益，也許與之後的Napster及Fonovisa二案對替代侵害責任的定義不盡相同，然而此案最大的貢獻乃在討論被告的動機（motive）及對造成著作權侵害的導引（directness）產生多大影響，以建立被告的替代侵害責任。See Hogberg, supra note 61, at 932.

　　然而此種重新而做的新定義擴大了對替代侵權行為查緝的範圍，亦使發明家更容易被起訴侵害著作權法，侵權法中的替代侵害責任並未要求當事人的犯意，本人因代理人的行為而須負責，即本人須負絕對無過失責任，亦即代理人侵害著作權法時，本人必須負責，然而本文建議應再衡量當事人確實及是否有法律上的權利與能力進行監督的行為，在本人無權監督及控制的時候，何能苛責被告連帶侵害責任？在喪失此項要件，即使被告不法的惡意十分明顯，仍無法科予被告替代侵害責任[65]。

　　P2P技術應用的案件中首宗適用Sony一案見解，被告Napster使用第一代點對點傳輸網路架構，中央目錄伺服器系統[66]，每位使用者或該系統顧客，連接到網路形成一個連結點（node），中央目錄伺服器維持在每個點上有可供瀏覽的完整內容明細，而每個點有其獨特專用的網址[67]，為維持功能及控制，使用者每次進入皆須註冊以獲得最新的文件目錄索引，中央伺服器可接收及傳送所有的搜尋資料及指令，當供需相對應時，提出要求的顧客會收到與其要求呼應的另台電腦網址，藉以滿足所需[68]。

　　此案中第九巡迴上訴法院引用商業買賣標的原則於P2P網路案件，認為被告必須負輔助侵權及替代侵權行為責任[69]，法院並限縮Sony一案「實質非侵害使用」之標準，僅以之檢視輔助侵權責任中「知情要件」，比較Napster文件交換程式與Sony一案中之VCR機器，本案法院

---

[65] See Hogberg, supra note 61, at 933.

[66] See Feder, supra note 8, at 859, 864-65.

[67] Id. at 864.

[68] 此系統運作優點在於中央目錄包含完整目錄，並且搜尋迅速、有效，Id. at 865.因為憑藉中央伺服器的功能，因此亦可避免使用人使用彼此間分享檔案，Id. 也因此功能上不足促使新科技的發展與非中央集中管理的P2P文件分享方式。See Tim Wu, When Code Isn't Law, 89 Va. L. Rev. 679, 726-36 (2003).

[69] Napster, supra note 22, at1004, 1020.

認定本案軟體設計人當然知情該軟體造成侵權使用的情形[70]，因此本案法官認定Napster實際知情，因此被告引用Sony一案的抗辯理由無法生效[71]。地院准許原告提出暫時禁制令的申請，也同意原告主張輔助侵害與替代責任的理論，Napster的使用者廣為散佈及下載未經授權的音樂作品[72]，駁回被告Napster公司主張使用者的下載為合理使用的行為[73]，Napster明知使用者的侵害態樣。

　　第九巡迴上訴法院認同地院判決結果，惟理由有不同之點，如地院認為Napster無法証明其系統功能為商業目的，而非顯著侵害目的之使用，上訴法院則以為地院僅就使用現狀視之，而忽視了系統的整體功能[74]。惟如證據認定的不同，並不影響原告以Napster有輔助侵害責任的主張。Napster集中中央伺服器管理系統，使得被告不但知情其系統軟體之侵權使用情形，更無法免責於將數量龐大的侵權檔案與文件，展示於其網路目錄中的行為[75]，主張美國錄音唱片協會（RIAA）指稱其網路上起碼有12,000個侵權文件檔存在[76]。

　　本案法院採取下列見解：（一）當產品設計非為實質侵害目的而使用時，不能因為產品有侵害使用行為就擬制推知被告知情該侵害行

---

[70] Id. (quoting Sony Corp. v. Universal City Studios, Unc., 464 U.S. 417, 442 (1984)). Napster 一案中第九巡迴上訴法院引用Sony一案判決理由，認為Sony製造商當然明白其製造之VCR功能，但是其機器功能雖會構成侵權之使用，然而亦包含「實質非侵害使用的部分」，也因此部分才使被告免責；Napster一案法官並不採用此項理論與見解。

[71] Id. at 1021-22.

[72] A&M Records v. Napster, Inc., 114 F. Supp. 2d 896, 903& n.1 (N.D.Cal.2000)(Napster I). 每首下載的音樂作品皆包括有著作權的曲調內容及未經唱片公司同意使用的錄音作品本身。

[73] Napster I, supra note, at915.

[74] Napster II, supra note 22, at1020-21. Like the district court, the Ninth Circuit rejected Napster's fair use arguments on behalf of its users. Id. at 1017. 然而上訴法院亦贊同地院，排除Napster主張「合理使用」之抗辯理由。

[75] Id. at 1011-13.

[76] Napster II, supra note 22, at1022 & n.6.

為，但（二）本案法官卻發現有足夠明證據顯示被告知情該系統提供侵權目的的使Grokster案本案乃由著作權人，包括詞曲創作者、音樂出版社及動畫視聽業者聯合對使用P2P分享電腦檔案軟體的經銷商指出控訴。地院審查結果支持被告，[77]因此原告上訴，後經第九巡迴上訴法院維持原判，[78]原告繼續上訴至美國聯邦最高法院[79]，最後認定被告應承擔侵害著作權的責任。

　　美國聯邦最高法院於2005年夏天對此案的判決，不但希望釐清之前在Sony一案中的模糊地帶[80]，也重新審視奉行超過20年的侵權責任原則。在網際網路迅速成長的今日，如同第九巡迴上訴法院在2004年的見解[81]，不再通盤適用於網際網路，以Grokster案為例，使用新技術發明人或著作權人[82]，不再適用Sony原則[83]，亦即排除被發明人分配新的技術、設置乃為破壞他人著作權為必要目的，如試行各種步驟及手段進行侵害行為時，才須負侵權責任[84]，以「造成原理」[85]而言，法院

---

[77]　Stephen v.Wilson, J., 259 F.Supp. 2d 1029.

[78]　Grokster II, supra note 20 , at 1154.

[79]　Metro-goldwyn-mayer studios inc.,v. Grokster, Ltd.,125 S.Ct.2764, 162 L.Ed.2d 781(2005)(GroksterⅢ).

[80]　Sony一案中對「能夠實質證明未構成侵權行為的使用」在之後的法院判決被奉行不悖，如Matthew Bender& Co. v. West Publ'g Co., 158 F. 3d 693, 706-07 (2d Cir. 1998)一案，被告指稱標注頁碼的星號系統並未侵害原告之著作權，而Ga. Television Co. v. TV News Clips, Inc., 718 F. Supp. 939, 948 (N.D. Ga.1989)一案則認為當被告為營利使用而自地域電台節錄內容，因使用並未構成侵權，而不適用Sony一案理論。Jesse M. Feder, *Is Betamax Obsolete?: Sony Corp. of Am. v. Universal City Studios*, Inc. in the Age of Napster, 37 Creighton L. Rev. 859, 863-68 (2003).

[81]　MGM Studios Inc. v. Grokster , Ltd., 380 F.3d 1154, 1162n.9 (9th Cir. 2004), vacates, 125 s.Ct.2764 (2005).

[82]　Grokster II, supra note 20, at 2770.

[83]　1984年美國最高法院Sony案中所建立的原則，錄影技術可以作為合理使用，不能因為有人作為侵害著作權之用，就要加以禁止。

[84]　Grokster Ⅲ, supra note 79, at2780.

[85]　Grokster Ⅲ, supra note 79, at2780.

必須證明新技術主要課題[86]或目標[87]乃為達成損壞他人著作權為主要目的。美國最高法院在Grokster案中宣示的原則是，雖然檔案交換軟體是中性的科技，不應被苛責或禁止，但利用或提供該等軟體或服務的行為，不一定可以免責，仍要視行為人的行為是否有誘使、幫助、引起他人的侵害著作權行為而斷[88]。

著作權侵權責任並非針對直接侵害者，亦包括間接侵權者，據此美國的唱片團體及影視工業，對於發展P2P系統的公司實在心有不滿，使其喪失最直接的盈利收入，構成重大經濟損害，對公司業者求償，遠比直接要求數以百萬計的使用者有利[89]，必須先產生直接侵權責任，才會產生間接侵權責任，如直接分享文件檔、複製，導致盜版CD的販賣，直接侵權人亦有可能負擔間接侵害責任[90]。Grokster一案呈現和Sony案不同的判決基準，大部分Grokster的使用者有效利用其軟體從事侵害行為，亦即Grokster抗辯提出其使用者皆為合法使用，因為商業用途之使用，因此法院認為Grokster不應為其使用人之侵害行為負責[91]。Grokster系統中即使明知被告使用人之侵害行為，被告亦難以從事任何有效之制止行為，Grokster即使關閉，其使用者仍能繼續分享檔案，被告因而無從知悉其侵害行為，原告無從舉證証明被告之知情，因此不成立輔助侵權責任[92]。

---

[86] Grokster III, supra note 79, at2774.

[87] Grokster III, supra note 79, at2781.

[88] 章忠信，著作權筆記，http://www.copyrightnote.org/，上網日期：2005年11月23日。

[89] Peter Katz, *Copyright Infringement: The Perils of Indirect Liability*, 16 J. Proprietary Rts.1 (2004).

[90] Fonovisa, Inc .v. Cherry Auction, Inc., 76F. 3d 259 (9th Cir. 1996). 本案因為被告疏於阻止侵權物品的販賣，亦須負擔間接侵權責任。

[91] 近年來相關案件依序由Sony（1984）至Napster (Napster I, 2000; Napster II 2001)；Aimster一案（2003）；至Grokster (Grokster I, 2003; Grokster II, 2004; Grokster III, 2005) .Grokster II, 380 F. 3d at 1160-62.

[92] 見Grokster II, supra note 20, at1163及Metro-Goldwyn-Mayer Studios, Inc. v. Grokster, Ltd., 259F. Supp. 2d 1029, 1041 (C.D Cal. 2003) (Grokster I). 西元2003年在加州地院的判決中

聯邦第九巡迴上訴法院繼續審視Grokster是否知情其使用者之侵害行為，結果為否。與Napster、Aimster案最大差異在於Napster與Aimster有辦法追蹤有著作權的內容是否被分派或賣出，然而Grokster的經銷者卻無此權限，亦無法追查使用者帳號[93]。Grokster未曾提供侵權內容相關資訊，系統使用者透過各自的連繫，使用網際網路形成彼此之間的通路與連線，Grokster無法提供或安排任何文件、目錄於檔案上，經銷者亦無能凍解使用者帳戶，法院並未發現任何可足証明Grokster參與或提供侵害的證據[94]。以Napster案為例，原告舉證被告以書面說明表示有權終止任何一位使用者的入徑[95]，然而Grokster案卻無此種情事存在，因為Grokster非使用中央管理伺服器系統，會員不須註冊以取得使用途徑，第九巡迴上訴法院支持地院見解，不科處Grokster刑責，乃在既有的市場競爭中鼓勵技術的革新[96]，為最終至聯邦最高法院，仍認定Grokster須負擔引誘侵權責任[97]。

經過Grokster一案後，可以得知最高法院提供了下級法院更大的庇護，即擴大對電子侵害著作權的態樣與罰則，擴張對著作權侵害責任的認定，指控被告幫忙、鼓勵或引誘侵害行為，成立侵害責任的新態樣─即誘使侵害責任[98]，Grokster案前，法院罕見引用引誘（inducement）做為界之輔助侵害責任的手段[99]，並且也極小心地引用

說明，即使被告（Grokster）關閉其系統並控制相連繫之電腦，使用人仍能在不受干擾或極少干擾下繼續分享檔案。

[93] Grokster II , supra note 20, at1163 (citing Grokster I, 259 F. Supp. 2d at 1037, 1039-41).

[94] Grokster II, supra note 20, at1164.

[95] Grokster II , supra note 20, at1165.

[96] Grokster II , supra note 20, at1167.

[97] 詳情請見後述。

[98] Grokster , supra note 20, at2780-82.

[99] See Intentional Inducement of Copyright Infringements Act of 2004: Hearing on S. 2560 Before the S. Comm. On the Judiciary, 108th Cong. (2004) (Statement of Marybeth Peters, Register of Copyrights), available at http://judiciary.senate.gov/testimony. fm?id=1276&wit_id=307.

引誘責任做為侵害責任的態樣之一。

　　聯邦最高法院自輔助及替代侵害責任，制定及區別以當事人犯意為基礎的第二順位（間接）侵害責任[100]，以引誘責任理論可以有效阻止電子複製及散布的危機，法院並希冀藉此責任平衡擴大其他間接侵害責任的內容，避免危及科技之發展並使法院違背著作權法的立法原則。法院對引誘責任的定義為：任何人意欲使用裝置或設備，而功能及目的乃為侵害著作權即以明顯方法促使侵害之發生，則對第三人所造成之侵害負責[101]，要件有二：（一）散布裝置配備，（二）有意圖促進其侵害之使用，而經過明示或其他手段以協助該侵害行為之發生，如廣告或內部文件、備忘錄顯示此種意圖，亦可包括在內。

　　法院於此案中採取的引誘侵害原則（inducement rule），如同Sony案採用的主要商品銷售原則（Staple-article-of-commerce），說明提供設置、配備以幫助侵害著作權，此理論並未直接適用於輔助侵權侵害的案例中，也和出售配置和設備無關，而是有關提供或協助的行為態樣，如同前述Fonovisa及Gershwin二案則不受此理論影響，因為被告並無涉提供裝置以協助侵害行為的情形；除此之外，運用此原則時還須証明被告以明顯方式，蓄意並採行其他步驟吸引侵害人為直接侵害行為[102]。

　　因為必須証明當事人有惡意引誘他人侵害，如提供技術協助或更新資料並非製造侵害的絕對方法，因此不能因為此類行為而視為引誘侵害，侵害之引誘須建立在當事人故意或特殊的故意（造成惡意）[103]；

---

[100] Grokster Ⅲ, supra note 79, at2780-82.

[101] Grokster Ⅲ, supra note 79, at2770.

[102] 法院認為其所採用之「引誘侵害原則」只是將間接侵害責任擴大的特殊方式，並與替代侵害行為責任相同，皆著重於當事人惡意為理論基礎。Id. at 2779.

[103] 二者的區別，在故意（intent）和特殊的故意（specific intent）上以專利法(35 .U.S.C. § 271 (b)(2000)為準，在Hewlett-Packard Hewlett-Packard Co. v. Bausch & Lomb, Inc., 909 F. 2d 1464, 1469（Fed. Cir.1990）一案最為清楚，解釋實際的故意以構成侵害乃是証實主觀及有意的引誘，即使當事人不知情此引誘已構成侵害；另一案Manville Sales

至於如何行徑構成侵害行為的手段，如利用廣告或大眾傳播工具以吸引他人進行侵害是最典型的做法，以Grokster案為例，被告進行傳佈、廣告並極力吸引之前Napster系統的使用人[104]，此外在Grokster案中，法院亦指陳被告未曾盡力發展過濾侵害或終止侵害的工具，雖然不見得能舉證被告有侵害的犯意（intent），所以對構成輔助侵害責任要件不盡符合，然而由廣告促銷行為，而吸引更多使用人而使被告獲利，確是不爭的事實[105]。

姑不論法院必須先檢視「特別或一般」之知情標準，或者「實際或擬制」知情原則，Sony案理論到了不同的法院，經由不同的法官，以第九巡迴上訴法院對Grokster之判決與第七巡迴上訴法院對Aimster一案見解，呈現完全不同的判決內涵與討論。在Napster被判處有罪後，Aimster很謹慎的避開第九巡迴上訴法院對Napster的指控，因Napster使用中央目錄管理系統，有權利及能力監督使用者之行為，因此認為Napster須承擔間接侵害責任[106]，Aimster則在使用者間建立防鎖系統，預先免除「知情」的要件，並可宣稱對使用者之侵害行為完全不知情，然而RIAA控告Aimster後，第七巡迴上訴法院對Aimster系統服務發出預先禁制令，並要求其關閉系統[107]。

Grokster則再避開Aimster使用中央伺服器一事，並不擔任任何文件

<hr>

Corp. v. Paramount Systems, Inc., 917 F. 2d 544, 553 (Fed. Cir. 1990). 則指被告有「特殊的故意」鼓勵他人為侵害行為且知情其行為已構成引誘侵害，上述二例，第一個案件是普通的侵害故意，第二個則為特別的故意。See Hogberg, supra note 20, at 951.

[104] 如Sony案中就不認為Sony公司故意引誘他人為侵害著作權的行為，即使製造商當然明白錄放影機可構成侵害著作權的使用，然而製造商知悉可能或實際上會產生的侵害，仍無法構成引誘侵害的責任，Grokster III, supra note 79, at2780-82.

[105] Id. at 2781-82("It is useful to recall that StreamCast and Grokster make money by selling advertising space, by directing ads to the screens of computers employing their software. As the record shows, the more the software is used, the more ads are sent out and the greater the advertising revenue becomes.").

[106] Aimster, supra note 21, at651.

[107] Aimster, supra note 21, at656.

搜尋與分享的事務，原本第九巡迴法院認同Grokster應無罪，惟最高法院竟以新類型（inducing liability）的侵害責任定罪Grokster[108]，美國法上隨著法官造法機制的多樣化，在學習其經驗與制度上，觀察不同案例中衍生的法律規範態樣，亦為有趣，惟思考其邏輯思考的變化時，歸納可遵守的規則以為未來實務運作之參考，實為可行，同時對我國一向以成文法為圭臬之不同法律制度下，如何因應與探求國際趨勢，則更有實益。

---

[108] Grokster Ⅲ, supra note 79, at 2782-83. Grokster之軟體產品增進使用人之侵害技術，因此不問其是否明知或可得而知，其產品所造成之侵權行為，反觀適用Sony一案原則，本案在最高法院最終引用專利法意圖或蓄意構成侵害行為，35 U.S.C. § 271 (b). 此理論需原告証明被告明知或教唆，幫助他人之直接侵害行為，Grokster Ⅲ, supra note 79, at 2776.原告必須証明被告明知並意圖幫助或教唆此類行為，原告提出證據(一)Grokster明知或意圖分散其軟體，使使用者能散佈擁有著作權的內容（Grokster擁有的作品高達90%為有著作權）。(二)Grokster確知其使用者乃身下載其他擁有著作權的資訊內容才會使用其產品，如Grokster接收的電子郵件乃有關詢問如何播放有著作權的電影，Grokster Ⅲ, supra note 79, at 2772.以Oak Industries v. Zemith Electronics一案為例，Oak Indus., Inc. v. Zenith Elec. Corp., 697 F. Supp. 988 992 (N.D I11. 1988). 以產品本質判斷，若有侵權可能之性質存在，則有導致發生侵權結果的可能。Grokster Ⅲ, supra note 79, at2779. 法院最終以下述三點認定Grokster承擔侵權責任。1.被告嘗試吸收之前Napster的使用者，除了Grokster及Napster名稱相類似，二者提供的內容也有許多類似之處，Grokster Ⅲ, supra note 79, at2881.2且被告怠於阻止及限制侵權行為之發生，並從中取利。法院發現被告未曾嘗試或盡力發展過濾或使用其他工具、技術以終止因運用其軟體而造成的侵權行為，Grokster Ⅲ, supra note 79, at2781.第九巡迴上訴法院未曾考量此點，最高法院則以此更加肯定被告意圖使使用者更易於從事侵權行為。3.更多人使用被告之軟體，被告獲取更多廣告收益。本案判決結果在技術革新及資源分配方面並未達到正面助益，因為內部或公共的分享皆會引致侵權行為的產生，因此判決結果，可能導致新發明的事論，然而不論此案判決，網際網路上檔案的分享與時俱增，即使不透過前述系統，僅以電子郵件寄送方式或即時訊息（MSN）即可。

肆、我國未來發展的建議（代結語）

　　電子複製與分配資訊的技術發展，使得傳統的著作權產生極大變革，在科技研發與運用後對著作權人產生挑戰，也使其蒙受巨大利益，如廣布其作品的速度與費用降低，而因其散佈之速度卻也造成著作權間接侵害責任的產生，如最高法院於Grokster一案的判決，然而新科技的製造商（除了Sony一案），尚未而因設計或研發新科技而被控告侵害著作權，然而對於技術研發者，之前的種種案例已足夠形成著作權人之利益，亦相對造成研發公司或系統軟體提供者（如ISPs）的恐懼。

　　網路上以P2P點對點傳送為主界定網路或系統公司責任，重點在於：1.被告是否獲取相當經濟收益；2.被告是否為惡意或應知情而不知情（擬制知情）；3.被告是否有監督與管理使用人行為的權限與能力。被告是否有明示或默示的方式，引誘使用人為侵害行為？一昧套用代理人與本人間，本人對代理人所為意思表示或所受意思表示一律視同本人之行為，如此嚴格限制的權利義務關係不見得適用著作權法間接侵害責任的內容，特別是網路相關活動部分，本文探討目前眾多網站採用套裝包裹，並透過由使用者同意發行的方式，有別於以前電腦公司販售軟、硬體或週邊商品，形成另一股更大的商機，即藉由影音頻道、同學錄或相片集，達到使用人本身也是作品提供者的方式，擺脫間接侵害責任規範的內容。

　　人類智慧結晶改變了世界的律動，在獲得他人願意被使用（授權）或有正當理由使用（合理利用），「創意共享」正可彌補前述資訊時代中，大眾獲取資訊的便利性與流通性，本文希冀達成的建議，乃在大型資訊公司與使用人之間的關係多樣化發展的現在，網路法律規範的態樣瞬息萬變，因應此種變化最好的方式，除了配合時勢修正既有法規，便是配合國際潮流加入如創意共享相關組織或團體，亦為與國際社會呼應的好方法。

　　若並未強制規定使用人與系統公司一定要有代理關係，則必有其經濟上與執行上的原因存在，首先是減少系統公司監督的費用，因為網路公司要監控使用者的行為必須要有設備裝置，甚或人力的支援，在增加支出與事前的籌備，在其後的Grokster一案中所使用的非中央集中管理目錄系統，網路系統及軟體設計可免除對內容檢查及過濾的疑慮，因為非中央伺服器管理[109]，Grokster公司極力辯解免除自己於管理與監督上的責任（雖然最高法院於民國94年仍以引誘侵害責任判定其責任），如此也不能強制規定代理人——本人之責任關係能夠適用。

　　回歸網路使用的主要精神，最起始的源由來自於「分享」，利用網路架設平台——分享新資訊與見聞，減輕對經濟上弱者（如在學學生）的負擔，即利用如創意共享授權條款，使原始創作人釋放其部分所有權，但能將其作品呈現給更多人欣賞的平台，我國目前雖有中央研究院資訊科學研究所，於民國92年11月成為CC在臺灣的iCommons計劃的合作機構，網站並於民國93年9月4日正式啟用，CC鼓勵創作者就一定的授權組合中選擇「保留部分權利」，讓使用者可取得再製及衍生新創作的授權，在保留一定著作權（譬如：姓名標示）與在特定條件（譬如：非商業）下，CC授權條款解放了公眾自由使用的範圍，CC提供創作者自由選擇授權形式的可能，也使使用者擴大「再創作」的自由，其實是十分美好的事情。

　　為文同時欣逢民國96年3月28日總統公布智慧財產法院組織法，並將於民國97年7月1日施行，為保障智慧財產權，妥適處理智慧財產案件，促進國家科技與經濟發展，故凡有關智慧財產之案件，無論係民事、刑事或行政訴訟，將由智慧財產法院集中管轄，增進智財訴訟之效率。目前世界網路使用者的數目迅速累積，比較網路人口及其使用態樣，常有感觸若未實體操作或親身經歷，不但無法瞭解網路活動及使用特性，更無從體認電腦技術多樣化，連帶使相關法規或紛爭複雜化，本文期待專業法院的設立，也使創意更受保護，創作人能更加享受無盡揮灑的空間。

---

[109] Grokster III, supra note 79, at2780-82.

參考文獻

一、中文

林佳明（2006），分析網路流量揪出P2P內賊，資訊與電腦306期，頁108-109。

二、英文

（一）ARTICLES & BOOKS

1. Douglas Lichtman & William Landes (2003), *Indirect Liability for Copyright Infringement: An Economic Perspective*, 16 Harv. J. L. & Tech. 395, 397-99.

2. Jesse M. Feder (2004), *Is Betamax Obsolete?: Sony Corp. of America v. Universal City Studios, Inc. in the Age of Napster*, 37 Creighton L. Rev. 859, 864-65.

3. John B. Clark (2006), *Copyright Law and the Digital Millennium Copyright Act: Do the Penal Ties Fit the Crime?* 32 New Eng. J. on Crim. & Civ. Confinement 373.

4. Matthew Rimmer (2005), *Hail to the Thief: .A Tribute to Kazaa*, 2. U. Ottawa L. & Tech. J. 173.

5. Molly Shaffer Van Houweling (2008), *The New Servitudes*, 90 Geo.L.J. 889.

6. Peter Katz (2004), *Copyright Infringement: The Perils of Indirect Liability*, 16 J. Proprietary Rts.1.

7. Robert A. Gorman & Jane C. Ginsburg (2002), Copyright: Cases and Materials 782.

8. Robert P. Latham, Carl C. Butzer, Jeremy T. Brown (2008), *Legal Implications of User-Generated Content: Youtube, Myspace, Facebook*, 20 NO.5 Intell. Prop. & Tech. L.J. 1.

*9.*Sverker K. Högberg (2006), *The Search for Intent-Based Doctrines OF Secondary Liability IN Copyright Law*, 106 Colum. L. Rev. 917.

*10.*Tim Wu (2003), *When Code Isn't Law*, 89 Va. L. Rev. 679, 726-36.

（二）CASES

1. 321 Studios v. Metro Goldwyn Mayer Studios, Inc., 307 F. Supp. 2d 1085 (N.D. Cal. 2004).

2. A & M Records v. Napster, Inc., 114 F. Supp. 2d 896, 903 (N.D.Cal.2000).

3. A&M Records, Inc. v. Napster, Inc., 239 F. 3d 1004, 1022, 1024 (9th Cir. 2001).

4. Dawson Chem. Co. v. Rohm & Haas Co., 448 U.S. 176, 188 (1980).

5. Demetriades v. Kaufmann, 690 F. Supp. 289, 292 (S.D.N.Y. 1988)

6. Deutsch v. Arnold, 98 F.2d 686, 688 2d Cir. 1938; Shapiro, Bernstein & Co. v. H.L. Green Co., 316 F.2d 304, 307 (2d Cir. 1963).

7. Dreamland Ball Room, Inc. v. Shapiro, Bernstein & Co., 36 F.2d 354 (2d Cir. 1929)

8. Elizabeth Miles, In re Aimster & MGM, Inc. v. Grokster, Ltd.: Peer-to-Peer and the Ellison v. Robertson, 357 F.3d 1072, 1076 (9th Cir. 2004).

9. Fonovisa, Inc .v. Cherry Auction, Inc., 76F. 3d 259 (9th Cir. 1996).

*10.*Gershwin Publishing Corp. v. Columbia Artists Mgmt., Inc., 443 F.2d 1159 (2d Cir. 1971)

*11.*Herbert v. Stanley Co., 242 U.S. 591 (1917).

*12.*Hewlett-Packard Hewlett-Packard Co. v. Bausch & Lomb, Inc., 909 F. 2d 1464, 1469 (Fed. Cir.1990).

*13.*In re Aimster Copyright Litig., 334 F.3d 643 (7th Cir.2003).

*14.*Manville Sales Corp. v. Paramount Systems, Inc., 917 F. 2d 544, 553

(Fed. Cir. 1990).

*15.*Matthew Bender& Co. v. West Publ'g Co., 158 F. 3d 693, 706-07 (2d Cir. 1998).

*16.*Metro-Goldwyn-Mayer Studios, Inc. v. Grokster, Ltd., 259F. Supp. 2d 1029, 1041 (C.D Cal. 2003)(Grokster I).

*17.*Metro-Goldwyn-Mayer Studios, Inc. v. Grokster, Ltd., 380 F.3d 1154, 1160 (9th Cir. 2004)(Grokster II).

*18.*Metro-Goldwyn-Mayer Studios Inc. v. Grokster, Ltd., 125 S. Ct. 2764 (2005)(Grokster Ⅲ).

*19.*Oak Indus., Inc. v. Zenith Elec. Corp., 697 F. Supp. 988 992 (N.D I11. 1988).

*20.*Shapiro, Bernstein & Co. v. H.L. Green Co., 316 F.2d 304, 307-308 (2d Cir. 1963)

*21.*Sony Corp. v. Universal City Studios, Inc., 464 U.S. 417, 439-42 (1984)

*22.*Stephen v.Wilson, J., 259 F.Supp. 2d 1029.

*23.*UMG Recordings Inc. v. MySpace Inc., No. 06-07361 (C.D. Cal. Complaint filed Nov. 17, 2006).

*24.*UMG Recordings Inc. v. MySpace Inc., United States District Corut,(C.D. California. Dec. 10, 2007)

*25.*UMG Recordings, Inc. v. MP3.com, Inc., 92 F. Supp. 2d 349 (S.D.N.Y. 2000)

*26.*Universal City Studios, Inc. v. Reimerdes, 82 F. Supp. 2d 211 (S.D.N.Y 2000)

*27.*Viacom Intl, Inc. v. YouTube, Inc., No. 07-02103 (S.D.N.Y. complaint filed Mar. 13, 2007).

三、網路資料

1. Intentional Inducement of Copyright Infringements Act of 2004: Hearing on S. 2560 Before the S. Comm. On the Judiciary, 108th Cong. (2004) (Statement of Marybeth Peters, Register of Copyrights), available at http://judiciary.senate.gov/testimony.fm?id=1276&wit_id=307.

2. Richard L. Ravin and Van V. Mejia, Liability Under The Digital Millennium Copyright Act and The Federal Communications Act, http://www.hartmanwinnicki.com/priacydmca.html (last visited 2003/8/6).

3. YouTube Video Identification Beta，http://youtube.com/t/video_id_about（上網日期：民國97年5月31日）。

4. 全球新趨勢　教授虛擬世界開課，http://www.peopo.org/portal.php?op=viewPost&articleId=13367（上網日期：民國97年5月20日）。

5. 版權新思維：創意共享，http://scholar.ilib.cn/Abstract.aspx?A=cbck200613024（上網日期：民國97年4月20日）。

6. 哈佛國際回顧（Harvard International Review）2007年12月30日根據統計市場調查顯示，電子商務時報，http://www.ectimes.org.tw/shownews.aspx?id=10291（上網日期：民國97年5月20日）。

7. 章忠信，著作權筆記，http://www.copyrightnote.org/，（上網日期：民國94年11月23日。）

8. 創用CC，Creative Commons Taiwan，http://creativecommons.org.tw/（上網日期：民國97年4月20日）。

9. 創意共享：數位時代的創意棲息地，http://www.bnext.com.tw/LocalityView_2669（上網日期：民國97年5月6日）。

10. 預測2008年的Facebook，http://mmdays.com/2007/12/31/facebook-2008/（上網日期：民國97年5月20日）。

11. 鄭陽明，創意共享智能大同-Creative Commons創意授權淺說，http://www.lib.cycu.edu.tw/lib_pub/news136.html#01（上網日期：民國97年5月25日）。

*12.*權平法律資訊網，http://www.cyberlawyer.com.tw/alan4-1201.html
　　（上網日期：民國94年11月23日）。

5 資訊時代中營業秘密保障之探討

摘要 SUMMARY

營業秘密保護之目的在於維護產業競爭倫理，調和經濟競爭秩序，鼓勵產業技術之創造與維新，並提供消費者更佳的消費環境與選擇。我國為配合及尊重國際上的共識，已將營業秘密視為智慧財產權的一環，國際潮流中如TRIPs協定，對我國相關立法有極大影響，其他如外國立法例，亦為我國參考立法的重要藍圖。電腦化的社會型態，產生許多秘密資訊洩漏或被竊取的危機，如何妥善運用科技工具及網際網路的便利，又能有效保障企業體系視為命脈的營業秘密，是當今資訊時代值得重視與探討的主題。

本文將先行說明我國在營業秘密保障上相關立法之規定；其次考察美國法規；再就實務上電腦化對營業秘密保障產生的影響進行分析；最後提出對我國相關法制的建議，公司保存機密資訊對研發成果的保護及利潤的追求，達到一體兩面的功效，分為營業戰略、智慧財產權的維護等部分說明。

確保智慧財產權的取得、讓與或內容，在實務上可採取書面契約及確認程序等方式進行。我國營業秘密法雖於民國85年1月17日公布施行，惟其中並未因應經濟間諜罪刑、科技型態更新而有修訂，因此本文考察美國法，斟酌我國現況，提出立法論之建議以供參考。

關鍵字

- 智慧財產權
- 營業秘密
- 網際網路
- 經濟間諜
- 電腦化

壹、前 言

隨著資訊科技的蓬勃發展，電腦化的社會型態相較起以往，亦產生許多秘密資訊洩漏或被竊取的危機，如何妥善運用科技工具及網際網路的便利，又能有效保障企業體視為命脈的營業秘密，是當今時代值得重視與探討的主題。

營業秘密乃產業界賴以生存與發展之利器，各產業對於營業秘密之保護均不遺餘力，廠商為取得競爭優勢，投入鉅額成本研究各種有形、無形成果，舉凡製造方法、配方、藍圖、設計圖、顧客名冊、規格、機器操作方法、製造程序、工廠管理實務、技術之紀錄……等均屬之。一旦此等營業秘密被揭露或為競爭對手所知悉，將因此失去競爭優勢。

由於營業秘密具有高度商業價值，且為產業競爭之重要致勝利器，各國為保護其產業得於正常之競爭秩序下經營運作，並鼓勵產業致力於研發與創新，促進產業蓬勃發展，免於產業間以惡意挖角，或商業間諜等各種不正當競爭手段，獲取最新之商業情報，無不明文制定法律，以保障營業秘密。

我國營業秘密法，雖於民國85年1月17日公布施行[1]，惟其中並未因應懲治經濟間諜罪刑、科技型態更新而有修訂[2]，因此本文希冀參考美國法規定及文獻，配合我國現況，提出建議以供參考。

本文將說明電腦化對我國在營業秘密保障上，相關立法的種種規定；其次介紹美國法規，因為在智慧財產權的領域，特別是營業秘密部分，美國法規對我國產生極大影響，因此，說明美國法規有其必要性；第三部分分析實務上電腦化對營業秘密保障產生的影響；最後提出對我國相關法制的建議。

---

[1] 詳後說明。

[2] 我國經濟部智慧財產局雖有營業秘密法修法之報告書及建議，但迄今未見具體修法版本，見智財局網站。http://www.tipo.gov.tw （上網日期：民國96年8月12日）。

貳、我國營業秘密保障相關立法之檢討

　　營業秘密保障其目的在於維護產業競爭倫理，調和經濟競爭秩序，鼓勵產業技術之創造與維新，並能提供消費者更佳的消費環境與選擇。營業秘密乃保障營業上的秘密，不被他人以不正當的方法洩漏或盜用，以鼓勵技術之更新。

　　我國為配合及尊重國際上的共識，已將營業秘密視為智慧財產權的一環，國際潮流中如TRIPs協定，對我國相關立法有極大影響，其他如外國立法例，亦為我國參考立法的重要藍圖。在我國營業秘密法第2條定義，第6條、第7條、第11條乃至第12條規定，均以權利之觀念為前提而制定條文內容，各國不論是以不公平競爭法為專章保護營業秘密，或另立專法保護營業秘密，皆未明文將營業秘密規定為「權利」或「營業秘密權」，原本應屬「利益」的營業秘密，在我國已成為「權利」，純粹是行政部門立法政策之結果[3]，既然在立法政策上確認營業秘密是「權利」，本章以為營業秘密法中就應直接以「營業秘密權」稱之。

　　世界貿易組織（World Trade Organization）於TRIPs中就有關未經公開資料之保護（undisclosed information），規定於第二篇第七節第39條，在該協議第39條中關於「未公開資訊之保護」的規定（Protection of Undisclosed Information），即包含對營業秘密的保護。在該規定中，除要求各會員國對未公開之資訊應予以保護，以有效防止不公平競爭（第1項）外，並進一步規定，自然人或法人對於合法處於其控制之下列資訊，得防止他人未經其同意以違背誠實商業行為之方法，洩漏、取得或使用之（第2項）[4]。

---

[3]　章忠信先生亦採取此種見解，http://www.copyrightnote.org（上網日期：民國96年8月12日）。

[4]　GATT烏拉圭回合談判TRIPs協定第39條第2項就營業秘密界定為：自然人及法人對合法擁有之下列資訊，應可防止其洩漏，或遭他人以不誠實之商業手段取得或使用：

　　上開協定明確要求會員國對營業秘密應予以法律保護，我國政府有鑑於當前之產業競爭與經濟環境，並參考外國立法例，為因應世界趨勢，加上與美國貿易301條款之壓力[5]，因此於民國85年1月17日公布施行營業秘密法。我國營業秘密之定義、侵害之態樣、救濟途徑、損害賠償的計算，有了明確的標準。該法共計16條條文。

一、營業秘密法

　　我國自民國85年施行迄今，實體規範雖可彌補以往不當竊取或洩漏營業秘密的案例，惟未劃分權責與訂定刑責，無法遏阻妨礙營業秘密的行為，實務上仍存在現行法規不足的缺失，以下說明有關營業秘密法的實體規範及實務見解。

（一）內容

　　營業秘密法第1條規定立法目的：「為保障營業秘密，維護產業

1.秘密資訊，亦即指不論以整體而言，或以其組成分子之精確配置及組合而言，這類資訊目前仍不為一般涉及該類資訊之人所知或取得者；2.因其秘密性而具有商業價值者；3.所有人已採行合理步驟以保護該資訊之秘密性者。但該資料須：(1)具有秘密性質(2)因其秘密性而具有商業價值(3)業經資料合法持有人以合理步驟使其保持秘密性。駱志豪，TRIPs協定對營業秘密之保護，公平交易季刊第四卷第三期，頁61-62，民國85年7月。

[5]　之前我國營業秘密法立法乃為加入GATT的準備，並因美方動輒以貿易301條款施壓，加上當時資訊廠強烈要求，西元1992年6月15日中美談判時簽署之「了解備忘書」Article 2之10 Understanding Between the Coordination Council for the North American Affairs and the American Institute in Taiwan. The authorities represented by CCNAA will ensure that the industrial design, semiconductor chip protection and trade secret laws meet the standards and requirements of the TRIPs text. The authorities represented by CCNAA commit to use best efforts to work with the Ly for the passage of the industrial design law, the semiconductor chip protection law, and , if necessary, the trade secret law, as early as possible , but not later than the LY session ending July 1994.

倫理與競爭秩序，調和社會公共利益，……」；參酌外國立法例，而於第2條規定：本法所稱營業秘密，係指方法、技術、製程、配方、程式、設計或其他可用於生產、銷售或經營之資訊，而符合下列要件者：1.非一般涉及該類資訊之人所知者。2.因其秘密性而具有實際或潛在之經濟價值者。3.所有人已採取合理之保密措施者。

　　營業秘密法為解決營業秘密歸屬可能發生之爭議，於第3條、第4條、第5條有所規定。第3條[6]針對僱傭契約中之營業秘密歸屬為規定，第4條[7]規定出資聘任關係中之營業秘密歸屬，似乎對營業秘密的歸屬有了很明確的規定，惟事實不然。以僱傭關係而言，第3條規定分為職務上之研發成果及非職務上之研發成果，營業秘密既然屬於智慧財產權的內容，是不可觸摸的無體財產權[8]，如第3條第2項但書規定：但其營業秘密係利用僱用人之「資源或經驗」者……，則所謂「資源或經驗」如何定義？其他如營業秘密法第6條規定：「營業秘密得全部或部分讓與他人或與他人共有[9]」；第7條：「營業秘密所有人得授權他人使用其營業秘密，其授權使用之地域、時間、內容、使用方法或其他事

---

[6] 營業秘密法第3條規定受僱人於職務上研究或開發之營業秘密，歸僱用人所有。但契約另有約定者，從其規定。受僱人於非職務上研究或開發之營業秘密，歸受僱人所有。但其營業秘密係利用僱用人之資源或經驗者，僱用人得於支付合理報酬後，於該事業使用其營業秘密。

[7] 營業秘密法第4條規定出資聘請他人從事研究或開發之營業秘密，其營業秘密之歸屬依契約之約定；契約未約定者，歸受聘人所有。但出資人得於業務上使用其營業秘密。

[8] 營業秘密有別於著作權、商標權、專利權等不同型態的權利，關於著作權及專利權權利歸屬之探討，請參閱謝銘洋，「研究成果之智慧財產權歸屬與管理──兼述德國之相關制度」，智慧財產權之基礎理論，頁93-117，民國84年；陳文吟，專利法專論，頁128-132，民國86年10月。

[9] 第1項，營業秘密為共有時，對營業秘密之使用或處分，如契約未有約定者，應得共有人之全體同意，但各共有人無正當理由，不得拒絕同意（第2項），各共有人非經其他共有人之同意，不得以其應有部分讓與他人，但契約另有約定者，從其約定（第3項）。

項，依當事人之約定」[10]；第8條規定：「營業秘密不得為質權及強制執行之標的」。惟並未規範經濟間諜之罪刑與民事救濟及損害賠償方法。

　　營業秘密法第10條第1項特別參考德、日立法例，具體例示數種構成營業秘密之侵害態樣，如有其他侵害情形，仍可依營業秘密法第12條之規定請求損害賠償。同法第9條就依法令有遵守營業秘密之義務者，特設有規定。營業秘密法在起草之初，就政策上決定不設刑罰條文，換言之，本法並無刑事救濟之特別規定，蓋侵害營業秘密之刑事責任，係規定在刑法第316條、第317條、第318條及公平交易法第36條。營業秘密之侵害，營業秘密法僅有民事救濟，所謂民事救濟，營業秘密法第11條係規定被害人之不作為請求權，包括排除及防止侵害請求權，第12條則為損害賠償請求權之規定，第13條則係有關損害賠償額之認定與計算規定。

（二）缺點

　　近年來隨著網際網路資訊傳遞之迅速，包括電子郵件快速方便的特性，更易造成公司營業秘密的外洩，如民國90年間聯電董事長曹興誠透過電子郵件向員工發表公開信，文章卻在數小時內傳遍同業廠商[11]，不論此事件是否洩漏公司之營業秘密，目前學產業界普遍利用電子郵件傳遞資訊，乃不爭之事實，如何確保傳遞安全避免資料外洩，更使得相關立法劃分權責與刑責更為必要。營業秘密法並無刑事制裁之特別規定，有關之刑事案件雖可適用刑法或公平交易法之規定，然

---

[10] 第1項，前項被授權人非經營業秘密所有人同意，不得將其被授權使用之營業秘密再授權第三人使用（第2項），營業秘密共有人非經共有人全體同意，不得授權他人使用該營業秘密，但各共有人無正當理由，不得拒絕同意（第3項）。

[11] 曹興誠於民國90年7月2日發表之公開信，聯電高層知悉媒體報導後隨即展開清查，並將公司內部文件傳送給競爭對手的員工撤職查辦。簡榮宗，「電子郵件，洩漏營業秘密的新管道？」，數位觀察者第八十期，民國90年7月18日，http://www.nii.org.tw/cnt/ecnews/ColumnArticle/article_89.htm（上網日期：民國96年8月12日）。

而亦無法於單行法規中劃分權責與刑責，刑法與公平法之刑罰規定顯
見不足。

我國營業秘密法之制定主要參酌德國與日本不正競爭防止法相關
規範之侵害態樣，因法律行為取得營業秘密，而以不正當方法使用或
洩漏者，例如因僱傭、委任、代理、承攬、授權……等關係而取得營
業秘密者，卻以不正當方法加以使用或洩漏，將造成秘密所有人重大
損害，須加以禁止，對於員工離職後競業禁止問題，有保守營業秘密
之義務者，無故洩漏或使用時，如依法應保守業務公務員或因司法機
關偵查之營業秘密相關人士，則依據各該本應遵守之秘密法規加以處
分。

商業間諜產生之結果，證明洩漏營業秘密會造成競爭上之妨礙，
因此對於被害者——無論是個人或公司企業——投注研發及生產之成
本耗損，間接影響投資意願及增加社會資源的浪費，除了劃分對當事
人之責任外，更重要者乃為如何有效遏阻妨礙營業秘密之行為。

我國對訂定單行法規的需求，除希冀制裁經濟間諜案件，更能達
到嚴懲跨國竊取營業秘密的行為，規範的主體包括我國人或外國人。
我國法規對於經濟間諜無刑事法規制裁之缺失，並因民事賠償效果有
限，如程序進行過慢或求償無門之際，無法有效遏阻妨礙營業秘密的
行為。

二、我國其他相關法律規定

民國85年營業秘密法制定公布之前，相關糾紛只能適用其他法律
規定或法理解決，其中民法、公司法、公平交易法及刑法可資適用。

（一）民法

因信賴關係而獲得營業秘密，或引誘他人違背此種信賴關係而取
得營業秘密者，應認為其欠缺誠信之過失，而違背善良風俗，欲取得

競業者之營業秘密，而延攬競業者之受僱人，而造成侵害他人債權之利益，得依民法第184條第1項後段請求賠償[12]。如依法令或契約有遵守因業務知悉或持有工商秘密之義務，而無故洩漏之者[13]；公務員或曾任公務員之人，無故洩漏因職務知悉或持有他人之工商秘密者[14]；或為他人處理事務，意圖為自己或第三人不法之利益，或損害本人之利益，而為違背其任務之行為，致生損害於本人之財產或其他利益者[15]，上述侵害營業秘密之行為，因違反上列法規而具有違法性，被害人可依民法第184條第2項，以違反保護他人之法律者，推定有過失，請求損害賠償。其他如經理人或代辦商，非得其商號之允許，不得為自己或第三人經營與其所辦理之同類事業，亦不得為同類事業公司無限責任之股東。另外於民國96年5月23日已修正民法第562條[16]、第563條[17]，其內容針對經理人及代辦商於競爭禁止條款之補充。

（二）公司法

　　公司法股東、董事之競業禁止規定[18]，如公司法第32條、第54條、

---

[12] 民法第184條第1項後段：「因故意或過失，不法侵害他人之權利者，負損害賠償責任。故意以背於善良風俗之方法，加損害於他人者亦同。違反保護他人之法律，致生損害於他人者，負賠償責任。但能證明其行為無過失者，不在此限」。

[13] 刑法第317條。

[14] 刑法第318條。

[15] 刑法第342條。

[16] 民法第562條：「經理人或代辦商，非得其商號之允許，不得為自己或第三人經營與其所辦理之同類事業，亦不得為同類事業公司無限責任之股東。」

[17] 民法第563條：「經理人或代辦商，有違反前條規定之行為時，其商號得請求因其行為所得之利益，作為損害賠償。前項請求權，自商號知有違反行為時起，經過2個月或自行為時起，經過1年不行使而消滅。」

[18] 公司法第32條：「經理人不得兼任其他營利事業經理人，並不得自營或為他人經營同類之業務。但經依第29條第1項規定之方式同意者，不在此限。」；第54條（競業之禁止與公司歸入權）：「股東非經其他股東全體之同意，不得為他公司之無限責任股東或合夥事業之合夥人。執行業務之股東，不得為自己或他人為與公司同類營業之行為。執行業務之股東違反前項規定時，其他股東得以過半數之決議，將其為自己或他

第108條、第115條、第209條亦在於保護營業秘密，如不執行業務之股東依公司法第48條規定得隨時質詢公司營業情形，查閱財產文件、帳簿、表冊，因此公司營業上秘密對其而言已非秘密，若有同類營業之行為時，對公司具有影響及損害，竟然不加予限制。競業禁止之規定，僅能保護經理人、董事、股東、代辦商在其任職中或具有該身分時，不為競業行為，但大多數侵害營業秘密之競業行為，均發生於離職或不在其位時，故上開法規亦無法完全保護營業秘密相關之所有人。

（三）公平交易法

我國公平交易法於民國81年2月4日施行，其立法目的在於「維護交易秩序與消費者利益，確保公平競爭，促進經濟之安定與繁榮」。而營業秘密法則於民國85年1月17日經公布施行，其立法目的則在於「為保障營業秘密，維護產業倫理與競爭秩序，調和社會公共利益」，二者之目的皆以「維護產業交易公平競爭秩序」為目標，然而營業秘密法與公平交易法適用之差異，在於營業秘密法適用主體範圍、保護範圍及違法行為之範圍較廣。

公平交易法第19條第5款[19]中，對獲取他人事業之秘密有禁止規

人所為行為之所得，作為公司之所得。但自所得產生後逾1年者，不在此限。」；第108條第3項：「董事為自己或他人為與公司同類業務之行為，應對全體股東說明其行為之重要內容，並經三分之二以上股東同意。」；第115條：「兩合公司除本章規定外，準用第二章之規定。」；第209條（董事競業之禁止與公司歸入權）：「董事為自己或他人為屬於公司營業範圍內之行為，應對股東會說明其行為之重要內容，並取得其許可」。

[19] 公平交易法第19條第5款，以脅迫、利誘或其他不正常方法，獲取他人事業之產銷機密、交易相對人資料或其他有關技術秘密之行為。本款所稱之營業秘密，依公平交易委員會之見解至少必須具備二要件，(1)具秘密性，故如已經公開或為大眾所共知的知識或技術，即不屬於公平交易法第19條第5款所保護之客體，另事業（秘密所有人）對該秘密須有保密之意思並採取適當的保密措施，以防止他人獲知該項秘密之內容。(2)該秘密具有經濟價值：即擁有該秘密之事業，因該秘密的存在，而比其他競爭者具

定，就營業秘密保護之所有權主體，僅限於公平交易法第2條所稱之「事業」，如公司、獨資或合夥之工商行號、同業公會及其他提供商品或服務從事交易之人或團體，及第3條所稱與事業進行交易或成立交易之供給或需求者之「交易相對人」，而不及於單純從事研究發明之自然人[20]。

因此公平交易法規定之侵害類型顯然不足；公平交易法所保障者，僅係「事業」之營業秘密，所處罰者，亦係「事業」之侵害營業秘密行為（營業秘密法第2條），不構成「事業」之自然人的營業秘密不受公平交易法保障，侵害營業秘密之非「事業」自然人亦不受公平交易法規範，僅於公平交易法上對營業秘密特設保護規定，顯不足以達成維護公平競爭，商業道德等保護目的。

有關刑事罰與行政罰之規定，因以公平交易委員會對違法行為所為停止命令，作為刑事罰與行政罰之要件，對第一次侵害營業秘密之行為即未予以制裁，應非所宜[21]。至於保護客體，該條款以「產銷機密、交易相對人資料」為列舉保護對象，而以「其他有關技術秘密之行為」為概括保護事項，並未就營業秘密內容加以定義或界定範圍，就其文義解釋，應限定於「技術秘密」等相關事項方為保護範圍，如此則較後述營業秘密法保護範圍更為狹窄。

就侵害類型，僅將「不法獲取行為」列為處罰對象，至其他類型較不法獲取行為可責性更高、罪質較重之「不法洩漏行為」、「不當使用行為」卻未予以列入，構成該條款之處罰規定者，尚須有妨礙公平競爭之虞始足當之，故非為競爭目的之獲取技術秘密行為，應非該條所處罰之對象。不公平競爭行為，凡具有不公平競爭本質之行為，

有競爭力。認識公平交易法（增訂八版），頁186-187，民國90年8月。並請參閱馮震宇，論營業秘密法與競爭法之關係—兼論公平法第19條第1項第5款之適用，公平交易季刊四卷三期，頁1-38，民國85年3月。

[20] 請參閱徐玉玲著，營業秘密的保護，頁42-47、頁54，民國82年12月。

[21] 見公平交易法第36條與第41條規定。

如無法依公平法其他條文規定加以規範者，則可檢視有無該法第24條規定之適用。而所謂不公平競爭，係指行為具有商業競爭倫理之非難性，換言之，商業競爭行為違反社會倫理，或侵害以價格、品質、服務等效能競爭本質為中心之不公平競爭，故倘事業侵害營業秘密行為符合不公平競爭本質之規定者，公平交易委員會可透過案例及解釋，來補充同法第19條第5款規範之不足，惟目前並無相關案例可供參酌。

（四）刑法

違反營業秘密之保護，目前刑法法規上可以依洩漏工商秘密罪、洩漏電腦或相關設備秘密罪、竊盜罪、侵占罪或背信罪加以處罰，但洩漏營業秘密並無專章討論。針對依法令或契約有遵守因業務知悉或持有工商秘密之義務，而無故洩漏之者[22]，與公務員或曾任公務員之人，無故洩漏因職務知悉或持有他人之工商秘密者[23]。洩漏電腦或相關設備秘密罪，則規範無故洩漏因利用電腦或其他相關設備知悉或持有他人秘密者[24]，其他如刑法竊盜罪之行為客體，原則上為有體物，營業秘密如附著於有體物上，而為行為人不法竊得，始構成竊盜罪[25]，營業秘密如附著於有體物上，行為人意圖為自己或第三人之不法所有，而侵占自己持有該有體物者，構成侵占罪。如因公務、公益或業務而持有而侵占者，有加重處罰之規定[26]。

---

[22] 刑法第317條：「依法令或契約有守因業務知悉或持有工商秘密之義務，而無故洩漏之者，處1年以下有期徒刑、拘役或一千元以下罰金。」

[23] 刑法第318條：「公務員或曾任公務員之人，無故洩漏因職務知悉或持有他人之工商秘密者，處2年以下有期徒刑、拘役或二千元以下罰金。」

[24] 刑法第318條之1、第318條之2：「公務員或曾任公務員，無故洩漏因職務知悉或持有人他人之工商秘密者，處2年以下有期徒刑、拘役或二千元以下罰金。」

[25] 刑法第320條：「意圖為自己或第三人不法之所有，而竊取他人之動者者，為竊盜罪，處5年以下有期徒刑、拘役或五百元以下罰金。意圖為自己或第三人不法之利益，而竊佔他人之不動產者，依前項之規定處斷。」；第323條：「電能、熱能及其他能量，關於本章之罪，以動產論。」

[26] 刑法第335條至第338條。

　　再者如是藉為他人處理事務之便，意圖為自己或第三人之不法所有或損害本人之利益，而違背其任務之行為，致生損害於本人財產或其他利益者，構成背信罪。此種較易發生於受僱人藉職務之便，得悉公司秘密，而洩漏於競爭對手之情形[27]。

（五）缺點

1. **民法**：（1）依侵權行為法規做為救濟時，因「善良風俗」之意義不確定，並只能請求損壞賠償，無不作為請求權。（2）以契約責任請求須當事人間有契約關係。
2. **公司法**：無法限制離職後競業禁止之行為。
3. **公平交易法**：（1）公平法所保障者，僅係「事業」之營業秘密。不構成「事業」的營業秘密不受公平法保障。（2）刑事罰與行政罰之要件，對第一次侵害營業秘密之行為即未予以制裁。（3）保護客體，該條款以「產銷機密、交易相對人資料」為列舉保護對象，保護事項，並未就營業秘密內容加以定義或界定範圍，較營業秘密法保護範圍更為狹窄。（4）侵害類型，僅將「不法獲取行為」列為處罰對象。
4. **刑法**：（1）以竊盜罪、侵占罪處罰營業秘密之侵害行為，基於罪刑法定主義，許多具有重大惡性之行為，如員工未經公司同意，複製公司機密性之文件，似無法予以處罰。（2）如依洩漏工商秘密罪或背信罪、專利法等規定，則以具備一定之身分為行為主體，如未具備該身分者，除有共犯之情形，亦無處罰之依據，因此以刑事法規保護營業秘密，亦有不足。

---

[27] 刑法第342條：「為他人處理事務，意圖為自己或第三人不法之利益，或損害本人之利益，而為違背其任務之行為，致生損害於本人之財產或其他利益者，處5年以下有期徒刑、拘役或科或併科一千元以下罰金。」

參、美國法相關規定

　　美國法中，有已列於聯邦法典的法規，亦有由各州決定自行採用的州法。為保障營業秘密及防治經濟間諜，以下將說明法規內容與解決電腦化中營業秘密保障的適用疑義，以營業秘密及不正競爭、資訊自由及經濟間諜等部分分別析論之。

一、營業秘密及不正競爭

　　以下將就統一營業秘密法、美國不正競爭整編、侵權行為整編加以說明。

（一）統一營業秘密法

　　西元1996年美國經濟間諜法施行之前，彙整美國營業秘密法規為營業秘密法，美國律師協會（American Bar Association）於1966年擬具「統一營業秘密法」（Uniform Trade Secrets Act，簡稱UTSA）[28]。其後美國法律協會所成立的統一州法全國委員會會議（National Conference of Commissioners on Uniform State Laws）於1979年8月9日通過UTSA全文。

　　為提升對營業秘密及專有資訊的保障於聯邦位階，美國聯邦法規對營業秘密有成文法的相關規定[29]，並在西元1948年的6月成為營業秘密法（Trade Secrets Act，簡稱TSA），其後歷經修正，為保障私人營業秘密科處刑責的規定[30]。營業秘密法的保障對於如銀行金融資料，提供安全的保護，只可惜TSA並無法幫助當事人在民事程序上，禁止對

---

[28]　Uniform Trade Secrets Act, 14 U.L.A. 369 (1985 & Supp. 1989).

[29]　15 U.S.C. § 1776, 18 U.S.C. § 112, 19 U.S.C. § 1335.

[30]　18 U.S.C. § 1905 (2000), 本條文對於違法者可處以罰金或是1年以下有期徒刑。

方揭露相關資訊，此外，TSA保障的內容，實務上亦受到自由資訊法（the Freedom of Information Act，簡稱FOIA）的保護，TSA為營業秘密的保障提供了一個基本的模範立法，亦為受僱人或代理人遵守的典範[31]。

　　直到1980年以後，各州採用由美國律師協會擬定的「統一營業秘密法」[32]，至此美國各州已承認並保護營業秘密，但由於各州所持的理論依據有所不同，因此對於營業秘密保護尺度不一，而造成不少公司及產業的困擾。統一營業秘密法主要針對民事程序的救濟，至於侵害營業秘密而造成的實際損害，或是達到遏止營業秘密竊賊之犯意及犯行上，並無有效的遏止作用，統一營業秘密法是目前美國各州對於營業秘密最重要的立法參考依據[33]。

（二）不正競爭整編

　　不正競爭整編[34]中規定對於不當擁有營業秘密的責任，亦即自然人若從第三人處得到營業秘密，不論其知情或事先不知其為秘密之內容，依據不正競爭整編，並不對此自然人加以處罰，除非其明知或為惡意，自然人若是在不知情的情況下，或是無法得知其內容為營業秘密，則不負擔責任，直到被告知其為保密事項之範圍，並且在繼續使用的情況下才會被科予責任[35]。

---

[31] Jerry Cohen, *Federal Issues in Trade Secret Law*, 2 J. High Tech. L. 1 (2003).

[32] 葉茂林、蘇宏文、李旦合著，營業秘密保護戰術—實務及契約範例應用，頁29，民國84年5月初版。

[33] Brandon B. Cate, *Saforo & Associates, Inc. v. Porocel Corp.: The Failure of the Uniform Trade Secrets Act to Clarify the Doubtful and Confused Status of Common Law Trade Secret Principles*, 53 Ark. L. Rev. 687, 697-699 (2000); Robert Unikel, *Bridging the "Trade Secret" Gap: Protecting "Confidential Information" Not Rising to the Level of Trade Secrets*, 29 Loy. U. Chi. L. J. 841, 843 (1998).

[34] Restatement (Third) of Unfair Competition (1995).

[35] The Restatement (Third) of Unfair Competition and Potential Impact on Texas, at 5, http://www.utexas.edu/law/journals/tiplj/volumes/vo14iss3/meier.html (last visited 2003/8/6).

　　之前保障營業秘密或保密資訊可採用不公平競爭的理論,此理論
規定在侵權行為整編第759條[36],個人(自然人)為取得或知悉秘密資
訊而使用不正當手段或方法,為了謀取商業上利益,而課予當事人責
任之理論依據,重點乃在於取得及使用當事人財產,與當事人之使用
為競爭行為[37],立法目的乃為避免未經授權的竊取或是濫用,犯罪標的
並不一定為營業秘密。

　　西元1995年修正的不正競爭整編,將營業秘密視為一種可使用於
企業或經營管理上的資訊,且為有價值、具有秘密性的,並可提供他
人實際或潛在的經濟利益[38],當事人使用此類資訊的目的,主要為與競
爭者競爭,並不單純為自己創造利潤或營造商機而竊取或洩漏營業秘
密,如在同業間,為打擊競爭對手而竊取原料、成分、配方,乃至營
業方法、營運計畫、客戶名單……等相關資訊。

(三)美國侵權行為整編

　　如侵權行為整編在EEA通過之前,亦是美國實務界解決營業秘密
訟爭時主要法源之一。

　　侵權行為整編由美國法律學會(The American Law Institute)於西
元1939年完成,第三十六章第757條至第759條及註釋,規定營業秘密
之定義及侵害行為之態樣[39],因整編對於營業秘密之定義與侵害行為之

---

[36] Restatement (First) of Torts § 759 (1939) & § 759 cmt. b.

[37] Unikel, supra note 44, at 862-863.

[38] Restatement (third) of Unfair Competition 39 (1995).

[39] 依據整編第757條(Restatement of Torts, 757(1939))註釋B對於營業秘密之定義為:
「營業秘密可涵括任何配方、模型、設計或資料之編纂,且給予擁有該資訊者,較不
知或不使用之競爭者,獲得佔優勢之機會,它可以是一種化學混合物之配方;製造處
理與保存物料之方法;機械之模型或其他顧客名單,與其他營業秘密資訊不同,營業
秘密並非處理業務上單一或短暫之資訊,例如某一契約秘密投標之數額或其他條件、
特定受僱人之薪資、已為或預定將為之證券投資、宣佈1項新政策或推出新樣品之日
期。營業秘密,係事業經營上持續使用之程序或方法,其通常與商品之生產有關,例
如生產物品之機器或配方,然其亦可能涉及商品之銷售或其他事業之經營,諸如決定

說明，頗具參考價值。然而侵權行為法整編之缺點，乃因其係就早期案例法歸納而來，並於1939年完成，其規範內容過於抽象，無法配合快速變化的商業活動，因此，美國法律學會於1978年通過侵權行為整編之修改（Restatement of Torts, 2d, 1978）時，乃將上述有關營業秘密之規定予以刪除，雖然有關營業秘密規定已遭刪除，但法院仍不時加以引用，極具有法理之價值[40]。

以往統轄有關營業秘密糾紛的問題，如前述UTSA及不正競爭法，最常被運用的則是侵權行為整編，歷經數次修正，目前條文對營業秘密的定義雖和以往不同，但仍包括任何與個人或企業擁有的製程、方法、裝置、配方……等資訊，並因此使其較競爭對手增加優勢[41]，雖然美國法律學會在西元1992年針對智慧財產權的會議中，曾經有提案關於制定聯邦營業秘密法規[42]，然而未被採行。

（四）小結

1. 截至目前為止，已有四十二個州和哥倫比亞特區以之為本架構[43]，制定其州營業秘密法，但統一營業秘密法和各州營業秘密

價格表或目錄上折扣或其他讓步之代碼、特殊化顧客名單、簿記或其他辦公室管理方法」。林嘉彬，營業秘密之概念及其侵害行為類型之研究，輔仁大學法律學研究所碩士論文，頁53-54，民國83年7月。

[40] 馮震宇，了解營業秘密法-營業秘密的理論與實務，頁309，民國86年。

[41] Restatement (first) of Torts, 757 cm. b (1982).

[42] 此會議於西元1992年於舊金山舉行，Annul Report, 1992-93 A.B.A. SEC. IPL 300-09, 在此會議之前規範營業秘密立法的步驟極慢，即使在聯邦相關規範數個領域中有類似的規範，仍無法有效解決經濟間諜之相關問題。其他如Communications Assistance for Law Enforcement Act, Pub. L. No. 103-414, 108 Stat. 4279 (1994), codified in 47 U.S.C.1001 (2000) Foreign Intelligence Surveillance Act, 50 U.S.C.1802 (2000) Homeland Security Act, Pub. L. No. 107-296 (2002); Invention Secrecy Act, 35 U.S.C.181 (2000).

[43] 林慧玲，美國經濟間諜法之研析—兼述我業者因應之對策，私立東海大學法律學研究所碩士論文，頁15，民國89年6月；超過四十州採納UTSA，其他州仍依循美國法律學會（American Law Institute）所編撰的「不公平競爭法令」及「侵權行為法」。

法在處理侵害案件仍存在若干困境,例如無法有效遏止跨州竊取營業秘密行為[44]及外國經濟間諜行為[45],對經濟間諜犯如無刑責處罰,無法杜絕其犯行[46]。

2. 不正競爭整編適用於對原告產生不公平競爭的結果時。

3. Restatement of Torts雖然西元1939年定義營業秘密的條文不復存在,然其內容至今仍為美國實務界經常引用,其優點:定義明確、合理,適用時不易混淆。

二、資訊自由

資訊的自由使用與交換是人民的基本權利,然而防止營業秘密洩漏,勢必對資訊自由有所限制,以下將分析電子通訊隱私法、資訊自由法、安全及電子簽章標準之內容,俾能瞭解法規規範之立法功能及目的。

---

[44] 本節第2項將介紹贓物運送及詐欺相關法令,其中尤以1934年跨州贓物運送法加以規範,然該法規範客體針對有體物之「財產」,無法規範如營業秘密之無體財產權。

[45] UTSA為美國聯邦法規,因其特質僅為各州可參酌之模範立法,亦僅限美國境內之營業秘密相關行為,若針對犯罪行為人為外國人或組織時,無法加以約束,國際司法則又涉及管轄權(territory)的問題。

[46] EEA剝奪行為人自由及財產,且處罰陰謀犯,相較於UTSA可謂嚴刑重罰,加上EEA由國會立法通過為聯邦法,位階高自然可取代UTSA,無法涵括外國經濟罪犯及法律執行力的問題,EEA規範營業秘密主要仍承襲UTSA定義,如保持資訊之秘密性,及為維持其秘密性必須付出相當努力,且資訊具有被保護之存在價值,比起UTSA,EEA的定義更為寬廣。Unif. Trade Secrets Act, 1(4), 14 U.L.A. 433, 438 (1985) (using language similar to subsections (A) and (B), and providing as examples "a formula, pattern, compilation, program, device, method, technique, or process"), UTSA對營業秘密的定義較固定,EEA則以概括性的定義,亦即包含的客體較為寬廣。

（一）電子通訊隱私法

本法[47]包含電子或以無線電傳達訊息[48]，即任何經由有線、無線或其他以主機、終端機（接收器）所為之通訊，不只是美國國內跨州（interstate），及由外國通訊而影響到之國內通訊，甚至與美國有關發生於國外之商業行為。

西元1986年國會通過本法，並規定於民事法典第十八編，為幫助調查犯罪行為，而非針對相關電腦犯罪行為的處罰工具，協助偵查任何有意及未經授權儲存電子資訊通訊方式，但無法起訴未經授權的電腦駭客行為，或是其他利用電腦網路系統行為的犯罪態樣[49]。

藉由通訊媒體發達及現代科技工具之盛行，人與人之間的連繫管道，尤其透過電子器材更形快速[50]，ECPA使製造、分配、擁有、廣告、買賣或運送，任何利用電子配制設備，影響或干擾當事人通訊之監視行為，成為聯邦罪刑[51]。

（二）資訊自由法

西元1950年至1960年間因為資訊傳遞迅速，使得政府部門暨國會

---

[47] Electronic Communications Privacy Act (ECPA). Pub. L. No 99-508, 100 Stat. 1848 (1986).

[48] 根據美國民事法典，所謂電子通訊乃包括任何符號、訊號、文字、圖像、聲音、資料或是其他思想的表達，而一部或全部經由無線電通訊、收音機、電子圖像而在美國本土或外國商務上之運用，違反此項規定者，便違背ECPA的規定。*Electronic Communications Privacy Act, Legislation,* http://leagl.web.aol.com/resources/legialtion/ecpa.html (last visited 2003/8/17).

[49] Id.

[50] 早期規範新科技通訊之法令為1968年通過—the Omnibus Crime Control and Safe Streets Act (OCCSSA); Pub. L. No. 90-351, 82 Stat. 197 (1968)，其中第三篇為Ecpa（Sec. 605）對於違法錄音亦構成聯邦罪刑（18 U.S.C. §§1510, 2510-2522, 2701-2709, 3121-3126 (2000)），對於政府的必要行為有除外規定，本法立法背景亦為維護憲法第四增修條文的決議（the Fourth Amendment），ECPA禁止利用通訊或是口語連繫，但若經過雙方合意的洩漏則不在此限。

[51] 18 U.S.C. 2511(1)(2000).

議員認為有通過資訊自由法（Freedom of Information Act，簡稱FOIA）
的必要。

　　本法於西元1966年制定後經過數次修正[52]，使聯邦政府較易揭露及
取得資訊，並可節省花費。依據本法，為保障資訊自由，較不在意請
求權人為誰，而對不能揭露的相關訊息有8項的例外[53]；第4項與營業秘
密有關，其中對營業秘密定義比UTSA更為狹窄，有限度保障商業或財
務資訊，FOIA希望代理人取得資訊時有相關的限制，但仍希望給予合
理的保障，包括運用在司法程序上時。

　　根據美國資訊自由法的規定，原則上聯邦政府機構在人民依法申
請的情況下，必須將其保管或所有之相關資料提供予申請人，不過，
如果申請查閱之資料，係屬「營業秘密、商業或金融資訊，且該資料
係由個人提供，依法享有特權或屬機密性者[54]」，則不強制聯邦機構將
其公開。聯邦機構可依其職權決定是否提供該等營業秘密或機密性資
訊予申請人，由於資訊自由法中，並未詳細規定公開機密性資訊前是
否應通知原資訊提供者，為此雷根總統乃於西元1987年發布1項行政命
令[55]，就聯邦機構於公開前應踐行之通知程序詳加規定。

（三）電腦詐欺及濫用法

　　電腦詐欺及濫用法（The Computer Fraud and Abuse Act[56]，簡稱

---

[52]　FOIA, Pub. L. No. 89-559, 80 Stat. 383 (1966) codified in 5 U.S.C. 552 (2000).

[53]　依據本法，聯邦政府機構在本法規定有9項例外，可拒絕人民請求資訊的權利，而這
　　些資訊多半與營業秘密的保護，或避免造成不正當競爭有關。United States Department
　　of Justice, http://www.usdoj.gov/04foia/index.html (last visited 2003/8/17).

[54]　原文為"trade secrets and commercial or financial information obtained from a person and
　　privileged or confidential".

[55]　此命令乃美國總統就公開機密性商業資料之程序發布之行政命令（President's Order
　　on Disclosure of Confidential Commercial Information），本號命令（Executive Order
　　12600）於西元1987年6月23日發布，內容頗多，而說明深具參考價值。

[56]　The Computer Fraud and Abuse Act 18 U.S.C. 1030 (2000).

「CFAA」）有關於電腦及網際網路的保護，為針對使用電腦或網路犯罪而科以刑責的規定，特別對於惡意的詐欺行為，有別於保障電子資訊的隱私權，對於保存於實體電腦中的資料，亦視為附帶產品而加以保障[57]。

　　西元1984年國會通過CFAA，就未經授權使用電腦取得財務資訊等秘密之行為科予刑責，所謂資訊，包括顧客的信用額度，或是防禦系統上的相關資訊，皆構成犯罪的客體。CFAA立法後，使用電腦詐欺或侵權行為形成跨州間貿易買賣，聯邦刑責規範態樣[58]。CFAA是第一宗防禦電子商務及金融機構犯罪型態之法案，但不包括日益增多的電腦商業間諜[59]。

　　本法使得利用電腦詐欺或濫用的行為成為聯邦的罪刑，依據本法可要求民事損害賠償，CFAA使未經授權或是越權進入電腦成為違法的行為[60]，實務上對本法的需求十分明顯，近年來網路駭客透過電腦硬體儲存資料，如電腦駭客進入儲存有關美國運通卡（American Express）及萬事達卡（Visa and MasterCard）八百萬客戶的電腦中竊取資料[61]，對業者造成莫大威脅。

　　本法於西元1994年修正，針對竊取聯邦電腦資訊營利或詐欺行為，即未得到授權或越權而進入連接器，或蓄意破壞電腦程式、資訊、密碼或提示，傷害電腦內容儲存相關資料的活動。CFAA使聯邦

---

[57] David B. Fein and Mark W. Heaphy, *Companies Have Options When Systems Hacked Same technologies that empower corporations can expose vital proprietary information*, 27 Conn. L. Trib. 5 (Oct. 15, 2001).

[58] Id.

[59] 事實上，除此之外，商業間諜遍佈於各種企業及工業。Id.

[60] Computer Fraud and Abuse Act, Pub. L. No. 98-473, 98 Stat. 2190 (1984) (as codified in 18 U.S.C. 1030 (2000)).

[61] Fred katayama, *Hacker hits up to 8M credit cards, Secret Service and FBI probe security breach of Visa, MasterCard, Amex and Discover card accounts*, CNN MONEY, http://money.cnn.com/2003/02/18/technology/creditcards/ (2003/2/27).

政府起訴電腦犯罪，或不經過授權利用電腦為工具，藉此獲取他人機密、財務、客戶相關資料，CFAA使其利用電腦從事詐欺或侵入行為，無論於各州內或跨州，特別針對電子商務事業，且利用電腦從事經濟間諜行為者，予以有效制裁[62]。

（四）小結

1. ECPA限制使用電子通訊方式而涉及妨礙他人隱私之行為，不限美國本土或外國商務之使用，但必須經由無線電通訊、收音機或電子頻道。

2. FOIA為使聯邦政府於揭露及取得資料，能降低取得時效及其成本，且為針對美國國內取得資訊行為態樣之立法目的。

3. CFAA限定使用電腦或網路犯罪的行為，為保障電子資訊的隱私權。

三、經濟間諜

西元1996年經濟間諜法（the Economic Espionage Act of 1996，簡

---

[62] Mark A. Rush and Lucas G. Paglia, *Preventing, Investigating and Prosecuting Computer Attacks and E-Commerce Crimes: Public/Private Initiatives and Other Federal Resources*, 15 Del. Corp. Litig. Rep (2001/8/20), http://web.lesis-nexis.com/universe/document?_m=7 0171472bb9abc9b4468981d4b811964 (last visited 2003/6/15); 關於CFAA的介紹請參閱 William H. Jordan, *Cyber-Attacks, Information Theft, and the Online Shakedown: Preparing for and Responding to Intrusions of Computer Systems*, 6 Electronic Banking Law & Commerce Report 1, (Oct. 2001), http://web.lexis-nexis.com/universe /document?_m=9b4 f67f393b1befef9419aea61160f6a (last visited 2003/6/15); Marc J. Zwillinger, *Developing A Computer Policy Framework: What GCs Should Know*, 16 The Corp Counsellor 5 (Aug. 2001), http://web.lexis-nexis. Com/universe/document?_m=26c6bd36f89535f61dd53c7394c 26add (last visited 2003/6/15).

稱EEA）[63]，EEA使美國保護營業秘密邁向國際化，除針對美國境內之
犯罪行為外，亦追訴美國領域外犯罪行為，刑罰處罰針對經濟間諜活
動及竊取營業秘密罪兩種[64]。網際網路的盛行，使得資訊傳播無遠弗
屆，亦成為洩漏營業秘密最佳利用工具，因為既存的聯邦法規無法有
效保障高科技領域中竊取營業秘密的行為，以往企業遭受損失惟有經
由民事訴訟請求賠償[65]，美國政府對竊取營業秘密之行為人採取嚴厲的
刑責處罰，EEA通過前，各州州法保護營業秘密各自為政，雖依循聯
邦「跨州贓物運送法」（Interstate Transportation of Stolen Property Act
of 1934，簡稱ITSP），然因智慧財產權無法構成該法定義中的[66]「貨
物」。該法在西元1930年初期，為避免罪犯運送贓物於州際間，而以
聯邦法規凌駕區域性及州法之執行力，規範限定貨物、有體物或商品
的買賣，但因不包括被偷竊的「資訊」，導致該法對起訴聯邦經濟間
諜並無實益[67]。

---

[63] 18 U.S.C. §§1831-1839.

[64] R. Mark Halligan, *The Economic Espionage Act of 1996: The Theft of Trade Secrets is Now a Federal Crime*, http://execpc.com/~mhalligan/crime.html (last visited 2000/8/28).

[65] 美國國內的贓物法規（the National Stolen Property Act）在西元1934年由國會通過立法，本法主要是避免經由汽車運送贓物，但是政府必須要證明本法中的贓物乃是貨物、貨品或有體物（goods, wares or merchandise），而且還必須要證明被偷竊或是經由詐騙而為的運送（stolen, converted or taken by fraud）。

[66] 18 U.S.C. §2314. 冷戰結束後，敏感的企業情報和先進科技情報所遭受的威脅大幅提升，因為外國政府，不論是敵是友，都將間諜活動的資源從軍事和政治目標轉向商業目標。請參見美國商業機密被竊案例，詳文請見http://www.moeacnc.gov.tw/CNCJ/CNCJ0603-9006.html（上網日期：民國91年4月20日）。

[67] Caryl Ben Basat, *the Economic Espionage Act of 1996*, 31 Int'l Law. 245 (1997), http://web.lexis-nexis.com/universe/document?_m (last visited 2007/10/01). 該法對保護客體有金額之限制，依據第2314條條文內容，成立之要件有四：1.以竊盜、詐欺或傳輸等方式取得物品；2.被告不法傳送該竊取之貨物、商品或物品，且越過州際；3.竊取物之價值必須在美金五千元以上；4.被告明知其為不法，經濟間諜法有別於此，並不要求該行為客體必有五千美元以上之價值；多數司法機關之判決認為此法適用對象僅限於有體物，不及於無法附著於形體之商業資訊。各州法律亦難以有效保護營業秘密，因為各

　　多數州雖然有針對不當洩漏營業秘密，得請求損害賠償為規定，然而無法限制當事人繳完罰金後不得繼續使用，或在繳罰金前已從使用得到莫大的利益，營業秘密的特質一旦公開即不再成為秘密，無從彌補當事人的損失，因此，ITSP實在無法解決經濟間諜存在的現象。以下將自EEA的規範內容探討經濟間諜行為及其罰則。

（一）經濟間諜行為

　　EEA立法前並未有刑事處罰，多數經濟間諜造成損害的案件僅能經由民事訴訟得到賠償[68]，如此無法避免未來犯罪行為人再度觸法，並杜絕此種不見容於社會的剽竊行為[69]。因為刑事及民事法規賠償結果不同[70]，民事法規僅能對於已發生的問題而給予金錢損害賠償，刑事法規則希望在犯罪發生之前，避免犯罪的產生，藉以改正行為人不當的行為，為達成前述目的，EEA不但加強刑責，同時在條文第1條及第2條[71]即明文規定經濟間諜行為。規範經濟間諜行為之行為人、行為態樣及內容，包括外國政府所支持之經濟間諜活動及美國國內營業秘密竊取

州檢警單位無足夠資源執行保護，並非各州對於營業秘密之侵害均定有刑罰規定，因此，各州難以貫徹執行跨州或國際性的侵害。章忠信，經濟間諜法簡介，民國91年2月20日，http://www.copyrightnote.org/crnote/bbs.php?board=8&act=read&id=10（上網日期：民國96年8月12日）。

[68] 企業通常有二種作法，進行民事賠償程序時，首先多數公司運用「競業禁止條款」、「保密契約」約束受僱人。David Cathcart, *Contracts with Employees: Covenants Not To Compete and Trade Secrets*, 36 Ali-Aba 87, 100 (1997). 而當違反此類合約時，公司可以違反契約或破壞忠實義務（fiduciary duty），針對受僱人提出違反保密義務的訴訟；其次，公司亦可選擇不當使用營業秘密，而在各州的侵權行為法下提起訴訟，目前已超過四十州採行美國統一營業秘密法（UTSA），因此公司可請求民事禁制令或金錢上的損害賠償，此乃一般民事訴訟的優勢。Jonathan Band, *The Economic Espionage Act: Its Application in Year One*, Corp. Couns., at 1 (Nov. 1997).

[69] Kenneth Mann, *Punitive Civil Sanctions: The Middleground Between Criminal and Civil Law*, 101 Yale L.J. 1795, (1992).

[70] Id.

[71] 規定於EEA第1條（18 U.S.C. §1831）及第2條（18 U.S.C. §1832）。

行為。

　　行為人竊取營業秘密時，必須明知或可得而知，所竊取之秘密為具有專屬性的私有資訊不能公開[72]，至於所圖利的對象是自己或他人在所不論[73]。EEA不保障過失或非故意的洩漏機密，為避免競爭對手以充分的資金或資源提供內部人員，而竊取該公司或機關的重要文件、資訊或營業秘密，EEA第1條中所謂的外國政府及外國機構，包括任何外國政府的官方單位、研究單位，或其他由外國政府在幕後支持，而以營利社團法人或一般財團法人身分成立的組織。我國雖然與美國無正式外交關係，然而我駐美代表處的人員，仍可被定位為外國政府之代理人，而適用EEA第1條。

（二）竊取營業秘密

　　針對一般傳統性的經濟間諜，FBI調查時若發現並無外國政府支持，則可適用EEA第2條，即一般國內的商業機密竊取行為而加以偵查。EEA通過後，聯邦法規更能有效保障美國經濟間諜相關行為內涵，刑責處罰之原則性規定於EEA第1條的經濟間諜活動及EEA第2條的竊取營業秘密罪，禁止之例外則規定於第3條。

　　任何為所有人以外其他人之經濟利益，故意或意圖侵占相關或包括於州際或外國貿易所製造或儲存之營業秘密商品，企業之間的營業秘密竊盜行為動機，皆以經濟利益為主。犯罪行為固為法所不容，惟不如外國經濟間諜般影響國家安全，國會立法時特別要求檢察官對於國內之營業秘密竊盜案件，必須能證明被告不但有獲取經濟利益的企圖，並能實際獲得利益。

　　對於觸犯「經濟間諜」（Economic Espionage）罪，任何人意圖

---

[72]　18 U.S.C. § 1831 (a).

[73]　Pamela B. Stuart, *The Criminalization of Trade Secret Theft: The Economic Espionage Act of 1996*, 4 ILSA J. Int'l & Lonp. L. 374, 381 (1998).

或知曉侵犯行為將裨益任何外國政府或機構[74]，即經濟利益（economic benefit）上的要件，不必涉及任何形式的商品，即使是策略應用上的優勢，或是任何對外國組織有利的行為，皆可依EEA第1條加以處罰[75]；第2條竊取營業秘密罪[76]必須包括商品在內，第2條的起訴標準較高，因國會立法目的為遏阻外國政府所支持，嚴重影響美國經濟，進而危害美國國家安全之經濟間諜活動，相較於傳統的國內營業秘密竊盜行為，無論被告為美國籍或外國籍之個人或企業，對於美國之損害較不構成威脅性。

（三）效果

美國於西元1996年制定經濟間諜法，不但符合世界潮流[77]，同時也為其他國家之營業秘密保障，提供一個立法上之模範，同時更加確立美國政府維護其企業經濟利益之主張，以下將探討EEA之執行產生之實益及效果。

隨著工商社會競爭日趨激烈，資訊技術的取得成為產業決勝的關鍵，各國諜報工作逐漸轉移於竊取美國經濟機密，盜用無體智慧財產權，損害美國國家經濟利益，既有之聯邦法規無法有效懲處經濟間

---

[74] 18 U.S.C. §§1831&1839.

[75] H.R. Rep. No. 104-788, at 11 (1996).

[76] 18 U.S.C. §1832.

[77] 西元1992年12月17日，美國、加拿大及墨西哥制定了「北美自由貿易協定」（the North American Free Trade Agreement，簡稱「NAFTA」），NAFTA以美國的營業秘密法為主，遵循美國營業秘密法的規定；後於1994年4月15日主要的工業國家，包括美國，將烏拉圭回合談判作成了「GATT協定」（General Agreement on Tariffs and Trade，簡稱「GATT」），GATT建立世界貿易組織（the World Trade Organization，簡稱「WTO」），並且制定「與貿易有關之智慧財產權」協定（the Trade-Related Aspects of Intellectual Property Rights，簡稱「TRIPs協定」），TRIPs協定對於「未經揭露之資訊」（undisclosed information）加以界定，同時認為此類資訊必須有商業價值與秘密性才值得受保護。

諜，因此EEA被認為是提供聯邦政府解決此類問題的絕佳武器[78]，美國聯邦政府藉由EEA之立法，阻止外國政府或機構以不正當手段取得美國商業機密，尤其是高科技機密[79]，因此對涉及「圖利」外國機構

---

[78] 以參議院而言，EEA立法交由特定情報委員會（the Select Committee on Intelligence）及防治恐怖份子科技及政府資訊小組（the Judiciary Subcommittee on Terrorism, Technology and Government Information），眾議院方面則由司法委員會下的犯罪小組（the Subcommittee on Crime of the Judiciary Committee）負責，聽證會過程中被邀請來作證的成員，並不限於智慧財產權方面的專家，回顧當年的文獻，最常被引用的反而是當時的聯邦調查局（S. Rep. No. 104-359, at 5 (1996); H.R. Rep. No. 104-788, at 14-16 (1996)局長Louis J. Freeh的證詞。

[79] EEA之後美國眾議員Tom Davis等人於西元2001年7月10日提出H.R.2435法案，即「網路安全性資訊法」（Cyber Security Information Act），本法立法目的為解決網路安全，實務結果測試及保護樞紐（關鍵性）基礎設施（critical infrastructure）……等相關網路資訊保全問題，進而使資訊揭露或交換獲得安全與保護。有鑑於電腦系統、軟體程式與其他資訊相關設施對於市場交易運作、消費者與產品、政府服務與國防安全之重要性，並能保護電子商務系統與產品免受其他國家之不正當打擊，避免網路濫用，電腦駭客猖獗，美國國家與全球利益，且提升政府與民間產業防衛資訊安全的能力，因此，經美國眾議員數人聯合提出本法案，明示本法之立法目的為：促進網路安全，保護資訊揭露與交換，協助民間企業與政府，在反應資訊安全性問題時，有良好迅速的互動，減輕跨州商務負擔，保障網路系統之正當使用人之權利，並強化資訊共享之隱私與秘密性。陳思廷，美國眾議院議員提出「網路安全性資訊法」（Cyber Security Information Act）法案，詳文請見http://stlc.iii.org.tw/tlnews（上網日期：民國96年8月12日）。所謂安全資訊，依據資訊自由法（Freedom of Information Act，簡稱「FOIA」）（U.S.C. Sec.552(a)），乃有限度的豁免其揭露義務，原則上聯邦政府機構在人民依法申請時，必須將所保管之相關資料提供給申請人，惟申請人申請查閱的資料係屬營業秘密、商業或金融資訊時則不在此限。網路安全資訊法主要為保護系統或樞紐基礎設施相關資訊，被干擾、無權使用或其他影響美國跨州商務（interstate commerce）運作的網路使用，此法確認政府應與民間產業、私人部門共同達成保護措施。事實上，美國政府已呼籲針對各樞紐基礎設施，由聯邦單位與私部門人員共同組成「資訊共享與分析中心」（Information Sharing and Analysis Centers，簡稱「ISACs」），共同合作確保資訊安全。陳思廷，同註。電腦駭客與網際網路的運用，造成營業秘密洩漏的速度及管道，十分迅速而且難以掌控，因此本法能促進保障資訊安全，尤其是保密資訊的揭露與交換，有合理化的限制及法源依據。

（instrumentality）或外國代理人的經濟間諜行為懲處最為嚴峻。

EEA對於國家政府所從事的合法行為或是經由合法授權者並不違反經濟間諜法，只要該等政治實體就相關違反行為或任何美國政府、州政府，或州政府行政單位，涉嫌違反本法之情形經合法授權者；EEA並不禁止任何其他美國政府、州政府，或州政府行政單位所從事之合法活動。

聯邦政府發現美國企業因為智慧財產權的被盜用蒙受嚴重損失，以往無論以契約不履行、不正當競爭、侵權行為或統一營業秘密法，僅能對侵害人請求民事上損害賠償，而無特別的民事懲罰規定，如今以EEA第1條為例，處罰個人及公司團體的刑責，高達美金1,000萬元的罰金，對於遏止不當使用及洩漏的情形既能有效遏止，當能維護國家經濟利益。

以往營業秘密的濫用，因缺乏一套針對經濟間諜的營業秘密法規，因此遇到外國商業間諜時，美國企業極難保障自身權益[80]。營業秘密的洩漏對形成智慧資產及各種規模的企業都造成威脅，美國聯邦調查局和美國商會建立工商業防範間諜威脅的制度，並制定打擊經濟間諜的措施，成立美國商業與聯邦調查局集中資訊交流中心，同時與海外的所有商會合作，鼓吹全國共同打擊竊盜智慧財產權，不遺餘力。

---

[80] 立法者發現制定EEA過程，最主要為保護既存的智財權價值，而非提供一個具有開創性或是原創性的工作環境，立法者並無法考慮到鼓勵創造發明的方向，保護目前既存的智慧財產，雖然以防禦的角度出發而避免營業秘密的洩漏，實際上若有法規加以限制，對於未來研發的方向亦提供了更好的藍圖。Rochelle Cooper Dreyfuss, *How Well Should We Be Allowed To Hide Them? The Economic Espionage Act of 1996*, 9 Fordham Intell. Prop. Media & Ent. L.J. 1, (1998).

肆、電腦化對營業秘密保障產生之影響

隨著電腦的運用，加上網際網路應用的多元發展，營業秘密的保障不若以往，商業機密被洩漏或竊取的機會與機率比起以往更加提高許多，因而造成的企業危機與利潤損失。相對地，一昧要求受僱人的保密義務或離職後任職的種種限制，亦抑制了受僱人離職後的發展與生計，如何在資訊普及電腦全面取代以往通訊、聯繫等角色的同時，又能合理維護營業秘密，將是本文以下討論的重點。

一、網路便利增加秘密資訊洩漏的管道

網際網路的發明使得資訊的流傳無遠弗屆，資訊化對營業秘密保障的影響，最重要的便是改變了資訊傳遞的內容（尤其數量）及速度，大量的重要資訊（數據、報告或表格、程式、配方……等），皆可在極短時間內喪失。因此，使受僱人能輕易連線或接觸到公司的核心資訊，當然對幫助業務的開展或新產品的產生或設計、發明等有極大優勢，然而考量與營業秘密喪失的損失比較，企業體必須衡量二者之間的得失。

教育員工使用網際網路時需留意：1.即使非工作時間於聊天室的交談，也要小心是否經過競爭商家設局的誘餌，使其在無意間洩漏機密資訊。2.電子郵件的傳遞，非常容易經由伺服器讀取回信或收信的內容或其備份，至於如何進入電子信箱亦藉由猜測其員工密碼即可做到[81]。3.使用無線網路要格外小心，相較起有線網路，無線網路在架設時成本較低廉，使用也較便利，然而因此又增加許多危機，因為有心截取資訊的第三人攔截無線網路的電波與通訊，更為方便[82]。

---

[81] Id. at 268-269.

[82] Id at 270.

（一）自網路取得資訊是否屬於「不正取得」

　　違反洩漏營業秘密，在網路被廣為運用且形成現代人之生活習慣前，要獲取營業秘密幾乎限定於有某種僱傭或忠實義務之雙方，受僱人或被委託人利用職務或工作之便利，使用不正當方法，以得到營業秘密，營業秘密的侵害一向以美國侵權法1939年版本規定的要件內容為依據[83]，則忠實義務（fiduciary duty）存在於有信任關係的一方對於位於支配或優勢地位的另一方寄予信任[84]；此外，在僱傭、委任、承攬……等關係，亦有可能因業務行為而獲知營業秘密，惟網路的使用改變營業秘密的管道，前述丙自網路獲悉資訊，應受美國第一憲法修正案保障下之資訊取得自由[85]，加州最高法院曾於DVD Copy Control Ass`n v. Banner[86]案中認為保障營業秘密，與維護憲法第一修正案保障的資訊自由並無衝突[87]，因此，對於網路上資訊，應有合法使用的權利。

　　若知悉秘密之人與秘密所有人問，並應無前述之僱傭關係或具備其他忠實義務及保密責任，則當事人受到憲法資訊自由的保障會更明顯[88]，如Motor Co. v. Lane案[89]中，被告經營有關於福特汽車及相關產品訊息的網站，某日被告收到來自匿名者的福特汽車機密資訊，並且承諾不洩漏，然而被告仍公布了部分訊息其網站，因其判斷資訊內容有關福特汽車產品性質，社會大眾應有知情的權利[90]，福特汽車請求法院

---

[83] See Restatement (First) of Torts § 757 cmt. a (1939)，已在前文中說明。

[84] 如律師和客戶、醫生和患者或信託人和受益人關係。Vincent R. Johnson 著，趙秀文、楊智傑譯，英美侵權法，頁204，五南圖書出版股份有限公司，2006年9月。

[85] Elisabeth A. Rowe, Saving Trade Secret Disclosures on the Internet Through Sequential Preservation, 42 Wake Forest L. Rev. 24 (spring 2007).

[86] 75 P.3d at 19.

[87] Id. at 10 n.5.

[88] Rowe, supra note, at 25.

[89] 67 F. Supp. 2d 745 (E.D. Mich. 1999).

[90] Id. at 747.

制止被告之行為，最終本案法院雖認同被告行為影響福特汽車公司利益，然而係爭文件資料之重要性，不足以影響法院維護憲法第一修正案的決定，因此，並未頒布禁制令，阻止被告的行為。

（二）一旦上網公布販賣即喪失其秘密性

電腦公司對其產品研發，推展乃至上市計劃，產品的硬體結構、軟體程式原始碼，皆以保障公司營業秘密的型態為之，惟當不法員工將其資訊上網公布販售，即使為時極短，此公司因其資訊內容已喪失其秘密性，反而無法再以營業秘密的方式請求救濟[91]，資訊化時代，上述情形絕非偶發，以Religious Technology Center v. Lerma[92]為例，離職員工將原告（the Church of Scientology，簡稱 the Church）擁有之機密文件，發表於網際網路上，原告（the Church）控告侵害其營業秘密，也控告華盛頓郵報刊登相關內容[93]。

資訊內容一旦曝光，便不符合營業秘密的要件規範，Church案中法院判決認為係爭內容並非營業秘密，即使原告已盡力維持其秘密性[94]，仍因資訊內容被公開，而做出有利於被告的判決[95]；另外關於同樣洩漏教會組織秘密的案件為Religious Tech. Ctr. v. Netcom On-Line Commc'n Servs. Inc.案[96]，即使在統一營業秘密法[97]保障營業秘密的規範下，原告已符合保障秘密資訊的要件，如將係爭機密宗教文件上鎖，加裝識別密碼及電子感應裝置，警鈴設備、保全人員……等，並要求接觸文件的人員簽署保密契約，然而經過被告將係爭文件內容於網路

---

[91] 類似案例如United States v. Genovese, 409 F. Supp. 2d 253 (S.D.N.Y. 2005)

[92] 908 F. Supp. 1362 (E.D.Va. 1995).

[93] Id. at 1365.

[94] Id.

[95] Id. at 1368-69.

[96] 923 F. Supp. 1231, 1253-54 (N.D. Cal. 1995)，以下稱為Netcom I.

[97] Uniform Trade Secrets Act，簡稱UTSA.

上公布後[98]，一般不特定的大眾皆可獲得相關資訊，因此失去頒發禁制令給原告的必要，即對原告而言，無法主張該營業秘密之內容仍有其秘密性[99]。

本案判決後經過六個月，教會組織根據消費者問卷調查（consumer surveys）證明前述文件資料並未被大眾所知悉[100]，法院並不認同此份調查的有效性與關聯性，因為問卷調查的對象為一般大眾（genenal public），而非教會組織的競爭者，一般大眾知情的教會資料並不會對教會本身造成阻力，因此知情與否並非關鍵，然而營業秘密被競爭對手知悉，產生對原告的重大威脅，審理法院因此案再度思考，之前的判決結果是否忽略秘密所有人之利益，不利於受害人，反而保障知悉秘密資訊的競爭者，因此法院最終仍給予原告禁止被告再公布其文件資訊的禁制令。

United States v. Genovese一案中，被告Genovese 於網路販售微軟公司的程式碼，因此被控違反西元1996年美國經濟間諜法（EEA），被告則抗辯如此定罪侵害其受美國憲法第一修正案所保障的言論自由[101]，法院判決第一修正案保障人民的言論自由及電腦程式，然而不能保障以此謀取個人經濟利益的行為，被告認為微軟公司應未善盡合理努力保障其營業秘密，且未使一般大眾皆能獲知其程式。

放置於網路上的資料，是否造成營業秘密所有人營業秘密之公開及權益受損？以下針對網路特性探討營業秘密之要件有否受損，若影響要件成立，則將資訊公布於網路的行為人，侵害營業秘密所有人之權利，此外，與侵害行為無涉的第三人，若自網路知悉係爭秘密資訊，當使用或造成所有人損害時，所有人可否向其請求救濟？如甲公

---

[98] Netcom I, 923 F. Supp. at 1256.

[99] Id. at 1256-57.

[100] Religious Tech. Ctr. v. Netcom On-Line Commc'n Servs., Inc.（以下稱為Netcom II），No. C-95-20091 (N.D. Cal. Jan. 3, 1997).

[101] Genovese, 409 F. Supp. 2d at 254-256(S.D.N.Y.2005).

司之營業秘密,遭乙公布張貼於網路,而運用此資訊形成甲損害的是第三人丙,西元2006年於加州曾有案例,將某公司的秘密資訊刊登於報紙或雜誌的記者與編輯,皆因洩漏營業秘密而負擔侵害責任[102],前文所述美國統一營業秘密法對「不當使用」的定義中,甲對乙、丙皆可提出損害賠償的請求[103],然而乙洩漏秘密的方式非經由報導,而是張貼於網路上,形成任何人皆可進入的公共空間(public domain),甲仍可對丙請求賠償嗎?[104]

在the Religious Technology Center案中,係爭秘密資訊被貼上網路十天,是否構成該資訊內容易於為一般大眾接觸且知悉[105],該案審理法院的見解是肯定的,網路空間已成為大眾可輕易進入的公共空間,網路上的資訊內容當然不能再維持其秘密性,同樣與網路行為相關的另個案件法官見解亦同[106]。因此,資訊是否可為一般大眾輕易獲知,洩漏秘密或獲取機密者是否運用不法手段或不正當方法,第三人得知資訊內容是否惡意或明知其為秘密資訊,而仍刻意為之;若非網路駭客,僅單純使用搜尋引擎獲取資訊,則其獲取資訊之管道與方法非違法取得,自然不構成對營業秘密的侵害,同時也收到美國憲法第一修正案對資訊公開的保障[107]。

---

[102] See O'Grady v. Superior Court, 44 Cal. Rptr, 3d 72, 98 (Ct. App. 2006).

[103] Unif. Trade Secrets Act § 1 (2) (amended 1985), 14 U.L.A. 537 (2005).

[104] 早期判決傾向於若非故意使用不法手段,則第三人不需負責。See Lockridge v. Tweco Prods., Inc., 497 P. 2d 131, 134-35 (Kan. 1972) quoting Underwater Storage, Inc. v. U.S. Rubber Co., 371 F.2d 950, 955 (D.C.Cir.1966).

[105] Religious Techs. Ctr. v. Lerma, 908 F. Supp 1362, 1368 (E.D.Va. 1995).

[106] Religious Tech. Ctr. v Netcom On-Line Commc`n Servs., Inc., No. C-95-20091 RMW, 1997 U.S. Dist. LEXIS 23572, at 40-41 (N.O. Cal. Jan.3, 1997).

[107] See DVD Copy Control Ass`n v. Bunner, 75 P. 3d 10 n.5 (Cal. 2003).

二、提高人事教育與保全成本

　　洩漏或竊取秘密資訊的主體為「人」，因此，只有加強對受僱人（員工）本身的道德感，提升其職場倫理標準，並且時時給予機會教育與訓練，亦即從基本觀念導正使用者的態度，相對地，希望員工多盡心力，企業體所提供的工作環境與氣氛，包括待遇、福利都必須相對提高，建議：1.無論是公開的會議、演講，使員工瞭解企業的重視，能建立僱傭雙方間的誠信關係，或以防火牆、留言板、公司網站最新消息……等，使員工也能得到書面的文字訊息，或發行刊物、報紙、通訊……等，使員工可交換心得，確實清楚公司的訊息與要求。2.成立法務部門，強調公司重視智慧財產權，及保障權益的決心，同時，可委託專人進行監控與管理（當然必須在合理的利潤考量下，包括保全的設置，一定是公司有值得維護的利益[108]，且超過必須支出的成本才合理）。3.增加對防止駭客侵入的反解碼系統或裝置，雖然成本會提高，然而可達成的功效顯著，或聘請電腦、資訊方面專家或成立相關部門，負責此項資訊保全或防範、查緝的工作。4.加強一般性的保全工作，但建議外包保全公司時，要嚴防「監守自盜」情事發生，特別是離職的保全人員利用任職期間所知悉的資料，侵入公司內部或資料庫，因此防止保全人員離職後的資訊及安全維護更形重要。

---

[108] 惠普再告宏碁侵權，提出省電控溫等5項技術侵犯專利，要求禁止部分宏碁電腦輸美，並支付現金賠償。全球最大個人電腦製造商惠普公司（HP），再度控告臺灣宏碁電腦公司（Acer）侵犯5項電腦專利，並向美國國際貿易委員會（ITC）申訴，要求禁止進口部分宏碁電腦。惠益向德州馬歇非的聯邦法院提出告訴，要求阻止宏碁在美國銷售部分「供家庭和企業使用的桌上型個人電腦、筆記型電腦、媒體中心，和相關產品」，並支付現金賠償。這是惠普一個月來二度控告宏碁，3月27日，惠普也向同一德州法院控告宏碁侵犯另外5項電腦專利。惠普相信宏碁未經許可擅用我們的智慧財產，這是保護智慧財產未經授權使用的作法」。綜合電訊報導，【惠普再告宏碁侵權】，世界日報第E2版，2007年4月23日，隨意翻閱每日的報章雜誌，拾手可得有關智慧財產權侵害的案件，而通常規模越大的公司越能成立法務部門，進行控告及救濟等事項。

　　專利法一向保障專利權人對其專利內容的秘密性，因此專利的獨佔性與效果比營業秘密法能涵蓋的範圍更廣，前提乃必須是有效存在的專利才能獲得此種保障，若在專利取得前相關秘密資訊被竊取而公開，會影響專利權人取得專利，亦即無法獲得專利之核准。以Lorenz v. Colgate-Palmolive-Peet Co.[109]案中，原告主張被告的香皂專利無效，因為被告申請專利的權利事項，是因為原告之告知；被告宣稱早在原告提出專利申請前，早已經實際使用其專利配方，即「早期公開使用」反而使原告的專利應為無效。

　　此案法院認為當資訊內容已為大眾知悉，且公開使用，為維護社會大眾的福祉，應維護早期公開使用，而不應使專利人於後提出的專利申請有效，因此，本案判決原告敗訴；另一案為西元1997年Evans Cooling Systems, Inc, v. General Motors Corp.[110]，原告指控被告GM汽車侵害其引擎冷卻專利設計，被告反而主張原告專利應為無效，因原告申請專利前，GM已販售包含以上述冷卻設計的車輛，原告說明被告正因如此竊取專利設計的行為，並使經銷商公然販售之行為不法[111]，法院判決被告經銷商並不知情販售內容，包含係爭冷卻設備所產生之爭議，因此為善意，故此，該項引擎裝置應已被公開使用，因此，影響所及為社會大眾的福利，為保障不知情的使用人，判決原告敗訴，至於被告是否侵害原告之營業秘密部分，原告可再舉證提出[112]。

---

[109] 167 E2d 423 (3d Cir. 1948).

[110] 125 F.3d 1448 (Fed. Cir. 1997).

[111] Id. at 1450.

[112] Id. at 1454. 惟引用限部分法院事實，分析及結論乃為作者個人見解，二案年代相隔甚久，但仍可自其判決內容，觀察專利法與秘密資訊保障重疊的部分，我國在營業秘密保障，與此相關者仍依據營業秘密法16條條文，惟民國85年至今雖經濟部智慧體系局研究委辦「營業秘密整體法制之研究」，計畫主持人為張靜律師，雖然提出修改計畫建議，然而至今並未修改，因此我國為成文法國家，仍依循法條之規定，專利技術部分，則依專利法法條保護部分，不若英美法例採用判決先例，並依據案例造法的精神，造成在科技類法學領域的疑惑解答上，英美法系反而較標準，我國營業秘密法制部分，參考張靜，我國營業秘密法學的建構與關度，頁1-2，新學林出版股份有限公司，2007年4月。

三、突顯離職後競業禁止條款及保密合約之重要性

資訊化使離職員工更容易利用任職期間，所知悉的密碼、管道及入徑步驟，得到其希冀獲取的秘密資訊，以西元2006年美國俄亥俄州地方法院的判決為列[113]，被告於離職後到競爭廠家工作，因被告先前職務關係，知悉原告公司之營業秘密資訊的入徑管道，原告訴請被告履行不競業之義務，同時要求法院頒發禁制令，避免被告洩漏有關原告的營業秘密，地方法院判決認為未對原告造成實質侵害，因此不核准禁制令。

原告上訴後，上訴審法院廢棄地院見解，認為不需要証明被告會造成原告事實上的損害（actual-harm standard），只要有可能形成損害的威脅（threat-of-harm），即符合下述要件時，即屬合於「可能形成損害的威脅」之標準：1.提出請求者必須為得到保障利益的一方；2.若禁制令未核准，請求人會蒙受無法恢復的傷害；3.禁制令的頒發不會令其他第三人遭受不平等的損失；4.禁制令的頒發亦有利於公共利益的維護。基於上述理由，上訴法院認為地院駁回禁制令的請求為錯誤，採取「可能形成損害的威脅」標準，原告確實有理由提出禁制令的頒發，因為被告知悉太多原告公司的營業秘密[114]。

西元2007年1月5日加州聯邦上訴法院，於Aldrich Supply Company, Inc. v. Richard Hanks[115]一案，認為原告Aldrich Supply Company, Inc.（Aldrich）販售經銷建築用的地下PVC水管，被告Hanks離職後，被控涉嫌不當使用原告之營業秘密，並影響原告企業之經營。加州地院判決原告敗訴，原告不服隨即上訴，被告亦請求律師費用之返還，然地

---

[113] Convergys Corp. v. Teresa Tackman, 2006-ohio-6616, 2006 WL 3690691 (Ct. App. 1st Dist. Hamilton County 12-05-06).

[114] See Preliminary Injunction in Trade Secret Case, 1 OHTRTLJ 149 (2007).

[115] Cal. Rptr. 3d, 2007 WL 30309 (Cal. App. 4 Dist.), bat not officially published (Cal. Rules 976, 997).

院駁回，被告亦即針對此部分上訴，最後上訴法院仍維持地院原判決結果。

原告公司成立西元於1947年，被告於1977年受僱於原告擔任業務員一職，被告自1966年起從事此業，1985年被告被拔擢至副總經理一職，1987年雙方簽定5年的僱傭契約，被告調職後的2年內，不得洩漏任何與原告有關的營業秘密，禁止被告僱用任何曾於原告公司工作之員工，或影響原告公司員工離職。1998年被告成為原告公司之總經理，至2001年Daly公司因其子Curt（同樣為原告Aldrich工作）表現不力刪減被告Hanks薪水5%，並質疑被告之工作忠誠度，被告憤而於該年11月30日提出辭呈，並經鄰人資助成立American Pipe公司，成為原告公司的競爭廠商，兩個月後，原告提出控告被告不當利用其營業秘密，不公平的業務執行型態，破壞原告商業利潤，妨礙原告未來可預期之經濟收益。

Hanks抗辯原告公司並未在維護其指稱：「營業秘密」上特別標示，及採取特別的保護措施；其次，被告並未運用任何涉及原告秘密資訊於新公司American Pipe，原告Aldrich則抗辯被告利用其顧客名單及相關資訊，皆為原告所有之營業秘密，並因此影響原告之客戶；法院判決有利於被告，然而駁回被告請求原告負擔其律師費用。

另Certainteed Corporation v. Jerome O. Williams[116]案，美國聯邦第七巡迴上訴法院，對原告（僱用人）控告受僱人不遵守不競業之限制，初審支持被告，進而原告上訴，上訴法院依據賓州法律，認為不須原告證明離職之受僱人，確定使用其秘密資訊於新工作；若受僱人有可能使用僱用人的秘密資訊，則僱用人便能申請禁制令；被告於西元2002年至2006年受僱於原告公司，2002年被告曾簽署離職後競業禁止條款，未取得原告公司同意下，不得於離職後1年內任職與原公司有任何競爭行為的公司；被告抗辯CertainTeed的總部在賓州，對此競業禁

---

[116] 481 F. 3d 528, 154 Lab. Cas. P 60, 368, 25 IER Cases 1530 (Argued Feb. 5, 2007. Decided March 22, 2007. Rehearing Denied April 9, 2007).

止條款的效力,依賓州法規定不生法律效力。

必要時除了公司的受僱人外,與公司業務往來的廠商或有任何機會接觸到公司秘密資訊者,也應要求對方簽署保密合約,避免因說明產品或製造過程,使他人無意中知悉機密資訊。目前企業常以結盟、併購的方式進行合作,資訊化的結果,企業能在極短的時間內接收其他公司的資料,若合作沒有成功,或是接觸資訊的人員輕易洩密,對合作的結果或公司股價的影響,乃至投資人、股東的信任關係,皆會被破壞,因此,這也是容易洩漏機密的一個管道[117]。

實務界工作的律師發現,與其事後爭執,無寧建議企業主在提供獨家授權(或代理)、一般授權或轉投資(獨資或合夥)、併購時,保障智慧財產權的作法乃先尋求其他權利,如商標、專利權的註冊登記,再尋求如著作權、營業秘密的保護;合作的型態如獨資(sole ownership)、合夥(joint ownership)、獨家授權(exclusive license)、非獨家授權(non-exclusive license)[118],皆有不同的智財權維護標準,本文認為除了遵守授權規定外,最好是和合夥人或被授權者能再訂定保密合約,確保在合作或授權關係期間或終止後,他方洩密的可能。

---

[117] 如2004年三星與新力合資二十億美元,成立新公司發展面板七代線,三星雖然在電視市場與新力全面競爭,外界都擔心,三星將因此學得新力的技術,再反過來打擊新力。但事實證明,新力的決策是對的。曠文琪,「緊握核心技術,其他都能與敵人合作」,商業周刊九〇六期,頁53,民國95年4月17日。企業的考量與疑慮,雙方合作的誠信基礎,也會影響彼此之間的關係,互相獲利或兩敗俱傷。

[118] See David H. Kennedy, Selected Intellectual Property Issues Arising in the Context of Acquisitions, 893, PLI/PAT 158-160, (March-May, 2007). 作者為美國加州資深執業律師,專長在商務法規、智慧財產權法……等領域。

四、小結

　　商場訊息千變萬化，企業併購[119]及跳槽挖角風氣盛行[120]，科技工具及網際網路的發展，不但交易模式、商場型態（如電子商務）日新月異，資訊的傳遞與人際關係的調整（極可能買賣雙方未曾晤面，即使僱傭關係，也可能一向以網際網路進行交辦事宜），營業秘密的維持肇始於人性中可被信賴的部分，在忠實義務、誠信關係的追求中，若一昧以利益為導向，法規的嚴苛或執行的強度，只有使有心破壞者，發展更多破解密碼及竊取的管道。美國法相關規定是否可提供我國，作為修改或增訂法規的經驗參考以因應電腦化對目前營業秘密保障的許多影響，將於下章闡述。

---

[119] 以國內華碩電腦為例，2005年華碩與工業研華策略聯盟，成立研碩，進軍毛利較高的工業電腦。5月，華碩再併網通大廠亞旭，擴大寬頻網路市場佔有率，穩居全球網通第二大廠地位。外部購併讓華碩可以快速進到新市場，享受伴隨規模而來的議價空間。陳名君，「華碩電腦，合併營收成長43%，基本功磨出高成長」，天下雜誌345期，頁234，民國95年5月3日。

[120] 如西元2005年離開微軟並造成訴訟的Google中國區總裁李開復，在中國、亞洲都引起極大震撼，不少大陸人認為，李開復違背自己過去不斷強調的個人、企業最重要的價值觀—誠信，微軟認為其不該轉換到違反「競業條款」的公司，李開復個人的解釋認為「沒有一個雇主有權力要求員工永遠為他服務，這是一個中國無法理解社會現狀的誤解，他與微軟簽的合約，所謂的『競業條款』，不能加入另外一個競爭對手；這不是美國的法律，華盛頓的法律跟我簽的合約是我不能在另外一個公司從事同樣的工作。他認為在兩邊的工作其實是徹底不一樣的」。張毅君、張文婷，「李開復的四個Google震撼」，商業周刊906期，頁36、40，民國95年4月17日，隨著時空背景不同，也可見對誠信的解釋不同於以往，而此案最終隨著法院判決，認為李開復的離職轉戰Google並未違法，同前註。

伍、對我國營業秘密保障於電腦化發展之建議（代結論）

　　以美國而言，總公司掌控的一向是機密資訊的樞紐，如財務報表、研發資訊，製造生產很早便轉往工資低廉的墨西哥或中國大陸[121]，公司保存機密資訊對研發成果的保護或利潤的追求達到一體兩面的功效。以下分為營業戰略、智慧財產權的維護等部分說明，並提出建議以為結論。

一、營業戰略[122]

（一）獨占型（fortress monopoly）

　　以完全獨占的形式保障營業秘密，如申請專利，一般而言大型藥廠（如Merck及Pfizer）投注大筆金錢與人力進行研發，一種新藥物的產生與發明耗時曠日，然而專利時效過後，藥廠唯有加強公司的內部組織與管理，才能降低成本與其他仿效者競爭，獨占型的缺點在於為維持其獨占性，隨時要有訴訟的準備，避免他人冒用或仿效，同時有可能違反公平競爭（造成壟斷）而犧牲市場的獨佔性[123]。

（二）加值型的獨占（value-added monopoly）

　　基本產品之外，企業極力發展附加產品的功能，以增加價值，如

---

[121] Robert R. Trumble, Bradley S. Butterfield, Kevin J. Mason and Joseph B. Payne, Human Resources and Intellectual Property in a Global Outsourcing Environment, 15-Winter Int'l HR J. 2 (winter, 2006).

[122] 此部分建議參考同前註。Id. at p2-p3.

[123] Id.

通用汽車（GM）推出On-Star設備[124]，使其汽車功能有別於其他廠牌，而增加其市場銷售與競爭力，廣告促銷時對其產品可產生更多賣點與噱頭，如前項獨占型在專利期間過後，可以營業秘密對其藥品之成分、配方進行保護；而本項加值型的獨占，則有關附加功能、附加產品都是營業秘密的內容，因此，要主張加值型的獨占，也必須對相關訊息做好事前的保護，避免洩漏影響商機[125]。

（三）中心主軸型的獨占（hub monopoly）

以一項主要技術為中心產品，公司可以將此技術授權給其他人，而其他人經由合法授權，可自由地運用此項技術，進而將產品再發揚光大，如Philips及Sony公司發展CD技術，此項技術隨即發展成錄放影機、電腦皆能使用的CD，節省大量儲存的空間與裝置[126]。

（四）集中型的獨占（monopoly-in-a-box）

和前述第3項類似，差別在於乃將其產品授權給其他公司，而且是將產品給另外一家公司「獨家授權」，優點則在於可利用另一家公司的資源，如市場行銷、公共關係、經營策略……等優勢，將本身的產品藉由另一家公司的優勢，推廣至市場，如目前一些小型的生化公司，可能希望尋找大型藥廠的合作，以順利推廣其發明商品的上市與行銷，並藉由大型藥廠的知名度提升其銷售量及廣告效益[127]。然而此部分的授權書必須對營業秘密的保障記載詳盡，否則進入「量產」階段，極可能商品的原料、製程都有被洩漏的可能。

---

[124] On Star（摘星）是1項適用於通用汽車的選擇性設備服務，它包括一支內建的汽車電話、全球定位導航系統（GPS），及一個可以利用電子技術連結的全天候顧客服務中心，ON STAR提供的服務非常多。參見：http://www.onstar.com/us_english/jsp/plans/index.jsp（上網時間：民國96年8月12日）。

[125] Id.

[126] Id.

[127] Id.

　　由上說明營業戰略在智慧財產權保障上的優缺點，尤其以營業秘密保障的部分評論，在（一）（三）（四）類型的經營模式上，優點為：可尋求低廉勞工及大型製造商的配合，節省成本並增加生產效力，同時與其他大型公司搭配，可以得到更多資金從事研發，而增加對智慧財產權的保障，更可促進利潤的維持與成長；相對地，缺失則為：因為和其他公司的配合，可能引起競爭廠商的窺伺，竊取其營業秘密不勞而獲的可能性提高許多，如此，增加訴訟及救濟成本，影響公司的營業效能。

　　採取第（二）項戰略模式，因為採取附加商品價值的策略，商品全球化的結果有可能偏重經濟價值，反而忽略智慧財產權的保障，考量長期經營及維護客戶關係，將產品推陳出新的同時，不僅受過訓練的專業人士，企業組織或個人，皆應注意文件及資料的保存，目前電腦化的結果，包括大量運用科技的e-mail傳遞、電話語音留言、簡訊及其他的現代化通訊工具，造成對資訊消除、辨識過程保存方式的改變，同時增高對秘密防守的標準[128]。

二、智慧財產權

　　無論採取何種事業型態，確保智財權的取得、讓與或內容，在實務上可採取書面契約及確認程序等方式進行。

---

[128] Albert D. Spalding, Mary Ashby Morrison, Criminal Liability for Document Shredding After Arthur Andersen LLP, 43 Am. Bus. L.J. 647 (Winter, 2006). 此文針對美國安隆案（Enron）後，Arthur Andersen會計師事務所對文件保存、資料銷毀……等的相關刑事責任，並於西元2002年通過the Sarbanes-Oxley Act（簡稱SOX），（pub. L. No. 107-204, 116 Stat. 745, 800 (2002)），對客戶資訊、隱私保障甚至影響國家公安的資料處理及銷毀，保存有更明確的規範。

（一）書面契約[129]

1. 確認契約型式為僱傭、承攬（全職或兼職）轉投資、共同研發、取得其他人智財權……等各種型態為主。

2. 牽涉到的技術層面及投注的人力、資金比例，敘明營業秘密包涵的範圍。

3. 涉及的人物，可能因為工作性質的差別，有提供財務資訊、法律訴訟或研發部門、實驗室外聘的鑑定或科學人員……等，應依其不同性質要求簽署保密協定或不揭露秘密的約定書。

4. 注意關係企業或協力廠商之間的關係，提醒受僱人若應用到涉及第三人之技術，取得授權或載明資料來源，在產學合作的情形，引用學術機構或研究單位的資料、數據時，亦應如此。

5. 載明使用的文書或資料軟體，包括免費軟體或自網路自行下載的軟體。

6. 對已註冊之專利、商標，一定要取得授權書（保護期間通過，可再主張營業秘密的保障）。

7. 確認商品是否有使用到第三人權利的原料或成分，若有應標示清楚。

也許，上述的契約內容，當事人在確認時會認為有些繁瑣，然而數據顯示，以調查1,478家製造商為例，認為商品研發機密性為最重要因素的占受調查的33種行業類別中的24種[130]。以下將說明除了書面契約外，哪些確認程序可以保障企業對營業秘密的完整性。

---

[129] 以下敘述採取條列式方便閱讀及審核，資料來源參考William E. Growney, Handling Intellectual Property Issues in Business Transactions 2007, 893 PLI/PAT 107-143 （March-May, 2007）一文。此文作者Growney自西元2001年4月起任職於Napster, Inc.的法務部門並擔任主管職。

[130] See David S. Levine, Secrecy and Unaccountability: Trade Secrets in Our Public Infrastructure, 59 Fla. L. Rev. 139 (2007).

（二）確認程序

1. 已申請登記之智慧財產權，確認保護期間與所有權或專用權歸屬，未申請登記者，展開申請程序。

2. 是否已有係爭的智慧財產權進行訴訟，確認侵害金額與內容。

3. 確認智慧財產權的內容及其造成之影響效力，特別是估算對市場之影響。

4. 設計及安排智慧財產權管理計劃並執行，盡量由專職或專門部門負責監督，可以由外部的法律事務所全權負責或管理顧問公司[131]。

5. 確認未申請商標專利的秘密資訊，如未發表的電腦軟體之權利保障，如舉世聞名的可口可樂配方至今仍是營業秘密，因此，妥善運用營業秘密的保護規範，可以涵蓋未受智慧財產權保障的其他權利，只要符合營業秘密的要件規範[132]。

6. 透過各種技術經營資訊保護，如對軟體資料加設密碼，產品附帶防拆封裝置或保護措施[133]。

7. 與他方技術合作或經濟技術貿易，提供關鍵性技術製作的半成品，如生產可口可樂的廠商，一般只獲得濃縮原漿及再配成可口可樂的技術方法，無從得知製造原漿的原料與配方[134]。

---

[131] 此部分參考Melvin C. Garner, Creating and Managing IP that is Tailored to Your business Objectives, 893 PLI/Pat 33-34, (March-May, 2007).

[132] Roger M. Milgrim, Commission Proposed Capital Punishment-by Definition for Trade Secrets, A Uniquely Valuable IP Right, 88 J. Pat. & Trademark off. Soc'y 936, (Nov. 2006).

[133] 溫旭，大陸商業秘密保護策略研究，兩岸智慧財產權保護與運用，頁446，元照出版有限公司，2002年7月。

[134] 參考同前註中作者所提供之例子，如中國大陸第一軍醫大學提供半成品的牙膏泥，由某軟管廠加工並裝配成牙膏。

陸、結　語

　　無論是桌上型或筆記型電腦，使秘密資訊洩漏的管道與途徑增加許多危機[135]。首先，大型企業體的清潔工作幾乎都外包給外面的清潔公司，因此當清潔工作進行時，往往是辦公室空無一人的時候，受僱人應提醒自己儲備於桌面或硬碟中的重要資訊有哪些，並且做好分類管制及加密、加鎖的預防措施，本文建議：1.密碼的更新與檢查，除了不用與自己生日、名字……等容易被推敲出來的字眼及數字外，每個月（或二、三個月）的更換有其必要；2.筆記型電腦的危機在於容易遺失或被竊取，因此，儘量不要將重要資訊長期存放其中，為了旅行或會議需要使用筆記型電腦，可在使用後銷毀資料或另存於備份中[136]；3.淘汰舊電腦或其他相關設備時（硬體設備），要銷毀或移除存放於其中的資料，建議最好先清除硬碟資料（丟棄電腦前），詳加檢查，以避免日後的遺憾[137]。

　　電腦普及造成資訊社會的興起，層出不窮的使用問題，形成智慧財產權保障的疑義，以本國法規的涵蓋範圍，參考美國的立法過程與經驗，在在顯示，成文法典的完善，雖能解決問題適用的源由，然而科技工具與科技千變萬化，唯有瞭解營業秘密保護的重要性，並能確知營業秘密的定義與範圍，在事前的防範做好契約保全的工作，遠比事後的救濟（無論訴訟或賠償）有效，契約內容的明確與書面化，配合對員工教育訓練與競業禁止條款的約定，更建議企業體強化完善的工作環境，優良的服務津貼與進修制度，增加對受僱人的工作誘因，同時也可減少流動率，如此不但達到對營業秘密保障的完整性，同時增加企業獲利的穩定性，可謂勞資雙贏，使資訊社會的營運更加完備。

---

[135] 此處資料來源參考Andrew Beckerman-Rodau, Trade Secrets-The New Risks to Trade Secrets Posed By Computerization, 28 Rutgers Computer & Tech. L. J. 265-270 (2002).

[136] Id. at 265-267.

[137] Id. at 270.

參考文獻

一、中文

（一）書籍

1. Vincent R. Johnson著，趙秀文、楊智傑譯，英美侵權法，五南圖書出版股份有限公司，民國95年9月。
2. 徐玉玲著，營業秘密的保護，三民書局，民國82年11月。
3. 張靜，我國營業秘密法學的建構與關度，新學林出版股份有限公司，民國96年4月。
4. 陳文吟，專利法專論，五南圖書出版股份有限公司，民國86年10月。
5. 馮震宇，了解營業秘密法─營業秘密法的理論與實務，永然文化出版股份有限公司，民國86年。
6. 葉茂林、蘇宏文、李旦合著，營業秘密保護戰術─實務及契約範例應用，永然文化出版股份有限公司，民國84年5月初版。
7. 謝銘洋，智慧財產權之基礎理論，翰蘆圖書出版有限公司，民國84年。

（二）期刊論文

1. 林嘉彬，營業秘密之概念及其侵害行為類型之研究，輔仁大學法律研究所碩士論文，民國84年7月。
2. 林慧玲，美國經濟間諜法之研析─兼述我業者因應之對策，私立東海大學法律學研究所碩士論文，民國89年6月。
3. 張毅君、張文婷，「李開復的四個Google震撼」，商業周刊九〇六期，頁36、40，民國95年4月17日。
4. 陳名君，「華碩電腦，合併營收成長43%，基本功磨出高成長」，天下雜誌345期，頁234，民國95年5月3日。

5. 馮震宇，論營業秘密法與競爭法之關係—兼論公平法第19條第1項第5款之適用，公平交易季刊四卷三期，民國85年3月。

6. 溫旭，大陸商業秘密保護策略研究，兩岸智慧財產權保護與運用，元照出版有限公司，2002年7月。

7. 曠文琪，「緊握核心技術，其他都能與敵人合作」，商業周刊九○六期，頁53，民國95年4月17日。

（三）電子文章

1. 我國申請加入GATT/WTO之歷史紀要，http://www.mofa.gov.tw/webapp/ct.asp?xItem=16377&ctNode=292&mp=1（上網日期：民國96年8月12日）。

2. 國商業機密被竊案例，http://www.mofa.gov.tw（上網日期：民國96年8月12日）。

3. 陳思廷，「美國眾議院議員提出「網路安全性資訊法 （Cyber Security Information Act）法案」，http://www.phil.ccu.edu.tw/old.2004/pro_chen.htm（上網日期：民國96年8月12日）。

4. 章忠信，http://www.copyrightnote.org（上網日期：民國96年8月12日）。

5. 章忠信，「經濟間諜法簡介」，民國91年2月20日，http://www.copyrightnote.org/crnote/bbs.php?board=8&act=read&id=10（上網日期：民國96年8月12日）。

6. 簡榮宗，「電子郵件，洩漏營業秘密的新管道？」，數位觀察者第八十期，民國90年7月18日，http://www.nii.org.tw/cnt/ecnews/ColumnArticle/article_89.htm（上網日期：民國96年8月12日）。

二、外文

（一）Articles

1. Albert D. Spalding, Mary Ashby Morrison, Criminal Liability for Document Shredding After Arthur Andersen LLP, 43 Am. Bus. L.J. 647 (Winter, 2006).

2. Andrew Beckerman-Rodau, Trade Secrets-The New Risks to Trade Secrets Posed By Computerization, 28 Rutgers Computer & Tech. L. J. 265 (2002).

3. Brandon B. Cate, Saforo & Associates, Inc. v. Porocel Corp.: The Failure of the Uniform Trade Secrets Act to Clarify the Doubtful and Confused Status of Common Law Trade Secret Principles, 53 Ark. L. Rev. 687, (2000).

4. Convergys Corp. v. Teresa Tackman, 2006-ohio-6616, 2006 WL 3690691 (Ct. App. 1st Dist. Hamilton County 12-05-06).

5. David Cathcart, Contracts with Employees: Covenants Not To Compete and Trade Secrets, 36 Ali-Aba 87, (1997).

6. David H. Kennedy, Selected Intellectual Property Issues Arising in the Context of Acquisitions, 893, PLI/PAT 158, (March-May, 2007).

7. David S. Levine, Secrecy and Unaccountability: Trade Secrets in Our Public Infrastructure, 59 Fla. L. Rev. 139 (2007).

8. Elisabeth A. Rowe, Saving Trade Secret Disclosures on the Internet Through Sequential Preservation, 42 Wake Forest L. Rev. 24 (spring 2007)

9. Jonathan Band, The Economic Espionage Act: Its Application in Year One, Corp. Couns., at 1 (Nov. 1997).

*10.*Melvin C. Garner, Creating and Managing IP that is Tailored to Your business Objectives, 893 PLI/Pat 33, (March-May, 2007).

*11.*Pamela B. Stuart, The Criminalization of Trade Secret Theft: The Economic Espionage Act of 1996, 4 ILSA J. Int'l & Lonp. L. 374, (1998).

*12.*Robert R. Trumble, Bradley S. Butterfield, Kevin J. Mason and Joseph B. Payne, Human Resources and Intellectual Property in a Global Outsourcing Environment, 15-Winter Int'l HR J. 2 (winter, 2006).

*13.*Robert Unikel, Bridging the "Trade Secret" Gap: Protecting "Confidential Information" Not Rising to the Level of Trade Secrets, 29 Loy. U. Chi. L. J. 841, (1998).

*14.*Roger M. Milgrim, Commission Proposed Capital Punishment-by Definition for Trade Secrets, A Uniquely Valuable IP Right, 88 J. Pat. & Trademark off. Soc'y 936, (Nov. 2006).

*15.*William E. Growney, Handling Intellectual Property Issues in Business Transactions 2007, 893 PLI/PAT 107 (March-May, 2007).

（二）Cases

1. Evans Cooling Systems, Inc, v. General Motors Corp., 125 F.3d 1448 (Fed. Cir. 1997).

2. Lorenz v. Colgate-Palmolive-Peet Co., 167 E2d 423 (3d Cir. 1948)

3. Certainteed Corporation v. Jerome O. Williams, 481 F. 3d 528, 154 Lab. Cas. P 60, 368, 25 IER Cases 1530 (Argued Feb. 5, 2007. Decided March 22, 2007. Rehearing Denied April 9, 2007).

4. Motor Co. v. Lane, 67 F. Supp. 2d 745 (E.D. Mich. 1999)

5. DVD Copy Control Ass`n v. Banne, 75 P.3d at 19.

6. Religious Technology Center v. Lerma, 908 F. Supp. 1362 (E.D.Va. 1995).

7. Religious Tech. Ctr. v. Netcom On-Line Commc'n Servs. Inc., 923 F. Supp. 1231, 1253-54 (N.D. Cal. 1995).

8. Aldrich Supply Company, Inc. v. Richard Hanks, Cal. Rptr. 3d, 2007 WL 30309 (Cal. App. 4 Dist.), bat not officially published (Cal. Rules 976,

997).

9. Lockridge v. Tweco Prods., Inc., 497 P. 2d 131 (Kan. 1972)

10.O'Grady v. Superior Court, 44 Cal. Rptr, 3d 72, 98 (Ct. App. 2006)

11.Religious Tech. Ctr. v Netcom On-Line Commc`n Servs., Inc., No. C-95-20091 RMW, 1997 U.S. Dist. LEXIS 23572, at 40-41 (N.O. Cal. Jan.3, 1997)

12.Religious Techs. Ctr. v. Lerma, 908 F. Supp 1362, 1368 (E.D.Va. 1995).

13.Underwater Storage, Inc. v. U.S. Rubber Co., 371 F.2d 950 (D.C.Cir.1966).

14.United States v. Genovese , 409 F. Supp. 2d 253 (S.D.N.Y. 2005).

（三）Electronic Articles

1. Caryl Ben Basat, the Economic Espionage Act of 1996, 31 Int'l Law. 245 (1997), http://web.lexis-nexis.com/universe/document?_m (last visited 2003/8/18).

2. David B. Fein and Mark W. Heaphy, Companies Have Options When Systems Hacked Same technologies that empower corporations can expose vital proprietary information, 27 Conn. L. Trib. 5 (Oct. 15, 2001).

3. Electronic Communications Privacy Act, Legislation, http://leagl.web.aol. com/resources/legialtion/ecpa.html (last visited 2003/8/17).

4. Fred katayama, Hacker hits up to 8M credit cards, Secret Service and FBI probe security breach of Visa, MasterCard, Amex and Discover card accounts, CNN MONEY, http://money.cnn.com/2003/02/18/technology/ creditcards/ (2003/2/27).

5. http://www.onstar.com/us_english/jsp/plans/index.jsp (last visited 2007/8/12).

6. Marc J. Zwillinger, Developing A Computer Policy Framework: What GCs Should Know, 16 The Corp Counsellor 5 (Aug. 2001), http://web. lexis-nexis.Com/universe/document?_m=26c6bd36f89535f61dd53c7394

c26add (last visited 2003/6/15).

7. Mark A. Rush and Lucas G. Paglia, Preventing, Investigating and Prosecuting Computer Attacks and E-Commerce Crimes: Public/ Private Initiatives and Other Federal Resources, 15 Del. Corp. Litig. Rep(2001/8/20), http://web.lesis-nexis.com/universe/document?_m=7017 1472bb9abc9b4468981d4b811964 (last visited 2003/6/15).

8. R. Mark Halligan, The Economic Espionage Act of 1996: The Theft of Trade Secrets is Now a Federal Crime, http://execpc.com/~mhallign/ crime.html (last visited 2000/8/28).

9. Rochelle Cooper Dreyfuss, How Well Should We Be Allowed To Hide Them? The Economic Espionage Act of 1996, 9 Fordham Intell. Prop. Media & Ent. L.J. 1, (1998).

10.United States Department of Justice, http://www.usdoj.gov/04foia/index. html (last visited 2003/8/17).

11.William H. Jordan, Cyber-Attacks, Information Theft, and the Online Shakedown: Preparing for and Responding to Intrusions of Computer Systems, 6 Electronic Banking Law & Commerce Report 1, (Oct. 2001), http://web.lexis-nexis.com/universe /document?_m=9b4f67f393b1befef9 419aea61160f6a (last visited 2003/6/15).

6

「競業禁止條款」的法律適用之探討

目次

摘要 SUMMARY

企業在經營環境愈趨競爭的狀態，產業發展的關鍵在於人才與創新，擁有充裕人才方能保持永續競爭力。企業對於人力需求，往往會投入龐大資源進行相關培育訓練，面對人才競逐的壓力與營業秘密的保護，如何在員工離職後，避免營業秘密的洩漏或是造成不公平競爭，即成為企業經營的重要關鍵。

員工在職期間內，依據法律的僱傭關係而受到競業條款拘束，其內容包括民法契約自由原則，只要通過約定，競業禁止條款契約立即成立。然而，產生爭議的部分發生在離職後；離職後之競業禁止條款無明文規定，企業為保護利益，過度要求違約賠償，但「離職後」競業禁止條款須在合理的限制範圍，若限制受僱人之工作權利而影響生計，則須給予適當補償，建立代償措施。由於現行法規尚未明文規定，可能要藉修法或立法的方式，使雙方達成共識。因此，本文將介紹競業禁止條款，並提出相關法制，其主要以營業秘密、僱傭關係、契約自由、代償措施為主。

關鍵字

- 競業禁止條款
- 營業秘密
- 僱傭關係
- 契約自由
- 代償措施

壹、前　言

　　近年來，全球化[1]的趨勢逼迫企業不斷地提升競爭力，企業團體在面臨到經營國際化的局勢壓力下，原本各行各業競爭激烈的狀態趨近白熱化，企業如何追求永續競爭力，而競爭力的內涵從以往的土地、資本、資產優勢，轉變為人力優勢；擁有充裕人才及培訓新的人力對企業而言更加重要，為追求創造最大的利益，企業需要人才負責執行複雜艱難的公司策略或是推動前所未有的詳細計劃，甚至研發創新的產品，在龐大資源於後方支持之際，若員工離職或跳槽至對手公司時，洩漏營業秘密，造成競爭對手的競爭利基，侵奪企業的原來競爭優勢，為杜絕前述缺失，有效預防不公平的競爭及保護企業利益之目的，簽訂競業禁止條款已逐漸成為企業界普遍的作法，即雙方以契約約定限制離職後在一定的時間及地域內，不得從事與原雇主競爭之相同或類似工作。合法有效之競業禁止條款在確保市場競爭力的同時，也能避免企業的營業秘密因惡性跳槽、惡性挖角等不當手段而受到侵害。

　　從僱傭契約效力中，僱傭期間內受到約束的受僱人有「保密」及「競業禁止」的義務，然而僱傭關係因契約終止而喪失時，避免離職員工有不當的競爭行為，即是競業禁止條款的重點所在，由於雙方在簽訂競業禁止條款時，難免因為無明文規定，及約定內容不夠仔細，而衍生出相關爭議，如何保障企業利益在約束離職後員工行為時，不影響員工的工作及生存權利，是實務上最需解決的問題，民國96年1月31日，最高法院針對大立光電要求員工簽訂離職放棄股票紅利同意書一案作出判決[2]，大立光電藉由分紅要求員工簽訂「離職後」放棄股票

---

[1]　趙文衡，全球化對臺灣經濟的挑戰與衝擊，http://www.globalpes.com/global/taiwanglobalization.htm（上網時間：民國96年11月4日）

[2]　經濟日報，王文玲，【大立光離職員工討回四百萬分紅】，民國96年1月31日。大立光電公司財務部會計專員劉桂芳遭公司資遣，公司以她未依規定任職滿三年的理

紅利同意書，已經限制員工離職後的工作權，最後法院判決必須償還員工四百萬的分紅股票，如何避免員工在離職後產生不當競爭行為，同時能保障企業自身的利益，將是在未來所必須考量的問題。

競業禁止條款約定，社會一般觀念及商業習慣上，基於保護企業利益且不危及受限制人之經濟生存能力[3]，為法律規範所能允許範圍，如半導體、晶圓電子產業等高科技產業為臺灣經濟發展之核心，企業常投入大量資金培育人才進行研發，因此營業秘密之核心保護及人才之網羅極為重要，雇主惟恐員工離職後洩漏其工商業上製造技術之秘密，乃於其員工進入公司任職之初，與員工約定於離職日起一定期間內不得從事與公司同類之競爭對手工作或提供資料，如有違反應負損害賠償責任。此項說明競業禁止之約定，即附有一定期限且員工同意，與憲法保障人民工作權之精神並不違背，亦未違反其他法律規定且無關公共秩序[4]，自非無效。因此競業禁止條款亦廣為該類企業採用，以防止員工跳槽後營業秘密外洩及同業間之惡性競爭。

本文首先討論競業禁止的理論，其內容先探討企業營業秘密的定義及相關法律，再針對競業禁止條款進行說明其種類及規範，最後提出競業禁止條款適用上之建議，包括信賴關係與保密約定的分別、

由，收回她尚未領取的分紅股票，但遭法院判決公司敗訴確定；劉女可取得9,445股股票。大立光電每年發給員工分紅配股股票，且要員工簽下同意書，同意分次領回股票，員工若在任滿前無故離職，或有違反勞動基準法、工作規則或僱用契約致遭解僱時，必須無條件放棄未領取的股票，並以離職時間計算股價折算現金作為懲罰性的違約金。一、二審大立光電都敗訴，且認定公司和劉女簽訂的同意書屬無效。案經大立光電上訴到最高法院，最高法院雖駁回其上訴，但判決理由未提到契約無效的問題，只說劉女的情形屬公司主動資遣，和事先約定「無故離職、違反勞基法」等條件不符，大立光電不能以劉女違反契約約定收回股票。

[3] 參見憲法第15條規定（生存權、工作權及財產權）：「人民之生存權、工作權及財產權應予保障。」

[4] 參見憲法第23條規定（基本人權之限制）：「以上各條列舉之自由權利，除為防止妨礙他人自由、避免緊急危難、維持社會秩序，或增進公共利益所必要者外，不得以法律限制之。」

有效性的判斷、僱用人提供代償措施、企業與員工雙方邁向雙贏的策略……等。

貳、競業禁止條款之基礎理論

備受企業界高度關注的競業禁止處理原則定案，未來勞工離職原因可歸責於雇主，例如因遭資遣而離職，競業禁止契約將形同無效；同時雇主也不得強迫、脅迫或利用勞工急於求職心態要求簽訂。否則僅因遭資遣而離職，競業禁止將不具效力，由於我國目前尚無法令規範，惟在立法前，企業可根據營業秘密法且透過參考處理原則手冊簽訂競業條款。

一、契約法理論

本理論認為依據保護營業秘密的理論，是來自於營業秘密擁有者與接觸營業秘密之人，兩者之間因契約所衍生的保密義務；主要的種類為保密約定及競業禁止條款，皆普遍存在於僱傭（勞動）契約[5]、委任契約、授權契約、加工或代工契約、共同研發契約之中，或是以獨立的保密契約的方式存在。認為競業禁止條款必須要依據有效契約，營業秘密是值得受保護的商業利益，且限制的活動範圍、期間及地域必須合理。若在無簽定離職後之競業禁止契約的情形，受僱人得與其原企業或雇主從事公平及公開之競爭，惟其在勞動契約中須負有不使用或揭露其在前勞動契約中獲得之營業秘密或其他隱密性資訊之附屬

---

[5]　植根國際資訊股份有限公司債法各論，僱傭契約，http://www.root.com.tw/Rootweb/book/debt-08.html#2-A（上網時間：民國96年11月9日）

義務，以免損害原企業或雇主[6]。至於契約法理論之實質保護，即在於以契約中的違約責任拘束對方，以事先預防和事後制裁有關侵犯到營業秘密所負賠償[7]。

二、信賴關係理論

　　本理論認為營業秘密所有人將營業秘密告知或提供給接受者；接受者即應有為營業秘密所有人之利益而保密的義務，雙方藉由保密義務而存在的明示（express contract）或實際上之默示的契約（implide-in-fact-contract）關係，無需契約特別規定。此為目前法院常引用之理論依據，雖然國內亦有相關見解，認為保護營業秘密理論之信賴關係的產生來自於契約關係；由於明示契約之保護理論屬契約責任說，故此信賴關係應以默示契約為主，亦即默示雙方當事人之間有一種信賴關係（confidential relationship），從默示他方負有保密之義務；若有違反者，需負法律責任[8]。

　　因此，受僱人與雇主於在職期間內並未簽署任何保密契約，但因僱傭關係之法律依據，如違反因信賴關係所衍生之忠誠及信任義務，而將前雇主之營業秘密洩漏予競爭對手時，該受僱人即應負擔侵害他人營業秘密之責任，此種誠信原則為隨附義務。

---

[6] 參考李洙德，勞動契約中的誠實信用與公平正義─高等法院93年勞上字第75號判決，法令月刊第57卷第9期，頁38，民國95年9月。

[7] 請參見營業秘密法第13條第2項規定：「請求侵害人因侵害行為所得之利益。但侵害人不能證明其成本或必要費用時，以其侵害行為所得之全部收入，為其所得利益。」依前項規定，侵害行為如屬故意，法院得因被害人之請求，依侵害情節，酌定損害額以上之賠償。但不得超過已證明損害額之三倍。

[8] 葉茂林、蘇宏文、李旦，營業秘密保護戰術─實務及契約範例應用，永然文化出版股份有限公司，民國84年5月。

三、禁止不公平競爭理論

　　本理論認為在於營業秘密不應被以不正當手段獲取。基於社會整體利益考量，對企業而言，營業秘密是一種競爭優勢，主要是與所有人之利益有關，不該被他人以不正當方法取得、使用洩漏，但法律並非保護該商業秘密之本身，而是限制不公平競爭之行為。基於保護公共利益，防止企業資訊不受到過度保護。此理論最早在侵權行為法整編第759條[9]的判例及原則逐漸衍生出來，為取得營業秘密而使用不正當手段或方法，為了謀取商業上利益，而課予當事人責任之理論依據，重點乃在於取得使用當事人財產，與當事人之使用為競爭行為，可超越他人實際或潛在的經濟利益，而國內亦有相同見解，認為同業間彼此激烈競爭，對於該產業發展有良好的提升效應，但某些競爭型態卻可能造成整體產業界的不良影響，最後可能損害社會大眾的全體利益。

四、侵權理論

　　本理論是依據侵權行為法整編第757條[10]規範侵害營業秘密行為之類型，一為洩漏或使用他人營業秘密，本條制定之行為態樣為「洩漏」和「使用」兩者，單純不法取得他人營業秘密，而未予洩漏，則不在本條禁止之列，同時在第759條之規定[11]，侵權行為法理論的特點

---

[9]　馮震宇，了解營業秘密法—營業秘密法的理論與實務，永然文化出版股份有限公司，頁308，民國86年7月。

[10]　洩漏或使用他人營業秘密，依據第757條規定：「未經允許洩漏或使用他人營業秘密，有下列情形之一者，即應負責：1.以不正當手段取得營業秘密者；2.其洩漏或使用他人之營業秘密，構成信賴義務之違反；或3.自第三人獲知該秘密時，知悉第三人以不正當手段取得或違反義務取得；4.獲知該秘密時，明知該資訊為秘密，且知悉他人之洩漏係其於錯誤者。」

[11]　依據第759條規定：「為提高商業競爭力，而以不正當手段取得他人營業之資訊者，應就其占有、洩漏或使用該資訊，對該他人負其責任。」

是不必強調當事人間的契約關係或契約義務，且也不禁止他人合法取得營業秘密，甚至可以保護到不屬營業秘密的資訊，故其適用性強而廣泛。侵權行為理論是直接保護營業秘密所有人的經濟利益，但侵害營業秘密不僅是侵害個人利益外，也同時造成市場秩序的混亂。在多數相關營業秘密侵害案件中，可使侵害營業秘密的救濟方式[12]，適用違約責任，亦同樣適用侵權責任，更有利於營業秘密之保障，進而達到維護產業倫理與競爭秩序之目標。

參、競業禁止條款之涵蓋範圍

　　競業禁止的限制涵蓋範圍很廣，也同時很複雜，且限制的對象包括企業經營管理人、董事、監察人、執行業務之股東、企業經理人及一般的勞工。就企業所有人及經營管理者而言，競業禁止規範的範圍，主要是針對雙方在利益上的衝突，雇主財產權與勞動者工作權之衝突。因此在簽訂競業禁止條款時，需先明確定義其範圍。

一、競業禁止條款之種類[13]

　　受僱者受競業禁止約定的限制可區分為在職期間及離職後二種樣態，其情形分述如下：

（一）在職期間的競業禁止

　　僱傭關係存續期間，員工除有提供勞務的義務外，尚有忠誠、慎

---

[12] 同前註6。

[13] 行政院勞工委員會，簽定競業禁止參考手冊，http://www.cla.gov.tw/cgi-bin/SM_theme?page=41d35566（上網時間：民國96年9月21日）

勤之義務,亦即員工應保護公司的秘密及不得兼職或為競業行為的義務。

現行法令並未明文禁止兼職行為,因此利用下班時間兼差,賺取外快,如未損害雇主之利益,原則上並未違反法令之規定。但是如果員工在雇主之競爭對手處兼差,或利用下班時間經營與雇主競爭之事業,則可能危害到雇主事業之競爭力,故雇主常透過契約或工作規則,限制在職期間之兼職或競業行為,如有違反約定或規定之情事,可能受到一定程度之處分,其情節嚴重者甚至構成懲戒解僱事由。

(二) 離職後的競業禁止

員工對雇主負有守密及不為競業之義務,於勞動契約終了後即告終止,雇主如欲再保護其營業上之利益或競爭上之優勢時,須於勞動契約另為特別保密約定,常見的方式為限制勞工離職後之就業自由,明定離職後一定期間內不得從事與雇主相同或類似之工作,違者應賠償一定數額之違約金之約定,這種約定稱為「離職後的競業禁止」。簽訂離職後的競業禁止契約之真正目的,應在於平衡雙方實質利益,並能確實保障離職勞工的工作權及相關基本權利。

二、「離職後」競業禁止條款之規範

企業與員工在制定僱傭契約時,較重視於僱傭期間之薪資、工作環境、股票紅利分配、工作時間,甚至解僱原因等事項加以規定,較少針對離職後條件之限制,一般在僱傭契約內附加限制條款,乃為避免企業內部幹部人才流失,例如臨時辭職或跳槽而造成日後營業秘密外洩給競爭對手,使得企業商業機密之技術移轉、資訊或是客戶相關資料遺失的情形,僱傭契約多由保護企業利益之立場簽訂,當僱傭關係結束,受僱人被解僱或離職時,通常認為「離職後」競業禁止條款適用為合法。實務上卻認為契約內有競業禁止之約定,並非當然有保

密之義務。亦有認知被告所持有或洩漏者為其職務上所不應持有之文件，則等文件既非被告本於業務上知悉或持有之工商秘密而不符合刑法第317條[14]之構成要件。另外，上述法條所處罰者僅為洩漏行為，而營業秘密法第10條[15]所規範之洩漏後使用行為，則不在刑法第317條處罰範圍內，其保護似嫌不足。企業員工如果未額外簽署書面保密契約時，是否依然須負「契約」保密義務，實務上亦有爭議，因此業者宜要求員工額外簽訂書面保密契約，避免無法追究洩密責任。

肆、競業禁止條款之相關法律

　　競業禁止條款主要為保障商業利益及防止營業秘密洩漏，則營業秘密法有關員工與公司間發生涉及營業秘密的問題，及有關員工應負擔的保持營業秘密的責任，除了營業秘密法所定的侵害營業秘密時所應負的民事責任外，刑法也有關於洩密罪的刑事責任規定，至於法律規定以外的保密責任，則是由公司與員工於僱傭契約或公司人事規章內所訂定[16]。為避免接觸過公司營業秘密之人員，一般公司會在僱傭契

---

[14] 請參見刑法第317條規定（洩漏業務上知悉工商秘密罪）：「依法令或契約有守因業務知悉或持有工商秘密之義務，而無故洩漏之者，處一年以下有期徒刑、拘役或一千元以下罰金。」

[15] 請參見營業秘密法第10條規定：「有下列情形之一者，為侵害營業秘密。1.以不正當方法取得營業秘密者。2.知悉或因重大過失而不知其為前款之營業秘密，而取得、使用或洩漏者。3.取得營業秘密後，知悉或因重大過失而不知其為第1款之營業秘密，而使用或洩漏者。4.因法律行為取得營業秘密，而以不正當方法使用或洩漏者。五、依法令有守營業秘密之義務，而使用或無故洩漏者。前項所稱之不正當方法，係指竊盜、詐欺、脅迫、賄賂、擅自重製、違反保密義務、引誘他人違反其保密義務或其他類似方法。」

[16] 張靜，我國營業秘密法學的建構與開展—第一冊營業秘密的基礎理論，新學林出版股份有限公司，民國96年4月。

約訂定競業禁止條款，以防止企業合法利益之損害。

一、營業秘密法之概述

營業秘密法屬於智慧財產權法領域的其中一項專法，智慧財產權管理已是企業組織擴展至全球並於國際競爭的必要條件，其主要用意在於幫助公司企業提升永續競爭力的同時，避免公司因營業秘密不當洩漏而失去競爭優勢，藉由維護、管理營業秘密，達到立法目的「為保障營業秘密，維護產業倫理與競爭秩序，調和社會公共利益」的目標。該法的主要內容，包括營業秘密的意義、營業秘密的歸屬、讓與及授權使用、保守營業秘密的義務、營業秘密的侵害、受到侵害後的救濟、侵害營業秘密的民事責任，以及請求損害賠償之範圍等。另外，在我國民法、公司法、勞動基準法、公平交易法、刑法，也分別有與營業秘密相關的規定。

何謂營業秘密？實質上，營業秘密在於鼓勵創新與研究發展，藉以平衡員工與雇主間、公司企業間之倫理與公平競爭秩序。但在我國過去的工商社會，各行各業總會有「祖傳密方」[17]或「傳子不傳女」的特殊作法，這對商業秘密之保護成為一種專門法規，至今歷經過社會趨勢與市場經濟之衝擊，因此對商業秘密保護的侵害，同時也違反產業倫理道德，它可能起因於契約關係或是違背僱傭之間信賴關係與保密義務，也可能是企業競爭產生間諜之侵權行為，並衍生不公平競爭的相關問題。

二、競業禁止之相關法律規定

在民國85年1月17日公布，施行的「營業秘密法」，對相關法律條

---

[17] 吳啟賓，營業秘密之保護與審判實務，法學論著月刊98期，民國96年9月。

文整理後做出基本說明：第2條為營業秘密定義及要件，第3、4條為營業秘密的歸屬，第6、7、8條為營業秘密可讓與性，授權及共有，第9條為公務員、司法及仲裁程序相關人員之保密義務，第10條為營業秘密侵害之態樣，第11、12、13條為營業秘密民事救濟途徑及賠償之計算方法，第14條為營業秘密案件審理之原則，第15條為互惠原則，第16條為自公布日施行[18]。

　　過去，國內許多法律以「營業秘密」為規範對象，但由於各種法律之規範目的、內容不同，惟有營業秘密在特別立法後，且其他相關之法規並不會因此而無效，亦不會因此變更其內容，營業秘密所有人為能有效保護營業秘密，在了解營業秘密之規範外，對於其他法規對競業禁止條款的相關規定，如民法、公司法、勞動基準法、公平交易法及刑法，皆有條文適用如下，不僅限制在僱傭關係、競業禁止之限制或特定類型之侵害態樣[19]。

（一）民事法規

　　民法所規定的競業禁止乃針對經理人或代辦商，非得其商號之允許，不得為自己或第三人經營與其所辦理之同類事業，亦不得為同類事業公司無限責任之股東[20]。如違反者，其商號得請求因其行為所得之利益，作為損害賠償。未具備此類身分者，只能依據侵權行為、公序良俗、債務不履行、不當得利等相關規定請求損害賠償[21]。該項請求權，自商號知有違反行為時起，經過二個月或自行為時起，經過一年

---

[18] 曾勝珍，我國有關營業秘密立法之評析，財產法暨經濟法第三期，頁35-75，民國94年8月。

[19] 簡榮宗，淺論離職員工之競業禁止，http://www.cyberlawyer.com.tw/alan4-301.html（上網時間：民國96年11月1日）。

[20] 民法第562條規定：「經理人或代辦商，非得其商號之允許，不得為自己或第三人經營與其所辦理之同類事業，亦不得為同類事業公司無限責任之股東。」

[21] 民法第563條規定：「經理人或代辦商，有違反前條規定之行為時，其商號得請求因其行為所得之利益，作為損害賠償。」

不行使而消滅。另外,分別說明營業秘密所有人受侵害時在民法上可能主張的請求權基礎以說明營業秘密與民法之關係。

1.侵權行為

依據營業秘密之立法條文,若機密資訊符合「營業秘密」之性質,即成為法律所保護之權利範圍,當雇主與員工藉由僱傭關係成立後,員工因信賴關係而得悉營業秘密,但若有引誘他人違背信賴關係而取得營業秘密者,則為欠缺誠信原則且違背善良風俗,欲取得競爭對手之營業秘密,而蓄意招攬競業者之受僱人,進而造成侵害他人債權之利益,得依民法第184條第1項後段[22]請求賠償。如依法令或契約限制,需義務遵守因業務知悉或持有工商秘密之義務,而無故洩漏者;公務員或曾任公務員之人,無故洩漏因職務知悉或持有他人之工商秘密者;或為他人處理事務,意圖為自己或第三人不法之利益,或損害本人之利益,而為違背其任務之行為,致生損害於本人之財產或其他利益者,上述侵害營業秘密之行為,因違反上列法規而具有違法性,被害人可依民法第184條第2項,以違反保護他人之法律者,推定有過失之行為,請求損害賠償。

根據民法在請求損害賠償之範圍是以「回復原狀」為原則,僅能請求受損害或所失利益,但當企業的營業秘密受到侵害遭到公開,企業機密資訊的洩漏將造成競爭對手趁機而入,可能造成企業受到無法彌補的傷害,若就損害賠償金額之計算,根據比較利益原則,依營業秘密法所規定請求賠償部分,營業秘密法第13條的最高請求損害賠償,則能高達受損害部分之三倍[23]。

---

[22] 民法第184條第1項後段:「因故意或過失,不法侵害他人之權利者,負損害賠償責任。故意以背於善良風俗之方法,加損害於他人者亦同。」

[23] 請參見營業秘密法第13條規定:「依前條請求損害賠償時,被害人得依下例各款規定擇一請求:「一、依民法第216條之規定請求。但被害人不能證明其損害時,得以其使用時依通常情形可得預期之利益,減除被侵害後使用同一營業秘密所得利益之差額,為其所受損害。二、請求侵害人因侵害行為所得之利益。但侵害人不能證明其成

2.債務不履行

債務不履行之規定主要是違背契約時，所應支付損害賠償預定性之違約金或懲罰性之違約金等民事責任。當雇主與員工的僱傭關係有法律依據且受到保密約定或競業禁止條款約束時，受僱人若於離職後違反保密約定或競業禁止條款，則雇主即可根據契約對該離職員工請求民法債務不履行之規定。我國在離職後之競業禁止條款雖無明文規定，但若在競業禁止條款中有規定，經雇主與員工雙方當事人互相約定且同意簽訂，否則員工離職後並不需負責競業禁止義務的責任，這在實務界裡已成為一種共識。

競業禁止條款的約定，大部分是指員工所負責任是在保密義務期間內，應保護企業機密之範圍及違約時應負之賠償責任，當契約關係消滅後，當事人理應不作為義務，但在學說上則有後契約義務，離職後之受僱人仍應保護雇主之營業秘密，即使是在無保密約定的狀況。但員工於任職期間內洩漏營業秘密給其他競爭者，或在離職後將其在職期間所知之秘密洩漏給第三者，在理論上，依據民法的誠實信用原則，員工既然與企業雇主訂有僱傭關係等契約，就必須對公司忠誠，其於在職期間與離職後，對公司皆需負有保密義務，縱使契約中未明文規定，因此如果員工擅自洩漏企業之營業秘密，仍應負民事責任。

3.不當得利

如侵害他人營業秘密而受有利益，且營業秘密所有人遭受損害時，被害人可依不當得利之規定請求加害人返還所受有利益。但在請求時，營業秘密所有人需面臨舉證證明其所受利益與所受損害之問題，而根據民法第213條[24]以下所主張之損害賠償，倒不如直接根據營

本或必要費用時，以其侵害行為所得之全部收入，為其所得利益。依前項規定，侵害行為如屬故意，法院得因被害人之請求，依侵害情節，酌定損害額以上之賠償。但不得超過已證明損害額之三倍。」

[24] 請參見民法第213條規定（損害賠償之方法—回復原狀）：「負損害賠償責任者，除

業秘密法第13條第2項之規定，懲罰性損害賠償規定則能獲得更多的救濟部分。

（二）公司法

公司法股東、經理人、董事需接受競業禁止的限制，否則公司將可行使歸入權。如公司法第32條[25]、第54條[26]、第108條[27]、第115條[28]、第209條[29]亦在保護營業秘密，而不執行業務之股東依公司法第48條[30]規定得隨時質詢公司營業狀況，查閱相關財產文件、帳簿、表冊、報表，反而容易獲取公司營業的機密資訊。依據競業禁止之規定，公司

　法律另有規定或契約另有訂定外，應回復他方損害發生前之原狀。因回復原狀而應給付金錢者，自損害發生起時，加給利息。第1項情形，債權人得請求支付回復原狀所必要之費用，以代回復原狀。」

[25] 請參見公司法第32條規定：「經理人不得兼任其他營利事業之經理人，並不得自營或為他人經營同類之業務。但經依第29條第1項規定之方式同意者，不在此限。」

[26] 請參見公司法第54條規定：「股東非經其他股東全體之同意，不得為他公司之無限責任股東或合夥事業之合夥人。執行業務之股東，不得為自己或他人為與公司同類營業之行為。執行業務之股東違反前項規定時，其他股東得以過半數之決議，將其為自己或他人所為行為之所得，作為公司之所得。但自所得產生後逾一年者，不在此限。」

[27] 請參見公司法第108條規定：「公司應至少置董事一人執行業務並代表公司，最多置董事三人，應經三分之二以上股東之同意，就有行為能力之股東中選任之。董事有數人時，得以章程特定一人為董事長，對外代表公司。」

[28] 請參見公司法第115條規定：「兩合公司除本章規定外，準用第二章之規定。」

[29] 請參見公司209條規定：「董事為自己或他人為屬於公司營業範圍內之行為，應對股東會說明其行為之重要內容並取得其許可。股東會為前項許可之決議，應有代表已發行股份總數三分之二以上股東之出席，以出席股東表決權過半數之同意行之。公開發行股票公司，出席股東之股份總數不足前項定額者，得以有代表已發行股份總數過半數股東之出席，出席股東表決權三分之二以上之同意行之。前二項出席股東股份總數及表決權，章程有較高之規定者，從其規定。董事違反第1項之規定，為自己或他人為該行為時，股東會得以決議，將該行為之所得視為公司之所得。但自所得產生後逾一年者，不在此限。」

[30] 請參見公司法第48條規定：「不執行業務之股東，得隨時向執行業務之股東質詢公司營業情形，查閱財產文件、帳簿、表冊。」

僅能限制經理人、董事、股東、代辦商在其任職中或具有該身份時，禁止相關競業行為，但在離職後或不在其位時，該公司員工可能藉著擁有相關機密資訊，從中獲取不當得利。故公司法規無法有效限制離職之公司員工，侵害營業秘密所有人之行為。例如：行政院金融監督管理委員會對於公司內部人透過認股權取得股票，適用歸入權的規定，依據證券交易法第157條第1項規定，發行股票公司董事、監察人、經理人或持有公司股份超過10%股東，對公司之上市股票，於取得後六個月內再行賣出，或於賣出後六個月內再行買進，因而獲得利益者，公司應請求將其利益歸於公司。歸入權中的「歸入權之損害賠償」便是將不法所得的利益全部返還公司的損害賠償。

（三）勞動基準法

勞工故意洩漏雇主技術上、營業上之秘密，致雇主受有損害者，根據勞動基準法第12條第5項[31]，雇主無須預告即得終止勞動契約之情形。營業秘密因具有「保持秘密性」的保護，具有嚴格的契約限制，禁止公司內部員工在蓄意或不經意的狀態下洩漏營業秘密，而離職後之競業禁止條款，更是為防範員工利用公司營業秘密獲取不當利益之途徑，且為目前科技產業經常使用之約定。

然而，保密契約或競業禁止條款雖是保護雇主營業秘密，但由於員工涉嫌洩漏行為以違反工作規則或僱傭契約為由給予解僱，或是對於離職後禁止從事相同或類似的工作，將影響員工的生存權利、工作自由，由於離職後競爭禁止條款無明文規定，因此涉及的爭議性最大。實務上，離職後之競業禁止條款所衍伸出的相關案例愈來愈多，同時，勞委會為求保障勞工權益亦擬定並頒布「簽訂競業禁止參考手冊」，避免企業為保護自身利益而侵害到員工的權利。

---

[31] 請參見勞動基準法第12條第5項：「故意損耗機器、工具、原料、產品，或其他雇主所有物品，或故意洩漏雇主技術上、營業上之秘密，致雇主受有損害者。」

（四）公平交易法

公平交易法第19條第5款中，對獲取他人事業之秘密有禁止規定，以脅迫、利誘或其他不正當方法，獲取他人事業之產銷機密、交易相對人資料或其他有關技術秘密之行為，而有限制競爭或妨礙公平競爭之虞者，則為妨害公平競爭之行為。其所規範之營業秘密的主體，僅是在公平交易法第2條所稱之「事業」，如公司企業、獨資或合夥之工商行號、同業公會及其他從事相關行業之人或團體，及第3條所稱與事業產生商業行為之「交易相對人」，而且並不是單純從事研究發明之自然人。

因此公平交易法之規定明顯有不足之處，其條文內容所保障者，僅是針對「事業」之營業秘密，所處罰者，亦係針對「事業」之侵害營業秘密行為，若不構成「事業」之自然人的營業秘密則不受公平法保障，侵害營業秘密之非「事業」自然人亦不受公平法規範，僅就公平法上對營業秘密特設保護規定，明顯不足以達成維護公平競爭，商業道德等保護目的。

（五）刑法

侵害營業秘密的類型相當廣泛，許多侵害行為類型已在刑法規範之犯罪類型所涵蓋，則行為人之行為該當於刑法所規範之犯罪構成要件，即可成立刑事責任。違反營業秘密之保護，在目前刑法上可依據洩漏工商秘密罪[32]、洩漏電腦或相關設備秘密罪[33]、竊盜罪[34]，侵占罪[35]或背信罪[36]等刑法規範加以處罰，由於刑法中關於竊盜、侵占等犯罪，是針對一般財產權的保護，並未對無形財產權或利益為特別處理；而

---

[32] 刑法第318條。
[33] 刑法第318條之1、第318條之2。
[34] 刑法第320條、第323條。
[35] 刑法第335條至第338條。
[36] 刑法第342條。

在洩漏工商秘密罪的構成要件上有相當嚴格的限制，使得營業秘密的侵害行為可藉由刑法加以規範。

針對依據法令或契約有遵守因業務知悉或持有工商秘密之義務，而無故洩漏之者，與公務員或曾任公務員之人，無故洩漏因職務知悉或持有他人之工商秘密者。洩漏電腦或相關設備秘密罪，則規範無故洩漏因利用電腦或其他相關設備知悉或持有他人秘密者，其他如竊盜罪、侵占罪等財產犯罪，由於是針對一般財產權，因此需有營業秘密附著於實體物上，始構成犯罪。如因公務、公益或業務而持有而侵占者，則加重處罰之規定。如藉著他人處理事務之便，意圖為自己或第三人之不法所有或損害本人之利益，而為違背其任務之行為，如受僱人藉職務之便得悉公司機密資訊，洩漏給競爭對手，致生損害於本人財產或其他利益者，則構成背信罪。

伍、競業禁止條款之適用效力

簽訂競業禁止條款之原始目的主要是考量企業利益為出發點，因此常有侵害受僱人工作自由及生存權力之事件。主要原因在於企業為確保競爭優勢，則雇主與員工訂定競業禁止的約定，原則上並無不可，但適當的競業禁止限制，應是能有效保障企業保護合法營業秘密及利益，同時避免侵害受僱者的工作權及生存權，但由於產業性質與競爭型態有所不同，約定中的內容相當多樣化，因此在處理競業禁止條款約定時，常有糾紛產生。競業禁止契約之合理性，應為當事人間之利害關係及社會的利害關係作總和的利益衡量進行判斷[37]。因此為避免勞資糾紛造成社會資源浪費，建議我國企業防範未然，在僱傭契約

---

[37] 顏雅倫，人才跳槽的緊箍咒──談競業禁止條款的合理運用，管理雜誌第339期，頁28-30，民國91年9月。

中配合競業禁止條款制定,明確定義信賴關係與保密約定之分別,對受僱人之合理賠償,更用積極態度面對員工,增加其對企業的向心力及團結,而防止不正當競業行為或惡性跳槽之情形產生。

一、信賴關係與保密約定之分別

受僱者在競業禁止條款的限制可區分為在職期間及離職後二種樣態,在職期間的競業禁止主要是指雙方在僱傭關係期間內,受僱人除有保密義務外,尚有忠誠、誠信原則,即員工應保守企業的營業秘密及不得兼職或為競業行為的義務。離職後的競業禁止則是指當契約終止後,員工對雇主則不再負有守密及不為競業之義務,雇主若欲繼續保護營業秘密及利益或競爭優勢時,須於契約上另訂特殊保密約定,常見的方式為限制員工離職後之就業自由及預防營業秘密外洩,明文規定離職後一定期間內不得從事與雇主相同或類似之工作,違者應賠償一定數額之違約金之約定。另外,當有先契約義務及後契約義務,前者雖在尚無契約關係的情況下知悉或獲取營業秘密,但基於誠信原則,雙方當事人負有保密及不使用之契約義務;後者則是於僱傭契約中受到離職後之保密義務加以約束,仍須保護雇主之營業秘密。

二、有效性之判斷標準

競業禁止條款的內容主要是針對企業的經營幹部、具有特殊知識、技能、或在企業中有較高職位者,有較多機會接觸營業秘密者,給予限制則較為合理,否則便違反競業禁止條款的定義。另外,我國對於公司指派員工前往大陸地區有其相關競業禁止規定,經濟部基於「競業禁止」精神,限制高科技人員離職後二年內須接受政府管理,不得自行前去就業,其政府該項政策,主要為保護智慧財產權,形式上如同雇主與員工訂定類似契約,並無不當之處。

限制員工就業之對象、期間、區域、職業活動之範圍需不超過合理之規範。但在某些產業卻有特別規定如服務業，員工在進行銷售時，同時會掌握到客戶名單，或是高單價商品的販售狀況，這些資訊通常成為企業掌握商機的關鍵，因此雇主若能證明顧客名單、商品成本價格符合「非公開性」及「實用性」，即具有經濟利益，且雇主同時盡一切合理保密措施[38]加以保障，則可以保障營業秘密為理由，因為客戶名單或商品成本價格的資訊洩漏，正是制定競業禁止條款的重要原因。

三、代償措施

所謂代償措施係指雇主對於員工因不從事競業行為所受損失之補償措施。員工離職後因遵守與原雇主競業禁止之約定，可能遭受工作上的利益損失，因此在競業禁止條款約定中訂有代償措施。一般國內企業主通常在聘僱契約中簽訂，在某期間內禁止員工從事相同或類似之產業，如有違反規定，則需賠償約定之最低損害賠償數額。比較具爭議的是，企業雇主與員工簽定離職後之競業禁止條款，雖然因為限制員工工作及選擇職業的自由而給予「補償條款[39]」，但給予員工補償數額卻非是契約效力之要件，造成雙方在對價上的認知差異，進而衍生出糾紛問題。

依據目前企業對離職後之競業禁止條款約定，仍必須經由雙方當事人相互同意制定才能產生效力，在合理範圍內同時保障企業永續競爭及員工的工作權益，方有施行之可能，或者在契約中強調此對價已

---

[38] 臺灣高等法院台南分院91年度上訴字第67號刑事判決、臺灣板橋地方法院簡字93年度第4959號刑事判決，均認為機密文件應有標示、申請影印文件要有一定之程序或手續、入口應設門禁等，使具有合理的保密措施。

[39] 林洲富，營業秘密及離職競業禁止約款之關連，律師雜誌307期，頁16，民國94年4月。

經包括在員工受僱的薪資或特別津貼之中，或在特殊情況中，另外約定支付對方一定數額的補償。若是離職員工對企業的客戶、商業機密資訊大量奪取時，因屬惡意性質，法院將認定對方不值得保護。

四、邁向雙贏的藍海策略

　　企業會簽訂競業禁止條款，主要是避免員工離職後之不當行為，除此之外，更需要積極地保留人才，例如提供優厚的工作條件與未來發展願景，讓員工能對企業產生向心力，避免獵人頭公司或競爭對手任意進行挖角，造成市場人力資源管理的困擾與市場秩序的失控，在培養人才之際，同時灌輸企業經營理念，讓企業員工更具團結力，勞資雙方才能邁向雙贏的局面。

　　企業與員工在簽訂競業禁止條款約定時，更可以共同協商、研議符合社會利益及兼顧雙方利益之約定，避免徒增不必要之糾紛、爭議與損害，達到勞資合作、互利互惠的共同目標。企業雇主更能提供積極方案等措施，如定期的在職訓練，員工專業技能培養與發展第二專長，同時釋出庫藏股發放給員工，增加員工福利措施與舒適的工作環境，減低人員流動比率等策略方案。例如：台積電為吸引世界級的人才[40]，給予員工最好的待遇，除了每年固定十四個月薪資、績效獎金及年終分紅外，提供最好的福利是不斷的教育訓練，除了聘請內部講師教導各項專業技能；也由各個專業機構、學校請來講師，教授語言、時間管理、談判、溝通等課程，使員工對企業產生向心力及團結，積極的措施比競業禁止條款等限制手段更能保障企業的永續競爭力。

---

[40]　蕭西君，吸引世界級的人才，CHEERS月刊2號，民國89年11月。

陸、結　語

　　競業禁止條款已是高科技產業與員工成立僱傭契約時被廣為採用，即使原始目的主要是從企業利益為考量，但是合法有效之競業禁止條款在確保市場競爭力的同時，也能避免企業的營業秘密因惡性跳槽、惡性挖角等不當手段而受到侵害。即使，企業為預防營業秘密不當外洩或不正當競業行為，除了藉由僱傭契約或競業禁止條款之限制外，尚須考量到誠信原則及信賴關係，並非單方面以高額違約金或特殊約定限制員工，而是須考量雙方立場的平衡。

　　本文探討之競業禁止條款法律適用係針對企業因競爭激烈而產生爭議的實務議題，如大立光電一案，於民國96年1月31日最高法院判決必須償還員工四百萬的分紅股票，法院認為大立光電藉由分紅要求員工簽訂「離職後」放棄股票紅利同意書，已經限制員工離職後的工作權，在契約效力上並不合法適用。然而，離職後之競業禁止條款其真正目的，應設法讓勞資雙方達成共識，在保護企業競爭優勢的同時，並能確實保障離職員工的工作權及其相關的基本權利，避免在欠缺實質締約平等的情形下，簽訂離職後之競業禁止契約而使其權利遭受過度的侵害與限制。由於現今我國在離職後之競業禁止條款並未明文規定，因此為確保雙方權利及義務，須提醒公司企業在簽訂僱傭契約時，能提出相關保護措施，積極地保留人力優勢，增進企業的永續競爭。本文藉由探討競業禁止條款的法律適用，冀望學術界及實務界能重視勞雇雙方的平衡，此係本文希望達成之貢獻。

參考文獻

中文

（一）書籍

1. 葉茂林、蘇宏文、李旦，營業秘密保護戰術—實務及契約範例應用，永然文化出版股份有限公司，民國84年5月。
2. 馮震宇，了解營業秘密法—營業秘密法的理論與實務，永然文化出版股份有限公司，民國86年7月。
3. 張靜，我國營業秘密法學的建構與開展—第一冊　營業秘密的基礎理論，新學林出版股份有限公司，民國96年4月。
4. 曾勝珍，學術論文集，智慧財產權法專題研究，金玉堂出版社，民國93年6月。
5. 林洲富，營業秘密及離職競業禁止條款之關連，律師雜誌307期，民國94年4月。

（二）期刊論文

1. 曾勝珍，我國有關營業秘密立法之評析，財產法暨經濟法第三期，民國94年8月。
2. 吳啟賓，營業秘密之保護與審判實務，法學論著月刊98期，民國96年9月。
3. 蕭西君，吸引世界級的人才，CHEERS月刊2號，民國89年11月。
4. 李洙德，勞動契約中的誠實信用與公平正義—高等法院93年勞上字第75號判決，法令月刊第57卷第9期，民國95年9月。
5. 顏雅倫，人才跳槽的緊箍咒—談競業禁止條款的合理運用，管理雜誌第339期，民國91年9月。

（三）電子文章

1. 趙文衡，全球化對臺灣經濟的挑戰與衝擊，http://www.globalpes.com/global/taiwanglobalization.htm（上網時間：民國96年11月4日）
2. 植根國際資訊股份有限公司債法各論，僱傭契約，http://www.root.com.tw/Rootweb/book/debt-08.html#2-A（上網時間：民國96年11月9日）
3. 行政院勞工委員會，簽定競業禁止參考手冊，http://www.cla.gov.tw/cgi-bin/SM_theme?page=41d35566（上網時間：民國96年9月21日）
4. 簡榮宗，淺論離職員工的競業禁止，http://www.cyberlawyer.com.tw/alan4-301.html（上網時間：民國96年11月1日）

7

競業禁止條款法制暨實務之探討

摘要 SUMMARY

對於營業秘密的保護規定已成為國際共識，員工在職期間內，依據法律的僱傭關係而受到競業條款拘束，離職後之競業禁止條款在現行法律對於此種問題並無明文規定，因此實務上由勞雇雙方依契約自由原則加以約定，然而契約內容幾乎由企業決定，勞工僅能接受，故此離職後之競業禁止爭議不斷，造成社會資源浪費。

本文以下探討各國營業秘密保護及競業禁止條款相關法制，並就實務部分做進一步分析，現今社會中契約自由與自由競爭在企業之間已是相當普遍，且透過市場正常機制，以合法、合理的競爭方式，更能提升反應市場競爭力。基於企業極為重視智慧財產權特性，在原企業或雇主與勞工訂定競業禁止契約時，必須掌握此必要性，其所訂定的競業禁止契約，也較具有必要、正當及合理性。

關鍵字

- 競業禁止條款
- 營業秘密
- 僱傭關係
- 契約自由
- 代償措施

壹、前　言

　　二十世紀末，隨著工商業及高科技產業繁榮發展，傳統的智慧財產權也配合國際潮流產生劇烈變化，這種變化在國際公約對於營業秘密的保護規定已成為國際共識，明定營業秘密屬於智慧財產權。最初，十九世紀末達成的巴黎公約雖未明文規定對營業秘密的保護，但在對不公平競爭的規範中已有大略規定，後來由關稅暨貿易總協定[1]（General Agreement on Tariffs and Trade，簡稱GATT；即世界貿易組織之前身）自西元1986年起，美國、日本及其他歐洲具領導性之國際產業聯盟共同將智慧財產權列為烏拉圭談判議題，並在西元1994年多邊貿易談判中通過「與貿易有關之智慧財產權協定」（Agreement on Trade-Related Aspect of Intellectual Property Rights，簡稱TRIPs）[2]將有關未經公開資料之保護（undisclosed information）規定於第39條以下，而我國為配合國際潮流中的TRIPs協定，對於營業秘密的重要性也逐漸重視，其發展從二十世紀末所達成「北美自由貿易區協定」（North American Free Trade Agreement，簡稱NAFTA）與TRIPs中相關規定得知變化，這對我國相關立法有著極大的影響。

　　在營業秘密的保護方面，長久以來即認為可以利用競業禁止協議加以保障，但隨著離職後之競業禁止條款逐漸成為契約中一個重要的部分，其中包括防止營業秘密外洩及不正當方式競爭，但離職後之競業禁止條款在現行法律對於此種問題並無明文規定，因此實務上由勞雇雙方依契約自由原則加以約定，然而在雙方地位不平等的狀態，契約的內容幾乎由企業所決定，勞工僅能接受，此正是離職後競業禁止爭議不斷發生的由來，為此對於各國在營業秘密侵害及競業禁止條款方面做進一步的分析。

---

[1]　General Agreement on Tariffs and Trade，簡稱GATT於民國82年12月15日烏拉圭回合談判之結束而定案。

[2]　駱志豪，TRIPs對營業秘密之保護，公平交易季刊第4卷第3期，頁61，民國85年7月。

貳、國際組織協定

一、巴黎公約

保護工業產權的巴黎公約（Paris Convention for The Protection of Industrial Property，簡稱巴黎公約）於西元1883年3月20日在巴黎簽訂，1884年7月6日生效。公約經過七次修訂，現今實行的是1980年2月在日內瓦修訂的內容。到西元2002年9月19日，公約已有包括中國在內的164個成員。公約締結時，締約國的意圖是使公約成為統一的工業產權法但由於各國利害關係不同，各國國內立法制度差別也較大，因而無法達成統一，但公約最終成為各成員國制定有關工業產權時必須共同信守的原則，並可起到協調作用[3]。巴黎公約在第10條之2[4]對有效保護智慧財產權及防止不公平競爭的規定中，會員應就符合下列第2項所規定未經公開之資料及第3項所規定之提交政府或政府相關機構之資料予以保護，而在第3項第1款中，更有明文規定，「不論依何種方法，於性質上對競爭者之營業所、商品或工商業活動造成混淆的一切行為」都在限制之內，若是行為人以不正當的方法獲取營業秘密，並藉此進行競業行為，此應為巴黎公約所禁止。

---

[3] 新華網，保護工業產權的巴黎公約，http://big5.xinhuanet.com/gate/big5/news.xinhuanet.com/ziliao/2003-09/28/content_1104163.htm（上網時間：民國97年2月10日）

[4] 巴黎公約第10條之2規定如下：1.本聯盟各國必須對該國國民保證給予取締不公平競爭的有效保護。2.凡在工商業活動中違反誠實慣例的競爭行為，即構成不公平競爭行為。3.特別禁止下列各項：a.不論依何種方法，性質上對競爭者的營業所、商品或工商活動造成混亂之一切行為；b.在經營商業中，性質上損害競爭者的營業場所、商品或工商活動信譽的虛偽說法；c.在經營商業中使用會使公眾對商品性質、製造方法、特點、用途或數量易於產生誤解的表示或說法。

二、北美自由貿易區協定

從巴黎公約開創國際組織對智慧財產權的重視後，發展後來相關的國際公約中，「北美自由貿易區協定」（NAFTA）首先對營業秘密之保護予以明確保護，在美國、加拿大與墨西哥的要求下，同意第1711條對於保護營業秘密之規定，使得營業秘密有較為具體的保護機制，進而影響到後來TRIPs有關營業秘密保護之訂定。NAFTA第1711條對於營業秘密保護的內容相當廣泛，對營業秘密之意義與要件、營業秘密之保護期間、營業秘密之授權，以及生化醫藥品對特殊保護等有明確之規定。從NAFTA所為的規定可以得知，對於所保護的營業秘密之特色，在於禁止締約國對營業秘密授權所加諸之不當限制，而妨礙營業秘密之授權。現今許多國際化的企業皆有聘請專業經理人，若是過於限制營業秘密之授權，也可能相對影響企業的發展。

另外，NAFTA對於生化方面的營業秘密之保護也有相關重視，主要來自於美國方面的影響，NAFTA要求請求營業秘密的保護人必須提出文件、電磁方法、光碟、微縮片、影片或其他類似工具以證明營業秘密之存在，亦為其特別之處[5]。此種主張證明義務之規定，可避免營業秘密認定之爭議，可供我國參酌。

三、與貿易有關之智慧財產權協定

在國際組織協定而言，「與貿易有關之智慧財產權協定」（Agreement on Trade-Related Aspect of Intellectual Property Rights，簡稱TRIPs），僅有TRIPs對侵害問題有所特別規定，但對於侵害類型並未有規定，而是間接規定於第39條之附註。根據TRIPs第39條規定，任何人皆應有防止他人未經其許可，而以違背誠實商業之行為（a manner

---

[5] 請參見NAFTA第1711條第5項。

contrary to honest commercial practices）披露、獲得或使用他人之營業秘密。至於哪些是違背誠實商業之行為，在TRIPs僅以附註說明，指稱該等行為，至少包括違約、洩密或誘使他人洩密之行為及透過第三人獲取營業秘密，不論行為人明知或因過失而不知其將會構成違背誠實商業之行為[6]。所謂「違背誠實商業行為之方法」（a manner contrary to honest commercial practices），其規定相當於公平法第19條第5款之「不正當方法」。此等規定與我國公平法第19條第5款相較之下，對於僅限於脅迫、利誘或其他不正當方法獲取他事業營業秘密之規定更加廣泛。

　　TRIPs規定說明構成未經公開資料保護之要件須符合五項要件：1.自然人或法人合法持有之資料；2.應有防止被洩漏之可能或遭他人以違反商業誠信方法取得、使用可能；3.未經公開之資料須具有秘密性，且其整體或細節配置及成分組合觀察非處理同類資料之人所能知悉或取得者；4.未經公開資料之秘密性須具有商業價值；5.未經公開之資料需已經合法持有人以合理步驟保持其秘密性[7]。當符合五項要件規定時，方具有保護價值，其會員國應保護至少符合前述條件之資料免於被洩漏，或遭他人以具有商業倫理合理化之手段取得並進而利用。

　　對於侵害營業秘密之行為，TRIPs也在第41條第1項中，要求各締約國採取有效之措施，例如：假處分（injunctive relief）、損害賠償以及臨時之救濟方法（provisional relief），以防止侵害之發生，並保存證

---

[6] 馮震宇，了解營業秘密法—營業秘密法的理論與實務，永然文化出版股份有限公司，頁136，民國86年7月。

[7] TRIPs於第39條之附註中特別指出，For the purpose of this provision, "a manner contrary to honest commercial practices" shall mean at least practices such as breach of contract, breach of confidence and inducement to breach , and includes the acquisition of undisclosed in formation by third parties who knew, or were grossly negligent in failing to know, that such practices were involved in the acquition.

據[8]。但在其他救濟部分，TRIPs賦予權利人損害賠償請求權。TRIPs第45條規定，對已知或有充分理由應知其所為之行為係屬侵權行為之侵害人，司法機關應有權命令其向權利人支付足以彌補因其侵害智慧財產權行為而對權利人造成損害之損害賠償額，與國際協定相較之下，我國於營業秘密法第13條所規定部分，其最高賠償金額更能補償受侵害人的損失。

　　依據TRIPs第1條第1項之規定，會員國在TRIPs下的最基本義務，為遵守TRIPs的各項實體規定，並將落實到國內法中，而各國在制訂其內法時，必須遵循基本原則所謂的「最低標準原則」[9]，且在行政、民事之程序與救濟方面，TRIPs在第42條規定有關公平合理程序中表示，締約國應向權利人（right holder）[10]提供本協定所包括的任何執行智慧財產權之民事司法程序。於進行相關程序時，雙方當事人均有權提出權利主張以及出示有關證據的權利。而在民事程序進行中，TRIPs特別指出，「除非與締約國現行憲法規定有所違背，對該程序新『締約國』應提供識別與保護秘密資訊之方法。」可見TRIPs已經瞭解訴訟程序可能會造成營業秘密之洩漏，由於營業秘密具有「一旦喪失，就永

---

[8]　TRIPs第41條第1項之總義務（General obligations）中規定：「締約國應保證本部分（Part III）所規定的執法程序依照其國內法可以有效執行，以便能夠採用有效措施制止任何侵犯本協議所包括的智慧財產權之行為，包括及時的防止侵害之救濟，以嚇阻進一步侵權行為之救濟。這些程序之應用方式，應避免造成對合法貿易之障礙，同時亦應能夠對防止有關程序之濫用提供保障。」而在同條第2項，TRIPs則規定，智慧財產權之執行程序應公平合理，不得過於複雜或費用過高、包含不合理的時效或無理由（unvarranted）的拖延。

[9]　最低標準原則，說明會員國有義務依照TRIPs所定之基本要求，保護智慧財產權，但無義務制訂較TRIPs所定標準為高的保護程度。

[10]　TRIPs所稱之right holder，不但包括自然人與法人，還包括類似我國人民團體，而有合法地位主張這類權利之聯盟federations與協會associations。請參見Joe Kirwin, EU States Approve Copyright Directive; Rights-Holders See States as Too Powerful, 5 BNA Electronic Commerce & Law Report 632, June 14, 2000.

遠的喪失」（once lost is lost forever）之特性[11]，因此更需避免藉由任何行為造成營業秘密的洩漏。在最低標準原則，會員國在符合TRIPs之前提下，則有權決定其法律體制，執行TRIPs的適當方式。

參、外國競業禁止之法制必要性

競業禁止契約，既然是原企業或雇主為保護其營業秘密，以防止勞工將原企業或雇主的營業秘密或技術外洩，而與勞工約定在職期間或離職後，不得從事相同或類似工作的約定。因此，原企業或雇主在與勞工訂定此類契約時，應就員工是否有侵害原企業或雇主之營業秘密或擁有專業技術之虞的前提下進行契約。因為，在現今社會中，契約自由與自由競爭在企業之間已是相當普遍，理所當然的現象，且透過市場正常機制，以合法、合理的競爭方式，更能提升正確的反應市場供需與價格。故此，在原企業或雇主與勞工訂定競業禁止契約時，亦必須掌握此必要性，其與勞工所訂定的競業禁止契約，也才較具有必要、正當及合理性。由於從1986年起，美國、日本及其他歐洲具領導性之國際產業聯盟共同將智慧財產權列為烏拉圭談判議題，並且通過與「貿易有關之智慧財產權協定」，因此本文將從美國、日本、德國、瑞士及中國大陸進行相關說明。

一、德國

德國「商法」第74、75條內容當中，明白規定競業禁止條款限於保護僱用人營業上之正當利益，並需簽訂書面，且以二年為限。原企

---

[11] 同前註1，頁11。

業或雇主並且需擔負離職勞工，不為競業所產生損失之補償義務，且不可違反公共秩序或善良風俗，始為有效（指就限制的種類、範圍、時間、區域等，不得過於嚴苛，而致離職勞工產生嚴重的損害）[12]。若員工為未成年人或低薪資之受僱人，其所訂定之競業禁止條款為無效。「低薪資」係指勞動契約終止時之最後一年之年薪少於一定之標準者而言。此項標準則是依照每年物價指數變動調整，且由主管機關以行政命令發布之。

於德國「商法」第74、75條可得知，原企業或雇主與勞工簽訂競業禁止約款的必要性，除原企業或雇主，有同上述之可受保護及正當之營業利益外，對於未成年及低薪資之勞工，係不得為競業禁止之約定。其立法用意在於考量未成年勞工的權益，基於保護未成年人的立場下，禁止任何原企業或雇主，限制未成年勞工職業選擇自由之行為。至於針對低薪資勞工之立法用意，是考量該勞工通常在原企業或公司內所處之職位不高，因職位較低為公司低層員工，故接觸到原企業或雇主的營業秘密的機會相對較少，因此無必要限制其職業選擇自由。

二、日本

近年來，全球化的進展，高速發展亞洲經濟帶來的商機，吸引了日本製造業跨海投資。日本製造業的海外活動，包括了當地合作企業專利、技術授權（licensing）、員工培訓等技術移轉，在這種局面中，為了確保國際競爭力，不斷地進行研發創新技術，使其產品能在日本

---

[12] 德國聯邦勞工法院西元1969年9月13日判決，載DB1970卷第396頁，引自陳繼盛，行政院勞委會委託「我國勞動契約法制之研究」研究報告書第97頁，民國78年7月。德國商法亦規定，競業禁止期間，雇主應給付受僱人最後年限報酬額一半以上，否則契約將喪失拘束力。李章順，員工競業禁止之探討，http://www.lulijen.idv.tw/800.htm（上網時間：民國97年4月24日）。

生產也擁有低成本及高附加價值，日本政府為企業提供各種資源，不斷改善企業的經營環境和技術開發環境，但在智慧財產權不受重視的國家及地區，日本企業往往會發生營業秘密外洩或專業技術外流當地，造成仿冒品氾濫，不僅影響企業利益，而且使日本企業在技術與利益面同時喪失競爭力。對於如何防止技術外洩，該管理辦法注重在防止跨國境的技術外流[13]。因此，日本法律對於勞工離職後競業禁止之規定，雖無明文之規範，但關於營業秘密之保護主要是以不正競爭防止法第1條第1款[14]來規範。日本之「不正競爭防止法」，所定之不正競爭行為之制止，亦屬於廣義的競業禁止。

三、瑞士

瑞士「民法」第340條的內容規定，明文規定簽訂競業禁止契約的要件，其中條文內容說明，如僱用人不能證明其有值得保護的利益時，該競業禁止契約即屬無效。同時亦規定，競業禁止之對象必須是受雇人在勞動契約中曾參與或可能接觸顧客或貨物（原料、零件）來源、製造或銷售過程等秘密，而此類營業秘密之運用對原企業或雇主可能造成重大損害者為限，如不具備此一要件者，即不得屬此項競業禁止的義務[15]。瑞士「民法」340條規定，在考慮原企業或雇主，是否有必要與勞工簽訂離職後競業禁止約款，需考量的因素主要為原企業或雇主是否有值得保護之利益外，勞工在任職期間，是否曾經接觸或

---

[13] 技術轉移與不慎技術外流是指發生在日本國內相關企業，按照日本法律，在日本國內的對策主要的重點是以營業秘密管理方針作為對象。

[14] 日本不正競爭防止法第1條第1款規定：「指以不正當方法取得營業秘密，另何謂『不正當方法』則於本條第2項予以立法解釋。是以竊盜、詐欺、脅迫等方法取得他人之營業秘密均構成營業秘密之侵害，至於以不正當方法取得該營業秘密之人與營業秘密所有人間，是否有僱傭關係或其他法律關係，並非所問。」

[15] 張凱娜，離職員工競業禁止問題之探討，資訊法務透析，西元1989年9月，頁2-4。

執行原企業或雇主的營業秘密。故若離職勞工未具備此二項要件時，若原企業或雇主仍執意要求簽訂離職後之競業禁止契約，其必要性則令人相當質疑。

四、美國

　　美國為聯邦制國家，其法律規定除聯邦法規外，各州亦依各州需求制定法規，而競業禁止之規定，美國並無統一聯邦法規，主要屬於各州規制之範圍，而由各州可依普通法或制定法來規範。美國對於競業禁止的重點著重於自由競爭的概念，但基本上仍以平衡勞雇雙方之利益為關鍵，加上美國各州對於離職後競業禁止之態度並不相同。

　　美國法院曾於判決中認為，競業禁止條款只有在保護僱用人（指企業或雇主）合法的利益之合理的及必要的範圍內才屬有效。如是為保護公司利益而與職位低的受僱人簽訂競業禁止條款，反而會使該受僱人所受的損害，遠大於公司可能蒙受的損害，在衡平雙方利益之後，此種契約條款將無法發生效力[16]。由美國法院的判決可看出，在考慮原企業或雇主，是否有必要和離職勞工簽訂離職後競業禁止契約時，需要考慮的是原企業或雇主，是否存在合法的利益為離職勞工所侵害，且必須在合理及合法的範圍內，才具備必需簽訂此契約的必要性。故若勞工的職位較低，如作業員、工讀生等；工作年資較淺，如任職六個月或一年以下，或工作內容與企業經營的重要營業秘密無關，如外層員工、一般維修人員，原企業或雇主仍與此類勞工簽定離職後之競業禁止契約時，其必要性則較令人質疑。

---

[16] Neeco, Inc.v.The Computer Factory, Civ.A, No87-1921-ZD. Mass. Aug. 19, 1987.

五、中國大陸

　　中國大陸將離職後競業禁止契約稱為「競業避止合同」。就該國學者認為，由於勞工普遍薪資所得不高，故要求自行承擔離職後競業禁止之義務，依目前認知仍缺乏可行性。但在中高階層幹部或有機會接觸到原企業或雇主營業機密之技術勞工，則認為有簽訂此契約條款之必要性。例如：高級研發人員、專業技術人員、市場計劃及業務人員、財務會計人員、秘書及保安人員等。如需簽定競業禁止契約，則關於離職後競業禁止契約所依據之法律基礎為，該國「勞動法」第22條[17]及第102條[18]，分別解釋說明與賠償責任。換言之，只要競業禁止契約是針對必要的人，限制理由是出於保護營業秘密所必要，且企業會在必要時作出合理補償，則此契約應是合法必要性的。

　　事實上，大陸已有實際簽訂競業禁止合同的實例。其國家建材局科技司向所屬單位下發的「關於國家重點科技攻關項目成果知識產權保護的通知」中第5條即規定：「承擔項目（專題）的主要研究人員，在攻關研究不得調動到其他單位。離休、退休、停薪留職、辭職或調職的人員，在離開原單位一年之內不得從事與攻關內容相同的技術工作」。此一規定為下屬單位執行，並列在與職工簽訂的有關合同之中，即是競業禁止契約之顯例[19]。

---

[17]　中華人民共和國勞動法第22條規定：「勞動合同當事人可以在勞動合同中約定，保守用人單位商業秘密的有關事項。」全國人大常委會於西元1994年7月5日發布，於西元1995年1月1日施行。

[18]　中華人民共和國勞動法第102條規定：「勞動者違反本法規定的條件解除勞動合同或者違反勞動合同中約定的保密事項，對用人單位造成經濟損失者，應當依法承擔賠償責任。」

[19]　簡榮宗，談知識經濟時代之競業禁止條款(二)，http://www.nii.org.tw/cnt/ECNews/ColumnArticle/article_164.htm（上網時間：民國96年12月7日）

肆、外國競業禁止相關立法例

　　離職後之競業禁止在英美法上可稱為（post-employment）covenants not to pompete，亦有稱之為restrictive covenants或non-competition agreements者。外國學者對於離職後競業禁止的目的解釋為，學者認為「離職後競業禁止契約能夠幫助雇主保護他們種種的利益，包括他們在人力資本方面的投資[20]。」，亦有認為「避免勞工在離職後受另外雇於競爭公司或自己成立新公司時，將原雇主的智慧財產外洩、揭露以及使用[21]。」，另有認為「這個問題可能會有許多不同的解釋，但是最普遍的說法是保護雇主特定的投資。雇主害怕營業秘密以及勞工在職期間培養出來的顧客關係，在勞工離職後會有被勞工繼續利用的風險[22]。」綜合各方解釋可以看出，離職後競業禁止目的就是在保護雇主的「利益」。此種利益包括雇主在經營管理上的營業秘密、對於勞工在人力資本上的投資，以及避免惡性營業競爭三方面[23]。僱傭關係結束後之競業禁止，法無明文規定，若契約無明文約定，則難以認定公司員工離職後有競業禁止之義務。惟在雙方當事人間有明文約定離職後競業禁止條款，其約定之效力值得探討。此等競業禁止條款是否有效，我國法律既無明文規範，則外國立法例當可作為重要參考依據。

---

[20] Chiara F. Orsini, Protecting an Employer's Human Capital: Covenants Not to Compete and the Changing Business Environment, 62 U. Pitt. L. Rev. 175, 175(2000).

[21] Ronald J. Gilson, The Legal Infrastructure of High Technology Industrial Districts: Silicon Valley, Route 128, and Covenants Not to Compete, 74 N. Y. U. L. Rev. 575, 602(1999).

[22] Gillian Lester, Restrictive Covenants, Employee Training, and the Limits of Transaction-Cost Analysis, 76 Ind. L. J. 49, 51(2001).

[23] 游世賢，勞工離職後競業禁止之研究，國立中正大學勞工研究所碩士論文，民國91年7月。

一、德國

德國「商法」第74條的所有相關規定，是德國目前唯一針對離職後之競業禁止問題的實定法規範，且依法第75條，其規定係屬於強行法，當事人不得為不同之約定，但若當事人之約定更有利於受僱人者，則仍有效。該法更注重於特定人，德國商法之適用對象，原本只限於商業上受僱者，但是德國法院判決將該法第74條以下之規定，擴張適用於其他各行業的所有勞工。故從德國「商法」第74條以下，從所有相關規定，於該國勞動法中，對於原企業或雇主與離職勞工間，離職後競業禁止條款之審查基準[24]說明如下：當事人雙方簽訂離職後競業禁止契約，以書面資料為憑證。在代償措施方面，則是以離職後一年內，原企業或雇主支付勞工能取得報酬之半數，做為禁止競業之補償；同時對於所限制競業之地域、期間及內容應合理且正當，不得影響離職勞工的生存權及工作權，禁止競業期間最長不得逾二年。在簽訂離職後競業禁止契約時，則以原企業或雇主的營業秘密是否合法且正當為有效之判斷。另外，勞工與原企業或雇主，達成離職後競業禁止契約時，不得違反公共秩序及善良風俗，如係為未成年勞工，則該約定無效。

二、日本

日本學者認為勞工離職後，誠信原則仍存在，惟不得不當妨礙勞工之經濟性及社會性活動。因此在合理之範圍內，得於僱傭契約中約定。當競業行為對勞工所造成的不利益與企業主應予保護的利益顯得不合理時，該條款即可能被認定為違反公序良俗而無效。日本法院

---

[24] 陳金泉，論離職後競業禁止契約，http://www.geocities.com/chenkc.geo/law/ law01new2003.11.17.htm（上網時間：民國96年12月6日）

之判例大體承認，若離職後競業禁止約款合理的話，即該條款為屬有效。

　　因此，其離職勞工競業禁止條款之審查基準[25]說明如下：離職後競業禁止契約之正當保護，須存在合法之營業利益，且避免員工因企業優勢專業技術機密被惡性挖角及確保企業客戶名單。簽訂離職後競業禁止契約，其限制競業期間、地域及職業活動等，不得超過合理之範圍，雖無明文規定，但依一般社會觀念判斷其限制是否合理，例如勞工職務及工作內容是否知悉營業秘密及其他專業技術機密，否則無須簽訂契約。該國學者認為代價措施為離職後競業禁止契約有效要件之一，實務上雖較少認為代價措施為離職後競業禁止契約之有效要件，但因學說影響亦逐漸重視代價措施有無之要件。另外，離職後競業禁止契約，若對離職勞工造成之不當損失，比起原企業或雇主，所應予保護之合法且正當之營業利益不平等時，該離職後競業禁止之契約，即可能被認定為違反公序良俗而無效。

三、瑞士

　　瑞士在債法第二篇「各種之債」的第十章勞動契約中，其個別勞動契約第340條規定之下，有四項條文說明分別為第340條、第340條之1、之2、之3[26]，規範著離職後競業禁止的事項，其離職後之競業禁止條款之審查基準說明如下：成年勞工與原企業或雇主簽訂書面契約後，於僱傭關係結束後不得從事競業行為，但僅針對勞工於職務中有獲得顧客名單、營業秘密，且對此等知識運用，對原企業或雇主可能造成重大損害者為限。對於離職後競業禁止約定，限制不得超過三年，且對於區域與種類，不得對離職勞工之經濟有不公平之妨害，並

---

[25] 同前註22。

[26] 中譯條文請參閱，民事法律專題研究三，台北：司法周刊印行，西元1986年4月。

應斟酌原企業或雇主之對待給付是否合理,且離職勞工可藉由支付違約金而免除離職後競業禁止之約定。另外,原企業或雇主及勞工若無正當理由,不能無故終止勞動關係,否則其離職後競業禁止約定將失去其效力;另於原企業或雇主若不能再證明離職勞工之競業禁止,對其營業利益有重大損害時,則亦失去其效力。

四、美國

美國離職後競業禁止制度,其發展受英國早期之普通法影響,且美國為聯邦體制國家,有關離職後之競業禁止規定,係屬於州權管轄之範圍,故並無統一之聯邦法令規定加以規範,而在各州間之規定也略有不同,在其判例亦認為有相當之限制,如雇主需有可受保護之利益、合理性、相當性、各州公共政策等。多數州以契約法來規範競業禁止條款的內容,例如:加州的商業及職業法(California Business and Professions Code)第16600條規定:「除本章另有規定外,任何限制契約相對人或第三人從事合法職業、交易、商業的契約概屬無效。」條文中所稱之另有規定,則僅指同法第16601條所允許之於讓受商號或公司股份時,得附帶簽署禁止競業契約[27]。

競業禁止條款存在有其必要性,而在現今社會自由市場經濟的體制下,正常的運作機制即是透過自由競爭,使社會資源合理分配,藉此提升經濟效益,但不合理的限制將影響自由競爭。相較於加州之嚴格禁止原企業或雇主簽訂離職後競業禁止之立法,但在美國大部分的州,皆以州法或法院判例為主,有限度的認定離職後競業禁止條款約定之有效性。根據美國各州法院本於普通法之概念,而衍伸出離職後之競業禁止條款之審查基準說明如下:離職後禁止競業契約不得「單獨」存在,必須附屬於某一合法有效之勞動契約始可成立,若未曾有

---

[27] 同前註22。

僱傭關係，則原企業或雇主不得與無關係之人簽訂離職後競業禁止契約。

簽訂離職後競業禁止契約時，原企業或雇主必須本於保護合法商業利益之必要，才得以和勞工簽訂離職後競業禁止契約，同時禁止限制競業之營業種類、工作事項範圍、期間、地域過於嚴苛。加州聯邦法院及州立法院更認為，必須要有一明顯界定範圍界限的規則，而如果明顯牴觸加州的公共政策時，則將不受該約定之限制。代償措施部分，原企業或雇主對勞工增訂離職後競業禁止條款時，應考慮其權利及義務，對於此種限制職業選擇自由之不作為義務，原企業或雇主是否有提供相當之誘因，例如：提供轉業技術訓練、特殊獎勵，或在競業禁止期間，給予離職勞工合理之不競業補償金等。

由於各州公共政策並無聯邦統一，因此聯邦法對貿易限制行為當然無效之鬆綁，各州對離職後競業禁止契約改採合理性原則之判斷基準，仍需基於各州之公共政策之考量，而有不同之規定，以維護公眾利益，若執行契約內容時違反該州的公共利益則屬不可執行。另外，各州對競業禁止條款在合理性原則基於公共政策考量而有不同規定。如條款中有部分合理，有部分不合理時應如何處理，美國各州法院發展出三種不同處理方式，全有或全無原則（all or nothing approach）[28]、藍鉛筆原則（blue pencil rule）[29]、合理化原則（rule of reasonableness）[30]，來表示競業禁止的內容。

---

[28] 全有或全無原則必須「全部」的競業禁止條款皆被法院認為合理，法院才承認其「全部」有效。有任何一部分被判認不合理，則「全部」競業禁止契約一概歸於無效。

[29] 藍鉛筆原則是當合理及不合理的條款很容易可由法院予以區隔開來時，有部分州法院採此所謂的藍鉛筆原則：只承認合理部分的條款為有效，不合理部分的條款則當然無效（好像一份契約可用一支藍筆劃分為兩部分）。

[30] 合理化原則是當一份競業禁止契約被判認不合理時（全部不合理或部分不合理皆同），法院有權只在他認為「合理」的限度賦予其有效執行之效力，此稱為合理化原則。

五、中國大陸

隨著世界各國多方產業進駐，中國大陸開始全力保護智慧財產權，同時加強保護商業秘密。中國大陸於西元2007年6月29日通過並公布了「中華人民共和國勞動合同法」，對營業秘密以及與智慧財產權相關的保密事項做出具體規定。

依據「勞動合同法」規定，僱用人與受僱人可以在勞動合同中約定保守受僱人的營業秘密以及與智慧財產權相關的保密事項。對有保密義務的受僱人，僱用人得在勞動合同或者保密協定中與受僱人約定競業限制條款，並約定在解除或終止勞動契約後，在競業禁止期限內按月給予受僱人經濟補償。受僱人若違反競業限制約定，則應按約定向僱用人支付違約金。此項競業禁止強制補償之立法，對受僱人更有保障。

「勞動合同法」的立法是為了促進創新和公平競爭，因此訂定競業禁止制度；「勞動合同法」要求競業禁止之人員限於僱用人企業之高級管理人員、高級技術人員或其他負有保密義務之人員；在競業禁止所限制的範圍、地域、期限則由僱用人與受僱人約定，競業禁止的約定不得違反法律、法規的強制規定。在解除或者終止勞動合同後，受到競業禁止規範的相關人員不得到與原雇主生產或者經營同類產品、從事同類業務的有競爭關係的其他企業，或者自己開業生產或者經營同類產品、從事同類業務的競業禁止期限，不得超過二年[31]。

除此之外，「勞動合同法」還就勞動合同的履行和變更、勞動合同的解除和終止、集體合同，以及非全日制僱用勞工等內容分別加以規定。該法自2008年1月1日起施行。其離職後之競業禁止契約所依據法律基礎為，該國勞動法第22條及第102條，認為簽訂離職後之競業禁

---

[31] 連邦國際專利商標事務所TSAL, LEE & CHEN: Patent Attorneys & Attorneys at Law，中國大陸公布勞動合同法規定智慧財產權保密事項，http://www.tsailee.com/_ch/_ipn/default01.asp?PKID=58（上網時間：民國96年12月7日）。

止契約需針對必要之人，亦上述之高級幹部或有接觸營業秘密之技術勞工。對於保護原企業或雇主合理且正當之營業秘密，為合理且正當之行為。代償措施則認為原企業或雇主應對離職勞工做出合理之不為競業補償。

伍、外國競業禁止之實務

競業禁止條款，其限制之時間、地域、範圍及方式，在一般社會的工作觀念及商業習慣上，可認為合理適當的措施且不危及受僱人之經濟生存能力，其約定係屬有效。由於各國相關立法例基準不同，而藉此實務來分析契約之合理性，且依據國內情形進行考量判斷。

一、德國

營業秘密的保護及競業禁止問題，在大陸法系國家而言，是屬於不正競爭防止的部分，通常並未特別單獨立法規範，因而納入其他法規之中。德國對於營業秘密的保護，主要係規定於不正競爭法（Gesetz gegen den unlauteren Wettbewerb，簡稱UWG）第17條以下[32]，而競業禁止則是於商法第74條及第75條所規範，而依據德國聯邦最高法院之判決，將認定僱用人及受僱人對於秘密之保持應具有正當之經濟利益。對於所持觀點，可知未經公開、僱用人及受僱人皆需保持秘密之意思及保持秘密之利益，且可依其保護要件論述之。

---

[32] 以下條文之中譯，請參照，德國公平交易法相關法規彙編，行政院公平交易委員會，頁95-97。

（一）未經公開（Nichtoffenkündigkeit）

任何人皆能知悉之事，並非秘密。德國法對於秘密的概念，保持秘密之合理步驟僅是作為保持秘密性之意圖證據[33]。由於企業本身的營業秘密不需受其他智慧財產權法保護[34]，惟不正競爭防止所謂之營業秘密與專利法在概念上不相同，對營業秘密而言，新穎性並非絕對，例如過去使用之方法，經過長時間而遭到遺忘，仍可成為營業秘密。依據法院之判決，企業使用之秘密方法而能達成特定結果，獲得合法的營業利益，則此種方法對該企業亦可能成為營業秘密。當員工在原企業或雇主學習到該秘密方法時，於離職後則依據原企業或雇主需要，簽訂競業禁止契約。

（二）保持秘密之意思（Geheimhaltungswille）

企業僱用人及受僱人，應有保持其秘密之責任，其保持秘密之意思，並不以明示為限，可視情況而定，可得知僱用人及受僱人有保護營業秘密之義務。但在受僱人的部分，又可能因僱傭關係結束或契約效力消滅等情況無需保持秘密。在TRIPs的規定中則明確要求保持秘密性的合理步驟[35]。

（三）保持秘密之利益（Geheimhaltungsinteresse）

企業僱用人與受僱人對於保護營業秘密，必須具有經濟上之利益。換言之，如不具有經濟上利益時，企業僱用人與受僱人不得任意

---

[33] See Friedrich-Karl Beier and Gerhard Schricker (eds.), From GATT to TRIPs-The Agreement on Trade-Related Aspects of Intellectual Property Rights, Max Planck Institute for Foreign and International Patent, Copyright and Competition Law, Munich, at 244.

[34] Baumbach/Herfermehl, Wettbewerbsrecht, 19. Aufl. 1996, § 17Rdn 2-8.

[35] 請參見TRIPs第39條第1項規定：「為依西元1967年西黎公約第10條之2有效保護智慧財產權及防止不公平競爭，會員就符合下列第2項未經公開之資訊及第3項所規定之提交政府或政府相關機構之資訊，予以保護。」

請求保持其秘密。

　　曾被認定屬於營業秘密者，包括了企業擁有且與自身所學習之技術和市場行為相關的一切秘密資料，例如財務資產報表、員工名單、組織管理、行銷方法、廣告宣傳方法、客戶資料、廠商資料、產品價格、成本條件、市場調查資料；若單涉及其他企業之資料則不在此限。另外，企業之一切技術性資料，如構程、製程、配方、控制方法與成果、品質及效用分析和電腦程式等，皆包含其中[36]。

二、日本

　　在日本企業有將競業禁止條款規定在工作規定中，競業禁止行為有勞動契約之債務不履行、離職勞工之競業行為構成侵權行為、雇主有於勞動契約或工作規定中規定勞工在離職後如從事競業行為則退職金將減額發給或全部不得請求之約定、雇主以勞工離職後從事競業行為而將勞工懲戒解僱等類型[37]。

　　若雇主以離職勞工之競業行為該當於勞動契約之債務不履行，而請求離職勞工負損害賠償。例如：「中部機械製作所事件」（金澤地判昭和43.3.27），該案中認為離職後與僱傭關係存續中有所不同。一般勞工在僱傭關係存續中，有負競業禁止之義務，在期間勞工所學習的業務上知識、經驗及技術，均成為勞工人格財產的一部分，勞工在離職後如何利用上開人格財產，係屬個人自由，若無特別約定，原雇主不得拘束勞工的自由，及「秘書事件」（東京地裁平成5.1.28），該

---

[36] Helmut Köhler/Henning Piper, Gesetz gegen den unlauteren Wettbewerb mit Zugabeverordnung, Rabattgesetz, und preisangabenverordnung, 1995, §17 Rdn10.

[37] 蔡正廷，離職勞工競業禁止之案例類型，萬國法律一○七期，民國88年10月，頁45。參日本「三晃社事件」（最高裁二小判昭和52.8.9），在其判決要旨中指出該案件之退職金具有功勞報償之性質，因此原雇主上開之退職金之規定，不得認為係不具合理性之條款。

案從營業自由之觀點而言，勞動關係終止後勞工雖不負「競業禁止」之義務，若勞工利用勞動契約存續中所取得有關交易對象之資料，以奪取與原雇主仍有交易關係之客戶之競業行為，此時仍可構成勞動契約之債務不履行。

若雇主以離職勞工之競業行為構成侵權行為，而請求該離職勞工負損害賠償責任。例如：「東日本自動車化學事件」（東京地判昭和51.12.22），該案說明受僱人在經營汽車化學用品公司擔任董事及職員，在職期間即企圖設立新公司，經過積極準備後離職，並成立與原公司營業事項販賣之產品完全相同之競爭公司，並將相同產品售予原公司客戶而賺取利潤，導致原公司面臨破產，原公司則控告受僱人侵權，請求損害賠償。但在法院判決要旨說明，通常設立同種類公司及販賣相同產品屬個人自由，但若以不法手段、方法加以侵害，則原公司則能受到法律保護。因此，受僱人所稱之自由，僅止於不以不法之方法、手段侵害原公司營業活動之範圍內，在此限制範圍內，受僱人之營業活動自應受到限制。

若工作規則或勞動契約有離職後如從事競業行為則退職金將減額發給或全部不得請求之約定，而離職之勞工違反上述約定從事競業行為，雇主乃起訴請求該勞工應返還已支付之退職金。例如：日本「三晃社事件」（最高裁二小判昭和52.8.9），該案說明在廣當代理站中擔任業務之員工，於退職後轉至同業公司就職，原雇主以退職金辦法內定有至同業公司任職之離職員工，應返還所受領退職金之一半之條款，而請求該員工返還半數之退職金。在其判決要旨中指出該案件之退職金具有功勞報償之性質，因此原雇主上開之退職金之規定，不得認為係不具合理性之條款。

若雇主以勞工離職後將從事競業行為而將勞工懲戒解僱，勞工起訴請求雇主付退職金情形。例如：「久田製作事件」（東京地判昭和47.11.1）及「高藏工業事件」（名古屋地判昭和89.6.8）之判決中，均認為如無特別約定，勞工離職後並不受任何競業禁止的限制，而否定雇主懲戒解僱之效力。

三、美國[38]

　　美國於不同類型的契約型態表現競業禁止的內容，在實務上有不同的作法，主要分成三大部分，承諾不引誘顧客之約定（customer non-solicitation covenants）、承諾不引誘受僱人之約定（employee non-solicitation covenants）及保密約定（non-disclosure covenants）。承諾不引誘顧客之約定，此類並不禁止受僱人為競爭公司工作，而限制不能引誘原僱用人之客戶。但在實務上卻有不同的看法，如Merrill Lynch, Pierce, Fenner & Smith Inc. v. Ran[39]一案中，若是原雇主因舊客戶遭受引誘則有可能流失其顧客群，認為限制試探或引誘同類客戶於一年期間內屬合理範圍，但在Corson v. Universal Door Sys., Inc.[40]卻強調若無原雇主介紹客戶給受僱人，受僱人根本沒機會認識重要客戶，因此受僱人若離職後，引誘重要客戶轉移商業對象，將造成僱用人流失大量業務。

　　若原僱用人對其他顧客間並無直接商業關聯或契約存在，但又對受僱人要求限制訂定此類競業禁止，則此約定係屬無效。在Hulcher Servs., Inc. v. R.J. Corman R.R. Co.一案中，認為僱用人在營業上並無值得被保障的利益，因此僱用人禁止「受僱人引誘其他非特定顧客的約定」係屬無效。此類型契約限制大部分需符合「合理性」的判斷標準，否則此類契約限制不合法。

　　承諾不引誘受僱人之約定，其禁止離職員工引誘原僱用人之其他受僱人的約定，此類契約為保護原僱用人投入大量資源培訓此類員工，而在約定解釋上須更加謹慎，因為限制的對象針對於重要的中高階幹部或具有專業技術性的員工，如密蘇里法院認為此類限制離職員

---

[38] 同前註11，頁114-117。
[39] 67 F. Supp. 2d 764,774 (E.D. Mich. 1999)
[40] 596 So.2d 565, 568-69 (Ala. 1991).

工不能引誘或其他手段影響其他受僱人離職的約定無效[41]，法院認為僱用人僱用員工乃根據員工的意思與技術，並不構成競業禁止約定中「可被保護的利益」，因此法院認定為保障僱用人商業上之利益，而要求簽訂此類約定，除非僱用人能證明離職員工企圖引誘或其他手段影響其他受僱人，或僱用人已投注大量資源在培訓此類員工，若員工離職將造成僱用人之損失，此類契約才可能生效。

保密約定，此類型約定僅是說明規定的內容或增加的條文，針對保密期間、防止洩密的資訊種類及範圍上不超過合理限度，為避免僱用人之營業秘密外洩，則此類約定可被接受。如Trailer Leasing Co. v. Assocs. Commercial Corp., No. 96 C2305,1996 WL 392135, at 6.[42]一案中，認為禁止受僱人洩漏與營業秘密相關的任何方法是不合理的，因此契約無效。另一案Nasco, Inc. v. Gimbert, 238 S.E.2d 368,369-70（Ga. 1977）則認為禁止洩密契約若包含對任何與僱用人之事業相關或有影響的知識或任何事項，如此廣泛範圍的限制，亦為無效。但在普通法的概念上，即使沒有保密約定，受僱人亦受到約束，不能洩漏關於僱用人的營業秘密，如Anderson Chem. Co. v. Green一案中，認為依據普通法，受僱人有義務不能洩漏僱用人之機密資訊（confidential information）。美國雖將表現競業禁止的內容分成三大類型，但各州對於競業禁止條款及此類限制性的契約內容規範要求，在實務見解仍不一致。

伊利諾州（Illinois）Office Mates 5, North Shore, Inc. v. Hazen[43]一案中，是以顧客關係來界定商業利益，且用幾乎永遠的標準來判斷僱用人可被保護的利益範圍，限制在「幾乎是能維持永久的顧客關係」才能成為約定效力，因此在承諾不引誘顧客之約定應屬無效。猶他

---

[41] Schmersahl, Treloar & Co., v. McHugh, 28 S.W. 3d 345, 351 (Mo. Ct. App. 2000).

[42] N.D. Ill. July 10, 1996.

[43] 599 N.E.2d 1072, 1080-1803 (Ill. App. Ct. 1992).

州（Utah）System Concepts, Inc. v. Dixon[44]一案中認為受僱人所提供特殊性的服務亦屬於僱用人可被保護的利益範圍，而在紐約州（New York）Reed, Roberts Assocs. V. Strauman[45]此案亦同。新罕布夏州（New Hampshire）National Employment Serv. Corp. v. Olsten Staffing Serv., Inc.,[46]一案認為僱用人培訓員工的費用不能成為可受保護的利益；華盛頓州（Washington）Copier Specialists, Inc, v. Gillen.[47]一案亦認為受僱人的訓練費用不能作強制實施「離職後」競業禁止的原因。佛羅里達州（Florida）Hapney v. Gent. Garage, Inc.,[48]一案中認為非一般性的，即符合特殊性的訓練（extraordinary or specialized training）才能成為僱用人所主張保障的利益。

　　當法院在決定競業禁止條款是否在期間或區域上的限制過大，法院會衡量合理的標準範圍或是「藍鉛筆理論」，適用此二種理論，若對限制範圍過大的契約則一律認為無效，因此參考美國的判決原則來看，主要為利益的衡量不同。

陸、結　語

　　現今社會中契約自由與自由競爭已是相當普遍，因此在原企業或雇主與勞工訂定競業禁止契約時，必須具有必要、正當及合理性。在必要性部分，德國是考量未成年勞工的權益，基於保護原則，禁止任何原企業或雇主與未成年勞工簽訂契約，且對於職位較低的員工也認為無必要限制其工作自由；日本對於離職後競業禁止無明文規範，但

---

[44] 669 P.2d 421,426 (Utah 1983).
[45] 353 N.E.2d 590, 593 (N.Y.1976).
[46] 761 A.2d 401, 405 (N.H. 2000).
[47] 887 P.2d 919, 920 (Wash. Ct. App. 1995).
[48] 579 So. 2d 127, 131 (Fla. Dist. Ct. App. 1991).

對於營業秘密之保護則以不正競爭防止法來預防,主要因為日本以貿易為主,常有海外投資活動等,為保障國內企業利益,因此選擇廣義的競業禁止方法;瑞士則認為原企業或雇主是否有值得保護之利益及勞工在職時是否曾接觸或執行原企業或雇主的營業秘密做為簽訂契約的必要性;在美國的法院曾於判決中認為,競業禁止契約只有在保護企業或雇主合法的利益及合理且必要的範圍內才屬有效,主要原因在於美國並無統一聯邦法規,主要屬於各州規制之範圍時,由各州依普通法或制定法來規範;中國大陸的勞工普遍薪資所得不高,故要求自行承擔離職後競業禁止之義務,在認知上仍缺乏可行性,但其該國勞動法則要求,若契約限制理由是基於保護營業秘密所必要,則必須作出合理補償,且該契約應是合法必要性。

由於各國相關立法例基準不同,因此需藉由實務分析契約內容之合理性,且依據我國情形進行考量判斷。離職後競業禁止的最初目的在於保護雇主的利益,此種利益包括在經營管理的營業秘密、對於勞工在人力資本上的投資及避免惡性競爭等。在德國方面,其離職後競業禁止約定,以原企業或雇主之營業秘密是否合法且正當為原則,且在競業期間一年內給予勞工相當數額之補償金,因此實務則以營業秘密特性為主要內容,如未經公開、保持秘密之意思、保持秘密之利益;日本則是以營業秘密是否有合法之營業利益為原則,雖無離職後競業禁止相關規範,但代償措施之有無則視為有效要件之一,其實務上則規定勞工在簽訂契約時,是否有違反之行為;瑞士則認為一旦簽訂契約,於勞動關係終止後,不為競業之行為,但不得對離職勞工之經濟上有不公平之妨害,且在限制年限以不得超過三年為主;美國則認為離職後競業禁止約定不得「單獨」存在,須附屬在某一合法有效之勞動契約之下,且原企業或雇主需有合法且正當之商業利益,在僱傭關係中,提供報酬為對價之關係,實務上的作法則是分成三部分,承諾不引誘顧客、不引誘受僱人及保密約定;中國大陸近來剛通過「勞動合同法」規定,認為對保密義務的受僱人,僱用人得在契約中約定競業限制條款,並且約在終止勞動契約後,在競業禁止期限內按

月給予受僱人經濟補償，此部分為競業禁止強制補償之立法，對受僱人更有保障。

　　國際公約在對於營業秘密的保護規定已成為國際共識，各國企業對於營業秘密的保護方面，皆利用競業禁止協議加以保障，主要針對防止營業秘密外洩及不正當方式競爭，但是我國現行法律對此無明文規定，而離職後競業禁止糾紛日益增多，需因應僱傭關係之改變，同時考量權利及義務，在經過探討各國營業秘密保護及競業禁止條款相關法制，希望企業能透過市場正常機制，基於重視智慧財產權特性，共同協議符合社會期望及保障勞僱雙方之利益，更能提升市場競爭力。

參考文獻

一、中文

（一）書籍

1. 張凱娜，離職員工競業禁止問題之探討，資訊法務透析，西元1989年9月，頁2-4。
2. 陳繼盛，行政院勞委會委託「我國勞動契約法制之研究」研究報告書第97頁，民國78年7月。
3. 馮震宇，了解營業秘密法—營業秘密法的理論與實務，永然文化出版股份有限公司，頁136，民國86年7月。

（二）期刊

1. 蔡正廷，離職勞工競業禁止之案例類型，萬國法律一〇七期，民國88年10月，頁45。
2. 駱志豪，TRIPs對營業秘密之保護，公平交易季刊第4卷第3期，頁

61，民國85年7月。

（三）博碩士論文

游世賢，勞工離職後競業禁止之研究，國立中正大學勞工研究所碩
士論文，民國91年7月。

二、英文

1. Baumbach/Herfermehl, Wettbewerbsrecht, 19.Aufl. 1996, §17Rdn 2-8.

2. Chiara F. Orsini, Protecting an Employer's Human Capital: Covenants Not to Compete and the Changing Business Environment, 62 U. Pitt. L. Rev. 175, 175, 2000.

3. Gillian Lester, Restrictive Covenants, Employee Training, and the Limits of Transaction-Cost Analysis, 76 Ind. L. J. 49, 51, 2001.

4. Helmut Köhler/Henning Piper, Gesetz gegen den unlauteren Wettbewerb mit Zugabeverordnung, Rabattgesetz, und preisangabenverordung, 1995, §17 Rdn10.

5. Joe Kirwin , EU States Approve Copyright Directive; Rights-Holders See States as Too Powerful, 5 BNA Electronic Commerce & Law Report 632, June 14, 2000.

6. Neeco, Inc.v.The Computer Factory, Civ.A, No87-1921-ZD.Mass.Aug.19, 1987.

7. Ronald J. Gilson, The Legal Infrastructure of High Technology Industrial Districts: Silicon Valley, Route 128, and Covenants Not to Compete, 74 N. Y. U. L. Rev. 575, 602, 1999.

8. Schmersahl, Treloar & Co., v. McHugh, 28 S.W. 3d 345, 351 (Mo. Ct. App. 2000).

8 我國競業禁止條款相關案例及經濟分析

目次

摘要 SUMMARY

競業禁止條款約定，於社會一般觀念及商業習慣，基於保護企業利益且不危及受限制人之經濟生存能力。從保密約定及競業禁止條款所產生之契約，經濟分析認為法律所規定之契約制度應是強制執行當事人所訂定契約之內容，以促進自由市場進行，並使得財產能經由最低交易成本獲得最大效率。但從法律的公平正義而言，在保障企業競爭力之際，更須避免在欠缺實質締約平等的情形下，簽訂離職後之競業禁止契約而使其權利遭受過度的侵害與限制。簽訂競業禁止條款其真正目的，應是設法讓勞資雙方達成共識，同時確保雙方權利及利益。本文希冀藉由我國相關案例探討於法律或經濟層面，權衡比較成本及整體利益是否合理。

關鍵字

- ■ 競業禁止條款
- ■ 代償措施
- ■ 營業秘密
- ■ 經濟分析
- ■ 僱傭關係

壹、前　言

　　近年來，我國對於智慧財產權逐漸重視，從西元1996年1月17日營業秘密法制定公布適用至今[1]，從企業保護商業機密及避免營業秘密外洩，說明智慧財產權管理的重要性。競業禁止條款約定，於社會一般觀念及商業習慣，基於保護企業利益且不危及受限制人之經濟生存能力[2]，為法律規範所能允許範圍，如半導體、晶圓電子產業等高科技產業為臺灣經濟發展之核心，企業常投入大量資金培育人才進行研發，因此營業秘密之核心保護及人才之網羅極為重要，雇主惟恐員工離職後洩漏其工商業上製造技術之秘密，乃於其員工進入公司任職之初，與員工約定於離職日起一定期間內不得從事與公司同類之競爭對手工作或提供資料，如有違約情事應負損害賠償責任。此項說明競業禁止條款約定，即附有一定期限且員工同意，與憲法保障人民工作權之精神並不違背，亦未違反其他法律規定且無關公共秩序[3]，自非無效。因此競業禁止條款亦廣為該類企業採用，以防止員工跳槽後營業秘密外洩及同業間之惡性競爭，且在此介紹競業禁止條款相關實務案例進行探討說明。

貳、違反競業禁止條款者之相關案例

　　企業與員工於僱傭契約效力中說明，僱傭期間內受到約束的受僱

---

[1] 請參見司法院公報，第38卷，第3期，民國85年1月17日華總字第859998780號令。

[2] 參見憲法第15條規定（生存權、工作權及財產權）：「人民之生存權、工作權及財產權應予保障。」

[3] 參見憲法第23條規定（基本人權之限制）：「以上各條列舉之自由權利，除為防止妨礙他人自由、避免緊急危難、維持社會秩序，或增進公共利益所必要者外，不得以法律限制之。」

人有「保密」及「競業禁止」的義務,然而僱傭關係因契約終止而喪失時,避免離職員工有不當的競爭行為,即是競業禁止條款約定的重點所在,由於雙方在簽訂競業禁止條款之際,難免因無明文規定,及約定內容不甚詳細,進而衍生事後的相關爭議,如何保障企業為追求利益在約束離職後員工行為時,不至於影響員工的工作及生存權利,是實務上最需解決的問題,以上藉由違反競業禁止條款實務案例進行探討。

一、大霸電子控告離職員工案[4]

(一) 事實

　　自91年初起,鴻海企業宣布積極進入手機業佈局,鴻海企業便從大霸電子進行挖角。大霸電子在面臨鴻海企業密集的挖角攻勢,並承受智慧財產權與營業秘密流失的高度風險下,也迅速地以違反保密合約、競業禁止約款以及與鴻海企業構成共同侵權行為等為由,控告自大霸電子離職的陳姓、沈姓及劉姓研發工程師等三人。違反競業禁止條款的主要原因,在於原屬公司經理階層,因跳槽進入屬直接競爭之鴻海企業擔任同類職務,確已達到無法避免使用公司智慧財產權及企業秘密程度。

(二) 相關單位及人士之意見或懲處

　　台北地方法院卻於91年10月初以91年度勞訴字第129號判決大霸電子敗訴。法院認為必需證明離職員工係前往具有「競爭關係」同業工作,在本案例中,大霸電子雖與被告沈姓前研發工程副理所簽訂之同意書,其內容說明若因競業禁止限制,導致影響工作權利,企業將斟酌解除競業禁止的限制,此部分屬於「補償」特約。惟法院認為依該

---

[4]　臺灣臺北地方法院民事判決91年度勞訴字129號。

項約定，是否解除競業禁止的限制，是由大霸電子片面決定，並無任何規範機制，勞工之就業權利將因前雇主之恣意而被限制或剝奪，並片面加重勞工之責任，限制勞工行使權利，對勞工有重大之不利益，將使勞工陷於更不利地位。違反誠信及公平原則，並違反公共秩序，依民法第247條之1及第72條規定，應屬無效。另外，大霸電子主張陳姓員工等三人與鴻海企業有共同侵權行為之事實，且故意以背於善良風俗方法為之，並未具體主張其權益受損之情事，其以民法第184條第1項後段規定為主張者，應說明所保護之利益為何，且須證明被告等故意以背於善良風俗之方法為之；此判決使業界考量簽訂競業禁止約款之有效性。

（三）本文見解

本案例說明，近年來產業競爭激烈，同屬競爭關係的業者彼此挖角，離職員工另尋出路，運用近似的技術，因而與前雇主大打對台的糾紛頻傳，公司所為之保密措施，與員工切身相關者，為保密契約及競業禁止條款之簽訂。所謂保密契約，僅說明員工在任職期間以及離職後，均不得使用或洩漏在任職期間內所接觸的營業秘密，競業禁止條款則限制員工不得於相類似行業工作，以企業利益角度思考原雇主透過競業禁止條款之簽訂，追求營業秘密保障以杜絕員工離職後可能導致之傷害，但應需兼顧員工生存權及工作權之保障及維持國家經濟力。

一般而言，目前對於競業禁止條款之訂立採取肯定見解，然而為求利益衡平，其約定內容應受到相當之限制。若能透過立法，明定要件與效力於此種新興之契約類型，以求適用上之統一，將更有助於解決此類問題之爭議。

二、凌群電腦案例[5]

（一）事實

本案例由凌群電腦公司台中分公司業務經理，於民國85年11月1日與公司簽訂合約書，說明如違反競業禁止約定導致公司受損害，應負賠償責任。主要原因為該業務經理未經公司同意，即持有共同經營同類業務之英保電腦股份有限公司412,500股，同時擔任英保公司之代表人，任期自89年3月8日起至92年3月7日止，由於業務經理於90年3月31日離職前，早已自行經營或投資同類業務之事務，該行為已違反競業禁止之約定。

該名業務經理在民國90年3月15日知其客戶之投標案（以下稱爭標案），為利英保公司得標，竟違反其忠誠履行勞務之義務，隱瞞此投標案訊息而未予回報，而由英保公司以新台幣7,500,000元取得該標案。凌群電腦公司要求該業務經理需賠償公司損失，凌群電腦認為該業務經理需賠償公司損失2,250,000元。

（二）相關單位及人士之意見或懲處

本案例經由最高法院於民國96年4月份以96年度台上字第923號判決凌群電腦公司敗訴。查其業務經理持有英保公司股份，持股比例達37.5%，且英保公司經營業務與該業務經理類似，認定該業務經理確已違反競業禁止之約定。凌群電腦公司可由公司經理人違反公司法第32條規定，請求損害賠償。

最高法院判決認為英保公司雖取得7,500,000元之投標案，即使從爭標案取得2,250,000元之淨利，並不代表業務經理個人賺取2,250,000元淨利，藉此要求業務經理損害賠償公司2,250,000元，實為不合理之要求，因此最高法院判決凌群電腦公司敗訴。

---

[5]　臺灣最高法院96年度台上字第923號判決。

（三）本文見解

該案例中敘述其業務經理於任職期間內，同時持有英保公司股份且擔任代表人，此部分已違反公司法第32條規定，經理人不得兼任其他營利事業之經理人，並不得自營或為他人經營同類之業務，因此該部分明顯違反競業禁止約定。但由於凌群電腦藉由業務經理違反其忠誠履行勞務之義務，對於客戶之投標案知情未報，造成公司未能投標而要求損害賠償進行提告。此部分在經判決後，由於無法證實凌群電腦是否確實損失2,250,000元淨利，因此無法判定業務經理對公司造成實質損害，該損害賠償部分則認定無效。

公司員工簽定合約書，說明如違反競業禁止約定致公司遭受損害，應負賠償責任。站在企業角度，認為該業務經理未盡職責，明顯違反競業禁止約定，但業務經理是否有違反其忠誠履行勞務之義務，隱瞞投標案訊息而未予回報，僅是未取得該投標案並未對公司造成實質損害，此案例說明雙方認知差異，往後更應合理判斷其標準所在。

參、懲罰性違約金賠償之相關案例

在競業禁止條款中通常還會搭配違約金條款，如果員工於離職後違反其曾簽署之競業禁止條款，原則上此類違約金條款在實務也受到許可，但必須注意是否會有違約金約定過高而被法院核減的問題。由於各種行業因為員工離職後，轉至到競爭對手從事相同工作，對企業造成的損害無法確定，嚴重的情況中甚至是高階經理人的離職跳槽，對公司所可能產生的影響，不論是商譽或者是實際獲利都將會對企業造成無法估計的損失。在這種狀況下，如果原先的競業禁止條款是有搭配高額的違約金，甚至約定懲罰性違約金賠償者，將是未雨綢繆的規範，但法院究竟會如何認定就仍有待探討。

一、永慶房屋控告離職員工案[6]

（一）事實

　　民國87年7月間，永慶房屋控告員工王國添等人帶走永慶房屋「重點大樓客戶資料一覽表」等大量商情資料，同時涉嫌竊盜、侵占、背信、詐欺、公平交易法、著作權法、妨害秘密等罪。由於員工王國添曾任永慶總公司副理，陳志榮、吳國源、李俊清則擔任店長，鄭森元、陳爵偉、梁志英為主任及經紀人蘇榮宏，皆曾是公司業務幹部。本案例說明員工王國添於87年5月間，尚未自永慶房屋離職，即以妻子名義設立的友信房屋，另與其他房屋仲介公司簽立加盟契約書，王姓員工等人為預先籌備離職後自行開業所需資料，在任職永慶房屋期間，利用職務之便，取得重點大樓、商圈客戶、產權等公司商業資料，供做自行開業時使用，藉此節省龐大的複印、申請費用，並利用這些資料，於自行創業時創造業績，造成永慶房屋利益受損。

（二）相關單位及人士之意見或懲處

　　本案例說明永慶房屋於87年7月控告王國添等八名離職員工帶走公司商業資料，經由臺灣高等法院判決，認定王姓員工等六人預謀離職且自行創業，同時帶走永慶公司資料，將王姓員工等六人全部依背信罪判決有罪。本案在刑事部分已經二審定讞，不得上訴，民事求償部分，永慶房屋持續上訴最高法院。本案例除刑事部分外，永慶房屋認為王姓員工等人違反保密義務規定及競業禁止，要求民事賠償，一審判決王等人應賠償離職前年薪的兩倍給永慶房屋，總計必須賠償20,790,000元，上訴二審後，被大幅刪減為約7,000,000元，但永慶房屋和被告皆不服，將持續上訴最高法院。

---

[6]　臺灣高等法院刑事判決90年度上易字第2786號。

（三）本文見解

本案例說明，永慶房屋該案認定離職員工預謀離職且自行創業，並且利用原職務方便帶走公司資料，造成永慶房屋營業秘密不當外洩，另因王姓員工等六人於永慶房屋附近自行加盟創業，成為永慶房屋的競業對手，同時影響永慶房屋營業利益。此部分說明競業禁止效力應在離職員工的競業行為確有顯著背信性及顯著的違反誠信原則時發生。

因此永慶房屋要求離職員工賠償約7,000,000元，為當時相關案例的最高賠償金額。最高法院判決七員工，受僱於永慶房屋，部分員工訂有勞動契約書，對所知悉營業秘密需負保密義務，同時公司為保護營業秘密可請求違反者最近一年薪資總額的二倍為懲罰性違約金及損害賠償；部分員工則另有簽訂職務條款，以平均月薪的十倍為賠償額。

二、大立光電案例[7]

（一）事實

自民國89年3月20日起至92年5月29日止，任職於大立光電公司，擔任財務部會計專員職務的劉女，任職期間獲上訴人配發該公司89年度及90年度員工分紅股票依序為7,500股及9,000股，已領取8,500股，尚有8,000股未領取。劉女所得股票價值近4,000,000元。大立光電每年發給員工分紅配股股票，且要員工簽下同意書，內容為同意分次領回股票，且員工若在任職期滿前無故離職，或有違反勞動基準法、工作規則或僱用契約致遭解僱時，必須無條件放棄未領取的股票，並以離職時間計算股價折算現金作為懲罰性的違約金。劉姓員工於89年進入大立光電服務，依簽約期限，她本應服務到93年10月，但大立光電以劉

---

[7]　臺灣最高法院96年度台上字第165號。

女無法勝任工作，於92年5月29日資遣她，並依約不發給她還未領取的8,000股記名股票及1,445股的股利，劉女不服提起訴訟。

（二）相關單位及人士之意見或懲處

本案例在經過一、二審，同意書中要求員工分次領取已登記於其名下的分紅股票，且以此股票作為提前離職的懲罰性違約金，違反公司法第235條[8]、第240條關於員工分紅的立法精神及民法誠實信用原則。最後在最高法院雖駁回其上訴，但判決理由未提到契約無效的問題，只說劉女的情形屬公司主動資遣，和事先約定「無故離職、違反勞基法」等條件不符，大立光電不能以劉女違反契約約定收回股票。民國96年1月31日，經最高法院針對大立光電要求員工簽訂離職放棄股票紅利同意書一案作出判決[9]，大立光電藉由分紅要求員工簽訂「離職後」放棄股票紅利同意書，已經限制員工離職後的工作權，最後最高法院判決必須償還員工4,000,000元的分紅股票。

（三）本文見解

如何避免員工在離職後產生不當競爭行為，同時能保障企業自身的利益，將是在未來所必須考量的問題。大立光電每年發給員工分紅配股股票，且要員工簽下同意書，同意分次領回股票，員工若在任職期滿前無故離職，或有違反勞動基準法、工作規則或僱用契約致遭解僱時，必須無條件放棄未領取的股票，並以離職時間計算股價折算現金作為懲罰性的違約金。該同意書中懲罰性違約金並不符合劉女的情況，應屬無效。

---

[8] 公司法第235條規定：「股息及紅利之分派，除章程另有規定外，以各股東持有股份之比例為準。章程應訂明員工分配紅利之成數。但經目的事業中央主管機關專案核定者，不在此限。公營事業除經該公營事業之主管機關專案核定，並於章程訂明員工分配紅利之成數外，不適用前項本文之規定。章程得訂明員工分配股票紅利之對象，包括符合一定條件之從屬公司員工。」

[9] 經濟日報，王文玲，【大立光離職員工討回四百萬分紅】，2007年1月31日。

肆、代償措施之相關案例

所謂代償措施係指雇主對於勞工因不從事競業行為所受損失之補償措施。勞工於離職後因遵守與原雇主競業禁止之約定，可能遭受工作上的不利益。此部分在簽訂競業禁止條款的對象，應限於因職務而有機會接觸企業營業機密、參與技術研發之勞工。基於契約衡平原則，雇主在簽訂契約時強制設定違約金，相對應有代償措施，彌補勞工無法自由選擇就業的損失；假使雇主已提供代償措施，但勞工依舊違約則可視為情節重大，違約金便可從高考量；但假使雇主沒有提供代償措施或代償措施過低，勞工違約的可責性自然降低，此時違約金正當性將受到質疑。

一、群光電子案例[10]

（一）事實

本案例說明於民國93年1月28日，群光電子股份有限公司與卓姓員工簽定服務契約書（以下稱係爭服務契約書），卓姓員工於95年2月24日離職。依照簽訂契約書的第2.2條約定，自離職日起2年內不得從事或投資與公司營業具有主要競爭關係之相似工作或業務，違反者必須返還最近2年服務期間所受領之獎金、現金紅利或股票紅利及賠償等值之違約金，且公司如有損害，尚應負民事損害賠償責任。

卓姓員工離職時係擔任DSC（數位相機）業務處經理之高階職務，負責DSC產品之業務銷售，而該名員工離職後任職之佳能企業股份有限公司（下稱佳能公司），即係以DSC為主要營業產品，顯然係擔任與群光電子具有主要競爭關係事業體之相似工作或業務（DSC數

---

[10] 臺灣高等法院96年度勞上易字第47號。

位相機）；而且卓姓員工在群光電子時曾負責日本業務，現任職於佳
能公司後亦同樣有負責日本業務，對於群光電子之影響更顯重大。群
光電子得依契約書內容第2.3條之約定，請求員工返還最近2年服務期間
所受領獎金、紅利共新台幣561,499元及等值之違約金，合計1,122,998
元。

（二）相關單位及人士之意見或懲處

　　本案例經地院判決群光電子敗訴，且應給付員工1,122,998元，其
認為雇主得與員工訂定離職後競業禁止條款，防止員工於離職後，在
一定期間內跳槽至競爭對手，利用過去服務期間知悉之技術或業務資
訊為同業服務，損及原雇主利益，故卓姓員工離職後至主要競爭對手
佳能公司任職，應屬違反競業禁止條款等語。但法院認為雇主與員工
訂定離職後競業禁止條款，約定離職後一定期間內不得至競爭對手任
職，仍須雇主與員工已於僱傭契約中約定該項競業禁止條款，員工始
有遵守之義務。

　　但契約書約定之競業條款，限制員工不得從事與群光電子主要競
爭關係之相近似工作或業務，但未限制區域或職業活動範圍，顯然有
逾合理範圍；且未有規定簽訂競業禁止所生損害之代償措施，徒然剝
奪其工作權利，對於員工方面自有重大不利益。群光電子雖辯稱卓姓
員工領有較一般薪資優厚之獎金及紅利，可視為公司之代償措施。但
依照契約書內容，並無以核發獎金及紅利為補償員工簽訂競業禁止所
生損害之約定，且勞動基準法第29條規定「事業單位於營業年度終了
結算，如有盈餘，除繳納稅捐、彌補虧損及提列股息、公積金外，對
於全年工作並無過失之勞工，應給予獎金或分配紅利。」因此，群光
電子對於全年工作並無過失之勞工，本即有給付獎金或紅利之義務，
此部分說明群光電子核發員工之獎金或紅利，絕非為填補競業禁止所
生損害之代償措施。

　　民國93年1月28日起卓姓員工任職群光電子公司，且簽署係爭服務
契約書，其中第2.2條為離職後之競業禁止約定；於後來離職後轉往佳

能公司任職，於該公司之「光電事業本部」負責日商數位相機研發及生產代工之業務等事實，依據群光電子公司所提出係爭服務契約書、年報、網站報導等文件為證明，員工必須返還最近2年服務期間所受領獎金、紅利共新台幣561,499元及等值之違約金，合計1,122,998元。

（三）本文見解

本案例經法院判決，認定卓姓員工並未違反競業禁止條款，主要是卓姓員工雖在佳能公司任職，但是為基層員工，並無實質競爭行為。另外，在係爭服務契約書中提到，應認定為競爭敵手之任職，然而群光電子與佳能公司間並未具有主要競爭關係，因此競業禁止約定並不成立。在於返還違約金部分，由於群光電子核發給員工之獎金或紅利在係爭服務契約書中，並未說明是填補競業禁止所生損害之代償措施，因此員工無須返還。

二、亞特吉科技案例[11]

（一）事實

本案例說明亞特吉科技公司控告其業務副理及工程部經理，分別於任職公司期間內，分別簽訂工作契約。契約內容第8、9、11條分別約定於「職務上所獲知之公司產銷及技術上財務上之資訊應視之為機密資料，且應善盡保守維護之責，不得揭露給第三者，如有洩漏，須負法律責任；離職後亦同。」、「違反本契約之規定，除得據以終止雙方之工作契約外，並應賠償公司所受之損害，負擔洩密之刑責」、「離職後1年內不得從事與公司經營項目相同之業務或受僱於與公司在經營上相競爭之事業單位」。但其業務副理及工程部經理卻在離職後，立即與協力廠商「品積公司」之董事成立群翊公司，從事相同之

---

[11] 臺灣高等法院94年度上字第124號。

電子零件製造業，並將群翊公司之辦公室設於「品積公司」內，認為其業務副理及工程部經理、品積公司及該董事、群翊公司等明顯有共同背信之行為。

亞特吉科技認為依據工作契約第8、9條約定，民法第184、185條及民法債務不履行之規定，員工應連帶賠償亞特吉科技公司1,500,000元。依據工作契約第9、11條及民法債務不履行之規定損害賠償責任，需分別給付1,000,000元。由於工程部經理負責設計研究工作，相當了解企業產品之製造流程，卻違反工作契約保密之約定，將其洩漏予群翊公司，以相同生產流程方式從事生產該產品，除涉嫌共同觸犯刑法第317條之洩漏工商秘密罪外，另依民法第184條、營業秘密法第10、12、13條、公平交易法第19條第5款及第24條規定，共同連帶負損害賠償責任。另外，品積公司該董事勾串取得亞特吉科技公司產銷技術製造流程秘密而另設立公司，以行不當競爭手段，品積公司應負連帶賠償責任。

(二) 相關單位及人士之意見或懲處

本案例於民國96年5月1日，於臺灣高等法院以94年度上字第124號判決亞特吉科技公司敗訴，高等法院查經亞特吉科技其業務副理、工程部經理並無背信或不完全給付之行為，亦無洩漏工商秘密、違反營業秘密、違反公平交易法等權或不完全給付行為，則群翊公司及品積公司雖為競業對手，但亦無共同背信行為或不完全給付之情事，因此亞特吉科技公司要求其業務副理、工程部經理、品積公司及該董事、群翊公司等負連帶賠償責任，實屬無據亦不應准許。

本案例說明，其業務副理、工程部經理於簽訂競業禁止條款時，侵害其工作權及財產權，且未有合理之代償措施（補償措施），有違公序良俗及憲法之精神，應屬無效。即使認為工作契約第11條競業禁止條款為有效，但業務副理、工程部經理離職前數日已先申請設立群翊公司，惟其等從未利用上班時間從事與群翊公司有關之業務，且群翊公司係自民國92年5月才始有開立發票銷售貨物之紀錄，此時早已

從亞特吉科技公司離職，實際無任何背信行為應負賠償責任之情形。品積公司之董事投資群翊公司純屬個人行為，與品積公司並無任何關係，則群翊公司與品積公司合設辦公室，係基於房屋租賃契約，無任何執行業務加損害於亞特吉科技公司。

（三）本文見解

亞特吉科技公司其業務副理、工程部經理於簽訂工作契約之競業禁止條款後，其薪資或津貼並未因簽訂競業禁止約定而提高，其亞特吉科技公司則抗辯其代償措施係包含在員工薪資內，但無實質依據。由此可見，亞特吉科技公司未補償員工離職後，因遵守限制競業承諾不從事同一工作所減少薪資之損失，因此該工作契約之競業禁止條款尚不符合競業禁止有效要件中雇主應有代償措施之要件，認為違反公司秩序而無效。

伍、經濟分析（代結論）

從法律角度採經濟分析並檢討我國競業禁止條款所具有之經濟效率，在市場經濟（market economy）理論[12]中，基於保護本身利益之假設，強調私有財產制度及經濟自由，反對人為干預市場，認為由自由市場供需法則（the supply and demand model）之運作，資源自然會達到最符合經濟效率之結果[13]。從保密約定及競業禁止條款所產生之契約，經濟分析認為法律所規定之契約制度應是強制執行當事人所訂定

---

[12] CF. Posner, "Economic Analysis of Law", 1994, p52; Cooter, "Law and Economics", 1997, pp.90-93.

[13] 胡天賜，從法律經濟分析試論我國民法第425條，東吳大學法律研究所碩士論文，2002年7月。

契約之內容，以促進自由市場進行，並使得財產能經由最低交易成本獲得最大效率。但從法律的公平正義而言，在保障企業競爭力之際，更須避免在欠缺實質締約平等的情形下，簽訂離職後之競業禁止契約而使其權利遭受過度的侵害與限制。考量簽訂競業禁止條款其真正目的，應是設法讓勞資雙方達成共識，同時確保雙方權利及利益。

一、法律經濟分析方法

　　法律經濟理論的探討是接受法律與經濟共同基礎理論，其中包括法律的公平正義及經濟學家所追求的財富極大或成本極小，如同法律人在使用經濟分析時必須熟悉經濟理論的財富極大化（wealth-maximization）[14]或經濟效率（Kaldor-Hicks concept）[15]概念，經濟人在分析法律時也必須考量法律的公平正義觀念。

　　法律的經濟分析可區分成三種。第一、以經濟方法來分析法律規範的作用，主要就是將價格成本運用在預測法律規範對人們的行為上的改變。例如：將觸犯法律時所需支付罰金提高，是否能有效嚇阻犯罪。第二、以經濟分析中的效率方法計算法律規範是否合理，經濟

---

[14] 財富極大化（wealth-maximization）之判斷標準，為學者Richard A. Posner所擁護，係提出此一價值觀欲取代傳統經濟上之效率理論。此說是以Pareto efficiency與Kaldor-Hichs efficiency之效率原則為判斷基礎，基於尊重自由市場並尊重個人之自我決定，主張以追求財富為目的，故以所增加財富多寡結果來替代效率之多寡之判斷。Posner, "The Economics of Justice", 1981, pp.60-87. Posner, "Economic Analysis of Law", 1994, pp.12-16. Antony W. Dnes, "The Economic of Law", 1996, pp.4-8. 謝哲勝，「法律經濟學基礎理論之研究」，中正大學法學集刊第4期，2001年4月，頁46-47。

[15] 經濟效率（Kaldor-Hicks concept）之要求「即使因為特定人獲利而造成他人損失，但若其獲利大於所產生之損失」即符合效率之原則。其主要理論係指只要所增加之利益能彌補損害，即符合經濟效率之要求。Posner, "The Economics of Justice" (1981), p88; Posner, "Economic Analysis of Law", 4th edition, pp.13-16; Robin Paul Malloy, "Law and Economics" (1990), pp.38-42.

效率將是決定法律規範的合理準則，例如：在協商契約成本時，計算契約自由是否能減少公司成本或是外部性討論。例如：契約中所提到損害賠償或違約金問題。此種分析方法將影響個人權益與整體社會利益問題。第三、利用經濟分析預測法律規範的改變，例如：依營業秘密法所規定請求賠償部分，最高請求損害賠償能高達受損害部分之三倍，賠償金額是否能完全彌補公司損失或者需要提高金額保障公司[16]。

　　法律經濟分析的方法，在法律主要目的是財富極大化和公平正義，以經濟分析的使用方法則是以財富極大化、成本極小化及整體利益考量經濟效率，而在資源有限的情況下，經濟學以「效率」（efficiency）的觀念對資源進行分配，當資源達到最有價值的運用時，則稱之為具有效率，為節省社會資源的配置，追求效率便成為主要目的，在此說明法律與經濟的價值判斷基礎。

　　法律規範著社會行為，其重要職責在於處理資源有效的運用，同時必須考量到資源分配不均隱含的潛在成本，通常藉由分配方式所產生的成本來決定該方式是否可行。例如：大立光電要求員工簽訂離職放棄股票紅利同意書一案，大立光電藉由契約要求離職員工必須無條件放棄未領取的股票分紅，並以離職時間計算股價折算現金4,000,000元作為懲罰性違約金。但經最高法院判決，大立光電敗訴，必須賠償員工400萬分紅。此案例成本是大立光電償還員工400萬元的分紅，或是尚有其他金額？換言之，若隱含的執行成本過高時，法律在處理資源分配必然無法達到效率的要求。因此，從法律經濟的角度考量，便會有利弊得失的權衡比較，主要是比較成本及整體利益是否合乎經濟效率。

---

[16] 左國勝，交易成本與法律的經濟分析，http://www.lib.nthu.edu.tw/library/hslib/subject/ec/law_an.htm（上網時間：民國97年3月11日）。

二、產業結構分析

　　從法律經濟分析競業禁止條款，針對員工離職後所簽定競業禁止條款約定，可從諸多方面進行比較成本或效率，在企業方面可從保障合法的營業秘密及利益，延伸至企業間是否公平競爭，例如鴻海集團從大霸、廣達挖角員工；台積電離職員工攜帶機密文件跳槽至中芯國際，以及聯發科技挖角威盛電子研發工程師等，此種惡性挖角、惡性跳槽行為將導致市場競爭混亂及不公平競爭等情形，這將使社會整體經濟利益造成負面影響。在員工方面，若是企業單方面利用高額違約金及契約約定限制員工離職後的工作自由及職業自由，又將造成限制競爭及產業成長，同時減少產業競爭能力。從經濟分析的效率方法而言，減少不當競爭行為與適當的產業競爭將能提升社會的進步與發展，同時創造更多的經濟利益。

（一）市場結構

　　全球化的影響使企業邁向國際化之際，也走向完全競爭市場，由於市場集中度提高，將產生禁止獨占的行為[17]，但從經濟學的角度而言，追求財富極大及成本極小的主旨下，企業為快速獲取龐大利益，不公平競爭行為時常耳聞。為避免特定市場集中度過高，有礙市場競爭機能的發揮，各國皆會管制市場並且訂定法律作為標準規範。但是我國現行法規尚無「離職後競業禁止」之規範，使某些特定市場持續有不公平競爭行為，造成市場混亂影響產業競爭能力。

　　市場經濟制度下，每個人因具備財產而均可依據自由意志決定資

---

[17] 企業為追求最大利益，通常在市場競爭時會選擇競爭模式，如果在市場上只有一家廠商時，則稱該廠商為獨占或完全壟斷（Monopoly）市場，該家廠商將能獨得市場利益；如果市場上有許多相同或類似特性的廠商；廠商之間的競爭將會非常激烈，這稱之為完全競爭市場（Perfect Competition）。請參照Robert Frank, Ben Bernanke, Principles of Economics，麥格羅‧希爾國際出版公司，2002年5月，頁176。

源分配，但需要供給及需求兩股市場力量，共同決定市場價格，其中具有市場力量之營業秘密所有人，則有決定價格之能力，且營業秘密所有人之市場力量，與市場占有程度形成正比關係[18]。換言之，簽訂競業禁止條款契約主要目的，來自於企業想保障營業秘密，當要求簽訂契約時，企業所持有的市場力量影響較大，因此在協商議價時，企業獲得較大的優勢，尤其是單方面以高額違約金或特殊約定限制員工時，員工可能因工作需求而無法議價，僅能遵從契約約定，此部分嚴重影響契約自由，值得勞資雙方考量市場結構是否合理。

高科技產業的市場力量在簽訂契約時較具優勢，但各企業若因契約糾紛，而造成企業資源浪費在時間成本、訴訟及賠償等潛在部分，其長期平均成本將隨整個產業之案件增加而增加，該產業稱為成本遞增的產業。由於長期平均成本的提高是由於整個產業所引起，並非單一企業本身能避免，稱為外部規模不經濟（External Diseconomies of Scale）簡稱外部不經濟。在圖8.1中，AC為交替成本，Q為產量，LAC為長期平均成本，個別廠商的長期平均成本曲線整條由LAC向上移到LAC2的變動，就是外部不經濟。其造成外部不經濟的原因可能為，當高科技產業的市場擴大，該產業市場增加後，若是人力資源不能相對提升，將加遽各企業對人材的競爭，使成本提高。

為解決外部不經濟，其方法可藉由政府立法嚴加管理，明文規範可使人力資源獲得有效率的使用，並減少企業與員工的契約糾紛。

（二）產業別

我國關於簽訂離職後之競業禁止約定，主要討論員工職級高低或職務內容是否接觸到重要的營業機密等，其內容相當多樣化，關於競業禁止之期間長短、違約之賠償責任，雖有一定程度之限制，卻尚無明確規範。從表8.1說明，將一般產業細分成金融業、非金融業、高科

---

[18] 林洲富，營業秘密及離職競業禁止約款之關連，律師雜誌307期，2005年4月，頁10。

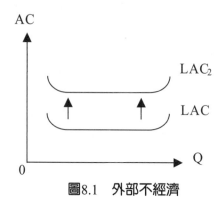

圖8.1　外部不經濟

資料來源：本文引用施能仁、施純楨[19]加以彙整，以供參考。

表8.1　產業分類表

產　業	內　容
金融業	金融、證券期貨、不動產、保險
非金融業	餐飲、百貨商場、交通運輸、批發商、建築業、電子商務及其他服務業
高科技產業	半導體、生物科技、電子資訊、光學商品、網際網路、電子商務
傳統產業	食品飲料、紡織、機械工業、製造業、化學製品、土木工程、營造業及其他工業製品產業

資料來源：本文引用余朝權、施錦村[20]加以彙整，以供參考。

技產業及傳統產業。在產業別中，高科技產業對於僱用科技人員密集度、產品功能變化速度、產品生命週期、產品複雜程度及產品價值等項目內容，與其他產業相較下，明顯需要保護。

　　從我國智慧財產權年報分析得知，國內的產業結構由於全球化競

---

[19] 施能仁、施純楨，現代經濟學，學貫行銷股份有限公司，2006年11月，頁162。

[20] 余朝權、施錦村，整體經濟利益、限制競爭之不利益、產業別對水平結合管制市場績效影響之實證研究，公平交易季刊第14卷第1期，2006年1月，頁11-46。

爭與知識經濟的蓬勃發展，高科技產業的專利產出數目與產業發展存在著正比之關聯性，以我國專利申請量趨勢而言，從表8.2得知自80年之36,127件至95年之80,988件，其中成長約二倍之多，明顯得知我國對於智慧財產權逐漸重視。

在高科技產業中，半導體產業基本範圍包括發光二極體、整流二極體、電晶體、IC製造、IC設計、IC封裝、晶圓代工等，以我國專利申請之專利項目而言，該情形反映出我國半導體業重視研發，而資訊電子產業基本包含電腦及週邊相關、通訊、光電等類別，為目前臺灣高科技產業的代表，且通訊產業目前發展重點在於無線通訊產業及網際網路產業，此種新興通訊業特別重視研發與創新，以上兩者對於智

表8.2　歷年專利件數統計表

年度	新申請	公告核准	發證	公告發證
80	36,127	27,281	24,235	-
81	38,554	21,264	20,142	-
82	41,185	22,317	19,266	-
83	42,412	19,032	15,136	-
84	43,461	29,707	22,907	-
85	47,055	29,469	25,529	-
86	53,164	29,356	26,935	-
87	54,003	25,051	23,640	-
88	51,921	29,144	24,338	-
89	61,231	38,665	31,096	-
90	67,860	53,789	43,277	-
91	61,402	45,042	44,101	-
92	65,742	53,034	42,082	-
93	72,082	27,717	66,490	21,893
94	79,442	0	58,306	57,236
95	80,988	0	49,315	48,774

資料來源：經濟部智慧財產局從85年至95年統計資料製成圖表，以供參考。

慧財產權保護皆是需求殷切。由於創新或研發產品，通常會投入龐大
資金培訓人才及保障營業秘密，因此競業禁止條款已是高科技產業與
員工在成立僱傭契約時廣為採用。

　　由表8.3專利申請案件排行說明，政府發展高科技產業之重點項
目，如半導體、資訊電子、生物科技等產業實為未來經濟發展之主
流。以經濟學的角度說明，基於該產業每年通過、申請諸多專利，極

表8.3　95年本國申請人專利新申請案件數排名表

排名	申請人名稱	新申請案件數
1	鴻海精密工業股份有限公司	1,830
2	財團法人工業技術研究院	873
3	英業達股份有限公司	819
4	友達光電股份有限公司	511
5	明基電通股份有限公司	458
6	臺灣積體電路製造股份有限公司	442
7	神達電腦股份有限公司	350
8	群創光電股份有限公司	330
9	威盛電子股份有限公司	313
10	台達電子工業股份有限公司	290
11	英華達股份有限公司	277
12	華碩電腦股份有限公司	251
13	日月光半導體製造股份有限公司	248
14	聯發科技股份有限公司	245
15	中華映管股份有限公司	238
16	鴻準精密工業股份有限公司	237
17	瑞昱半導體股份有限公司	234
18	旺宏電子股份有限公司	194
19	正崴精密工業股份有限公司	191
20	奇美電子股份有限公司	189

資料來源：經濟部智慧財產局於95年統計資料製成圖表，以供參考。

為重視智慧財產權之特性，為善加保護營業秘密，常有侵害受僱人工作自由及生存權力之事件。因此在處理競業禁止條款約定時，為避免勞資糾紛造成社會資源浪費，面對制定競業禁止條款，更應該考量其整體經濟利益。

三、小結

在法律經濟分析中，從經濟角度認定損害賠償數額時，時常將侵害行為人因侵害行為所得利益直接等同於企業損失，其中將忽略損害範圍及諸多因素。例如有研究分析指出臺灣各地方法院自1999年8月1日至2006年6月30日之所有侵害營業秘密的訴訟中，法院認為原告主張之侵害客體構成營業秘密者僅28.89%，而判決敗訴之理由中，有80%是因為不構成營業秘密，有20%則是無侵害行為[21]。

因此在針對我國對於競業禁止條款相關案件數與賠償金額相關性時，大部分上訴至高等法院及最高法院的相關案例，其中競業禁止案件雖然成立，但損害賠償部分卻遭到上訴駁回或敗訴，主要原因在於企業為彌補損失，通常提出高額賠償金額，經法院判決認為該賠償金額不合理而駁回，既無法達到財產最大化，其訴訟費用及時間成本卻又提高企業成本，這即是浪費整體經濟利益，為節省社會資源及追求效率，在說明法律與經濟的價值判斷後，處理競業禁止條款約定時，應先避免勞資糾紛所產生的訴訟事件。

從經濟分析認為法律規定契約制度，應是使財產經由最低交易成本獲得最大效率，但當案件不斷上訴至最高法院時，其中花費的訴訟費用及時間成本卻提高企業成本，違反成本極小原則。考量簽訂競業

---

[21]　洪榮宗、劉偉立、黃立苑，我國侵害營業秘密與競業禁止違約判決之量化研究，2006年全國科技法律研討會論文集，國立交通大學科技法律研究所，2006年11月，頁421。

禁止條款的真正目的，應是保障企業營業利益時，也兼顧員工的生存權，同時確保雙方權利及利益。從效率方法而言，減少不當競爭行為與適當的產業競爭將能提升社會的進步與發展，同時創造更多的經濟利益。但是我國現行法規尚無「離職後競業禁止」之規範，使某些特定市場持續有不公平競爭行為；其行為若隱含的執行成本過高時，在處理資源分配必然無法達到效率的要求。因此，從法律經濟的角度考量，便會權衡比較成本及整體利益是否合理。

參考文獻

一、中文

（一）書籍

Robert Frank, Ben Bernanke, Principles of Economics，麥格羅・希爾國際出版公司，2002年5月。

（二）期刊論文

1. 余朝權、施錦村，整體經濟利益、限制競爭之不利益、產業別對水平結合管制市場績效影響之實證研究，公平交易季刊第14卷第1期，2006年1月。
2. 林洲富，營業秘密及離職競業禁止約款之關聯，律師雜誌307期，2005年4月。
3. 洪榮宗、劉偉立、黃立苑，我國侵害營業秘密與競業禁止違約判決之量化研究，2006年全國科技法律研討會論文集，國立交通大學科技法律研究所，2006年11月。
4. 胡天賜，從法律經濟分析試論我國民法第425條，東吳大學法律研究

所碩士論文，2002年7月。

5. 謝哲勝，「法律經濟學基礎理論之研究」，中正大學法學集刊第4
期，2001年4月。

（三）電子文章

左國勝，交易成本與法律的經濟分析，http://www.lib.nthu.edu.tw/
library/hslib/subject/ec/law_an.htm（上網時間：民國97年3月11日）。

（四）剪報資料

經濟日報，王文玲，【大立光離職員工討回四百萬分紅】，民國96
年1月31日。

二、外文

1. CF. Posner, "Economic Analysis of Law", 1994, p52; Cooter, "Law and Economics", 1997, pp.90-93.
2. Posner, "The Economics of Justice" (1981), p88; Posner, "Economic Analysis of Law", 4th edition, pp.13-16; Robin Paul Malloy, "Law and Economics" (1990), pp.38-42.

國家圖書館出版品預行編目資料

智慧財產權論叢：第貳輯／曾勝珍著.
--初版--.--臺北市：五南,2009.06
　面；　公分.
ISBN 978-957-11-5629-3（平裝）
1.智慧財產權　2.文集
588.3407　　　　　　　98007369

1T41

智慧財產權論叢—第貳輯

作　　者 ─ 曾勝珍

發 行 人 ─ 楊榮川

總 編 輯 ─ 龐君豪

主　　編 ─ 劉靜芬　林振煌

責任編輯 ─ 李奇蓁　胡天如

封面設計 ─ 童安安

出 版 者 ─ 五南圖書出版股份有限公司

地　　址：106台北市大安區和平東路二段339號4樓

電　　話：(02)2705-5066　傳　　真：(02)2706-6100

網　　址：http://www.wunan.com.tw

電子郵件：wunan@wunan.com.tw

劃撥帳號：01068953

戶　　名：五南圖書出版股份有限公司

台中市駐區辦公室/台中市中區中山路6號

電　　話：(04)2223-0891　傳　　真：(04)2223-3549

高雄市駐區辦公室/高雄市新興區中山一路290號

電　　話：(07)2358-702　傳　　真：(07)2350-236

法律顧問　元貞聯合法律事務所　張澤平律師

出版日期　2009 年 6 月初版一刷

定　　價　新臺幣380元